UN PRÉNOM
POUR TOUJOURS

*La cote des prénoms
hier, aujourd'hui et demain*

De Philippe Besnard

MŒURS ET HUMEURS DES FRANÇAIS *au fil des saisons*, Balland

Philippe Besnard
et Guy Desplanques

UN PRÉNOM
POUR TOUJOURS

*La cote des prénoms
hier, aujourd'hui et demain*

ÉDITIONS BALLAND

33, rue Saint-André-des-Arts, 75006 Paris

Introduction

Importance croissante du prénom

Une voix anonyme clame mon prénom dans la rue et me voici, pour un instant, en alerte sinon en émoi : est-ce moi qu'ainsi on interpelle ou quelque faux frère ? Et mon regard cherche machinalement l'usurpateur comme si je voulais m'assurer d'un possible air de famille.

En ce minuscule drame de la vie quotidienne affleurent, ne serait-ce qu'une seconde, les sentiments confus mais bien enracinés que chacun nourrit envers son prénom. Cette proclamation publique est d'abord ressentie comme une atteinte à mon intimité. Me voici désigné, dévoilé, alors que je marchais tranquillement dans la foule protectrice. Et puis cette gêne se double d'une pointe d'irritation : je ne suis pas seul de mon espèce; d'autres partagent avec moi ce qui est le support le plus profond de mon identité propre, ce qui fait que je suis moi et non un autre. Car y a-t-il quelque chose, hormis notre bagage génétique, qui nous colle plus à la peau – et cela notre vie durant – que notre prénom, cet assemblage sonore qui a été le premier à nous appeler au monde ?

Il va bien falloir nous endurcir. Le prénom qui était, et tout particulièrement en France, la marque de l'intimité, à grand-peine celle de la camaraderie, sort de plus en plus de la sphère du privé pour devenir une dénomination publique. A l'école, comme dans l'entreprise, se propage l'habitude américaine d'appeler par le prénom. Et les récentes dispositions qui permettent de composer le nom de famille quasiment à la carte vont accélérer le processus. Le prénom, tout en restant le point d'ancrage de notre identité privée, tend à devenir l'élément fixe et central de notre identité sociale.

D'où l'importance croissante du prénom qui va marquer et classer l'enfant durant toute sa vie, mais qui va aussi classer durablement les parents qui l'ont choisi. Bien sûr, il y a belle lurette que les parents y sont attentifs, surtout depuis que le système traditionnel, où le prénom était plus transmis que choisi, s'est effondré. Mais cet acte si grave, ils l'accomplissent dans un épais brouillard. Que peuvent-ils en effet connaître des prénoms entre lesquels ils hésitent? Les saints qui les patronnent, la date de leur fête, leur étymologie, quelque-sunes des célébrités qui les ont portés. Les parents sont donc – ou étaient jusqu'au présent livre – démunis des informations essentielles. Ils ignorent tout des mécanismes qui gouvernent les préférences des autres et leurs propres préférences. Chacun, en effet, le sent plus ou moins confusément, les anciennes contraintes ont été remplacées par d'autres plus subtiles et plus impénétrables. C'est désormais la mode qui règle le choix d'un prénom.

Pourquoi le choix du prénom est-il régi par la mode?

Nous devinons les réticences du lecteur. Suivre la mode est acceptable et même souhaitable en matière vestimentaire, mais non pour un acte aussi personnel et qui engage aussi profondément que le choix d'un prénom pour son enfant. Questionnés sur leurs motivations, les parents opposent même spontanément à cette idée un véritable tir de barrage. Ils mettent en avant leurs préférences *personnelles*, souvent acquises de longue date (comprenez : avant que le prénom se répande) et qui ont dû passer outre aux réticences de leur entourage (comprenez : choix non conformiste). Ils allégueront encore la tradition familiale (le prénom d'un arrière-grand-oncle) ou bien des mobiles religieux, voire régionalistes. Ne mettons pas en doute leur bonne foi ; ces raisons sont de bonnes et de vraies raisons. Et pourtant, le fait demeure : c'est la mode, autrement dit la transformation, à tendance cyclique, du goût collectif, qui orchestre la valse des prénoms.

Tout ce livre le montre assez, mais on peut en administrer une preuve simple. Le répertoire des prénoms est immense, impossible à chiffrer en vérité, en raison notamment des variantes et compositions possibles ; disons, à titre indicatif, au moins 2 000. Or pour chaque sexe, à un moment donné, les dix prénoms les plus fréquents suffisent à désigner un tiers des nouveau-nés. En soi cela n'a rien de probant, d'autant que la concentration sur quelques prénoms dominants était plus forte autrefois quand le phénomène de mode jouait beaucoup moins. Mais voici la suite : aucun de ces prénoms les plus courants ne se retrouve vingt ans plus tard au palmarès des dix premiers. Il y a donc un renouvellement rapide et en profondeur des choix, ce qui exclut, ou réduit à presque rien, l'hypothétique permanence de traditions familiales ou religieuses. Que le lecteur encore sceptique jette un coup d'œil sur les carrières des prénoms décrites dans le détail au milieu de l'ouvrage. Il verra qu'il n'y a pas de prénom éternel et que même ceux que l'on imagine stables ont connu de formidables variations.

Le terme mode ne doit pas faire peur ou rebuter. Le fait que des milliers ou des dizaines de milliers d'autres personnes fassent, au même moment, le même choix que moi ne signifie pas que je suis une marionnette manipulée par un obscur et implacable destin. Le choix du prénom est généralement le fruit d'une stratégie rationnelle; c'est l'addition de ces choix individuels qui produit des effets inattendus, et cela d'autant plus que l'on est dans l'ignorance des choix d'autrui.

Depuis que les contraintes et les modèles traditionnels (souci de marquer une identité familiale, religieuse ou locale) ont disparu, la motivation fondamentale des parents, ou au moins de la grande majorité d'entre eux, n'a rien de mystérieux; elle est à la fois consciente et rationnelle, même si elle procède de deux préoccupations contradictoires. D'un côté les parents veulent individualiser leur enfant; c'est leur enfant et non un autre. Il faut donc éviter un prénom trop répandu, divulgué, voire vulgaire. Mais, d'un autre côté, ils savent bien qu'un prénom excessivement rare court le risque d'être excentrique, extravagant, à la limite intolérable pour son porteur. C'est dans cet entre-deux, dans cet intervalle entre le commun et l'excentrique, que le choix va s'effectuer.

De là vient cette affinité élective entre le prénom et la mode. Car le phénomène de mode naît précisément de cette tension entre l'originalité et le conformisme. Pour entrer dans la ronde de la mode, un produit nouveau doit être différent du produit antérieur banalisé et usé. Il doit permettre à son acquéreur de se distinguer des autres ou, plus exactement, de marquer ses distances avec ceux dont il entend se distinguer, mais, en même temps, d'affirmer sa ressemblance avec ceux auxquels il s'identifie ou dont il souhaite se rapprocher. La chose est bien connue : distinction et imitation sont les deux mamelles nourricières de la mode. Le produit nouveau qui a pris racine dans un groupe va se diffuser − si tout va bien pour lui − dans les autres groupes, parcourant le chemin qui va de l'excentrique au distingué, puis au commun, puis au vulgaire, avant d'être abandonné. Après un certain temps de purgatoire, quelques aventuriers iront dénicher ce produit au charme rétro et pourront le réintroduire dans le cycle infernal de la consommation des biens de mode.

Mais voici une autre raison, plus décisive encore, qui fait du prénom non seulement un bien de mode, mais le bien de mode par excellence. Beaucoup de comportements de consommation obéissent plus ou moins à la logique sociale de la mode que nous venons d'évoquer. Mais interfèrent d'autres éléments qui empêchent la machine de fonctionner au mieux : l'obstacle financier d'abord, l'utilité objective du produit ensuite (l'aspirine ne se démode pas malgré son énorme diffusion), enfin la possibilité de s'abstenir de consommer. Or le prénom est un bien gratuit dont la consommation est obligatoire. Il est gratuit en ce double sens qu'il ne coûte rien et que son choix n'est pas déterminé par une utilité objective ou une propriété intrinsèque. *Gratuit, obligatoire* – nous ajouterions bien laïc si ce n'était hors de propos –, voilà ce qui démarque le choix du prénom de tout autre acte de consommation et en fait le terrain de manœuvres privilégié du phénomène de mode dans ce qu'il a de purement social.

Ce qu'on trouvera dans ce livre

Revenons à nos futurs parents à la recherche d'un prénom qui ne soit ni trop commun ni trop aventureux. Cet intervalle n'a pas la même définition pour tous. Certains, de par leur âge, leur position sociale, leur profession, perçoivent mieux que d'autres l'évolution du goût collectif. Le présent livre met tout le monde sur le même pied en apportant un niveau d'informations incomparablement supérieur à ce que le renifleur social le plus affûté pourrait pressentir. Il est impossible de manière intuitive d'avoir une idée, même approximative, de la fréquence d'un prénom, ou de son profil social, à un moment donné, en l'absence de bases statistiques solides qui sont pour la première fois livrées au public. Un des buts de cet ouvrage est d'éclairer les futurs parents en les informant de manière extrêmement précise sur la carrière passée et présente des prénoms. A eux de voir comment ils veulent jouer avec la mode. Certains voudront s'en accommoder, d'autres lui tourner le dos, d'autres encore tâcher de l'anticiper. Ils ont pour cela toutes les cartes en main.

Mais ce livre n'est pas seulement destiné aux futurs parents. Nous avons voulu qu'il puisse intéresser les parents d'hier et aussi un peu tout le monde puisque tout le monde a un prénom. Voyons donc ce qu'on découvrira dans les pages qui suivent et, pour commencer, ce qu'on n'y trouvera pas.

On n'y trouvera pas des conseils du genre : Jean est à éviter si l'on s'appelle Aymard ou Bonnot. L'harmonie du prénom avec le nom de famille doit certainement être un critère essentiel du choix, mais nous croyons les parents assez grands pour en être juges.

Ce livre n'étant fondé que sur des faits, on n'y trouvera rien sur les couleurs, les chiffres, les signes astrologiques qui seraient associés aux prénoms, ou autres fariboles du même ordre. On n'y lira pas qu'un Martial et un Placide sont prédestinés à avoir des tempéraments contraires.

Mais, d'une certaine manière, ce livre est le premier qui fournisse quelques éléments objectifs sur cette question, toujours mal posée, de l'influence éventuelle d'un prénom sur celui qui le porte. Admettons qu'un prénom très marqué (franchement démodé par exemple) puisse, par des cheminements subtils, modeler dans une certaine mesure l'image que les autres se font de son porteur et affecter par ricochet sa personnalité. Ce n'est pas le prénom qui est en cause, c'est le prénom choisi à un moment donné. Les prénoms n'ont pas la même image ou la même valeur tout au long de leur carrière; il n'y a pas de prénom beau ou laid en soi. Cela n'est pas la même chose de s'appeler Marcel quand on est né en 1871, comme Marcel Proust, ou quatre-vingt-dix ans plus tard en 1961 (c'est, à cette date, encore le lot d'un garçon sur 400). Marcel

Proust est doté d'un prénom qui est encore tout à fait dans le vent quand il a 30 ans, tandis que le Marcel né en 1961 porte un prénom tellement usé que beaucoup le jugeront disgracieux. Il risque de traîner longtemps ce boulet qui le gênera dans ses rapports avec autrui, en attendant un hypothétique retour en grâce de Marcel, qui ne se produira pas avant qu'il ait atteint au moins la cinquantaine. Inversement, avoir vingt ans d'avance, c'est-à-dire porter un prénom qui est au goût du jour quand on a vingt ans, peut être un atout non négligeable dans les relations interpersonnelles (notamment sentimentales) et même – pourquoi pas ? – dans la vie professionnelle. Certaines vedettes du spectacle doivent sans doute une part de leur renom à leur prénom (réel ou fictif).

On voit toute l'importance qu'il y a pour les futurs parents d'être informés de la fréquence passée, actuelle et prévisible du prénom qu'ils envisagent de choisir. Dans cet ouvrage, ils trouveront tout ce que l'on aurait bien voulu savoir depuis longtemps sur la vie, la mort et la résurrection des prénoms.

On y trouvera des réponses précises à ce genre de questions :

Quels sont aujourd'hui les prénoms les plus en vogue ?

Quelles sont les tendances actuelles ? Quels sont les prénoms qui montent, ceux qui viennent tout juste d'émerger, ceux qui pourraient bien revenir ?

Quels sont les prénoms qui vont se démoder ?

Y a-t-il des prénoms classiques, insensibles aux humeurs de la mode ?

Quels sont aujourd'hui les prénoms les plus portés ?

Quels sont les prénoms les plus donnés depuis un siècle, à différentes périodes ?

Quel est l'âge probable de quelqu'un dont je connais le prénom ?

Quel est le profil social de tel ou tel prénom ? Dans quel milieu a-t-il été le plus répandu ?

La carrière des prénoms usuels étant décrite dans le détail depuis 1930 – non sans de fréquents retours en arrière pour ceux qui ont un passé un peu chargé –, tous les parents ou presque, quel que soit leur âge, seront en mesure de **tester les choix** qu'ils ont faits pour leurs enfants : ont-ils été pionniers, dans le vent, conformistes, à la traîne, démodés ?

Enfin chacun partira à la découverte de son propre prénom : sa carrière passée, sa fréquence actuelle, les particularités de sa diffusion sociale ou régionale. Il rencontrera ceux qui portent le même prénom : combien sont-ils, quand sont-ils nés ? Et il étendra vite sa curiosité aux prénoms de ses proches ou de ses moins proches.

Ce livre est aussi une sorte de banque de données qui peut être interrogée à des fins très diverses. Un exemple : les romanciers et scénaristes, s'ils sont soucieux de réalisme, seraient bien avisés de la consulter. Cela leur éviterait d'affubler leurs personnages, comme c'est souvent le cas, de prénoms improbables.

Les sources statistiques

Ce livre concerne les prénoms attribués en France. Pour étudier avec précision la carrière des prénoms, sans se limiter aux plus courants, il fallait s'appuyer sur des sources statistiques suffisamment représentatives et portant sur une masse importante de relevés. Par ailleurs, la durée prise en compte (un siècle) nécessitait le recours à plusieurs sources statistiques.

Les informations relatives à la période 1890-1945 proviennent de deux échantillons constitués par l'INSEE pour l'étude de la mortalité. L'un a été prélevé dans le recensement de 1954 : y figurent environ 460 000 hommes et 320 000 femmes nés en France entre 1885 et 1924. Ils appartiennent à un large éventail de catégories sociales, assurant la représentativité de ce point de vue. En raison de la mortalité et des mouvements migratoires, les personnes recensées en 1954 ne recouvrent pas exactement les personnes nées en France depuis 1890. Sauf peut-être pour les générations les plus anciennes, le biais correspondant est négligeable. L'autre échantillon, de près de 900 000 individus, a été tiré dans le recensement de 1975. Il couvre la période 1911-1945.

Deux enquêtes différentes nous renseignent sur les quarante dernières années. La première est l'enquête sur les familles effectuée à l'occasion du recensement de 1982. 300 000 femmes ont fourni, pour les enfants qu'elles ont mis au monde, différentes informations, dont le prénom. Plus de 500 000 enfants nés en France entre 1940 et 1981 alimentent l'information sur les prénoms. Les enquêtes INSEE sur l'emploi de 1983 à 1989 (500 000 personnes représentatives de la population résidant en France) ont permis d'utiles recoupements. Elles ont aussi fourni des indications sur les dernières années pour lesquelles on a utilisé plusieurs autres sources, notamment des récents fichiers de l'état civil concernant plus de 500 000 naissances.

Au total, la documentation rassemblée dans ce livre provient de l'examen des prénoms de plus de trois millions d'individus.

Dans la mesure du possible, le travail s'est concentré sur les prénoms des personnes nées en France. En 1984, plus de 11 % des enfants sont nés de mère étrangère. Nombre d'entre eux ont reçu un prénom étranger. Ces prénoms ne sont pas mentionnés dans l'étude par périodes, d'abord en raison d'un manque de recul, ensuite parce que aucun d'eux n'a atteint une fréquence suffisante. Les seuls prénoms arabes qui auraient pu y figurer sont Mohamed et Mehdi, chacun d'eux étant donné aujourd'hui à près d'un garçon sur 250 naissant en France.

Les statistiques réunies concernent le premier prénom consigné à l'état civil qui est aujourd'hui, très généralement, le prénom usuel. Mais il n'en a pas toujours été ainsi. Par exemple, au XIXe siècle, dans la région de Tournai, en Belgique, bon nombre de garçons recevaient comme premier prénom Joseph et portaient en fait le second prénom. Là c'était affaire de tradition. En d'autres lieux ou en d'autres époques, l'abandon du premier prénom résulte d'un choix : par exemple, adopter un prénom moins commun ou moins démodé que celui qu'ont voulu les parents.

De ce point de vue, le matériau utilisé ici n'est pas totalement homogène. Pour les personnes nées de 1890 à 1924, on dispose du prénom déclaré à l'état civil. Pour celles qui sont nées entre 1911 et 1945, c'est le prénom inscrit dans le bulletin individuel de recensement qui est retenu. Le questionnement de l'enquête sur les familles et de l'enquête-emploi conduit plutôt au prénom usuel.

A vrai dire, la comparaison des différentes sources ne révèle pas de divergences notables. Cette comparaison permet aussi de résoudre le problème des prénoms composés : comment distinguer Jean, Louis, premier et second prénoms de Jean-Louis, prénom composé. L'absence de trait d'union, fréquente, ne signifie pas que le prénom usuel soit Jean. La confrontation des réponses fournies dans les enquêtes et des prénoms déclarés à l'état civil pour les mêmes périodes a permis d'estimer de manière assez précise les fréquences des prénoms composés et de reconstituer leur carrière.

Pour les siècles précédents, nous avons utilisé des travaux présentant des relevés locaux, notamment ceux qui sont réunis dans *Le Prénom. Mode et histoire.* Recueil de contributions préparé par J. Dupâquier, A. Bideau, M.-E. Ducreux. Paris, Éditions de l'École des Hautes Études en Sciences Sociales, 1984.

Nous nous sommes également fondés sur l'importante étude historique sur le Limousin réalisée par L. Pérouas, B. Barrière, J. Boutier, J.-C. Peyronnet, J. Tricard et le groupe Rencontre des historiens du Limousin : *Léonard, Jean, Marie et les autres. Les prénoms en Limousin depuis un millénaire.* Paris, Éditions du CNRS, 1984.

Pour le XIXᵉ siècle, M. Jacques Dupâquier a eu

l'extrême obligeance de mettre à notre disposition le manuscrit de son livre *Le Temps des Jules,* Paris, Christian, 1987, étude des prénoms du XIXᵉ siècle fondée sur un échantillon de 80 000 personnes. Nous tenons à lui exprimer toute notre gratitude.

Nos remerciements vont aussi à Nicolas Herpin pour son concours amical et ses précieuses suggestions.

PRÉNOMS D'HIER

Naissance du prénom au moyen âge

Ce que nous appelons aujourd'hui le prénom est l'héritier du nom individuel, le seul en vigueur pendant le haut moyen âge. La société médiévale ignore longtemps la double dénomination : nom de baptême – nom de famille. Chacun est désigné par un seul nom qui semble aussi identifier la lignée, du moins dans la noblesse pour laquelle nous disposons d'informations. En France, c'est au XIe siècle qu'apparaît, d'abord dans l'aristocratie, l'usage d'ajouter au nom individuel un surnom. Ce surnom peut être un nom de lieu évoquant l'origine de la famille, un nom de métier, un sobriquet, ou même un autre nom de baptême qui se transmet (Bernard ou Martin). Devenant progressivement héréditaire du XIIIe au XVIe siècle, ce surnom se fixe en nom de famille.

Les noms individuels, ancêtres des prénoms, sont, aux IXe et Xe siècles, dans leur grande majorité d'origine germanique. Les Francs ont conservé leurs noms qui se sont diffusés dans l'ensemble de la société gallo-romaine, encore que le Midi méditerranéen soit resté plus longtemps fidèle aux noms latins. Ces noms germaniques sont latinisés : Bernardus, Geraldus, Rotbertus, Gosfredus, Guillelmus, Ugo, Ademarus, Aimericus semblent avoir été parmi les plus répandus. On trouve aussi (nous les donnons sous la forme moderne) des Alain, Alphonse, Anselme, Arnaud, Aubert, Baudoin, Bérenger, Bertrand, Charles, Conrad, Eudes, Foulques, Gauthier, Herbert, Hildebert, Raymond, Raoul, Richard, Rodolphe, Roger, Roland, Thierry, etc. S'y adjoignent de rares noms d'origine latine (Honoré, Loup) ou celtique (Arthur).

Ce répertoire ou stock de prénoms, massivement germanique, va être profondément renouvelé par la formidable ascension des prénoms chrétiens. Rares jusqu'au xᵉ siècle, ils deviennent majoritaires au xiiiᵉ. Ils proviennent d'abord de l'Ancien Testament : Daniel, David, Elias, Simeon. A partir du xiiᵉ siècle la préférence est nette pour les saints du Nouveau Testament, en particulier Andreas, Bartholomeus, Johannes, Petrus pour les hommes, Elisabeth, Johanna, Maria, Petronilla pour les femmes. Mais il faut compter aussi avec les noms de martyrs ou de saints : Martinus, Nicolaus, Stephanus, Agnes, Beatrix, Stephana par exemple; et il y a aussi des noms chrétiens symboliques comme Benedictus, Donadeus, Christianus, Jordanus, Noël, Pascal, Ozanna.

A la fin du moyen âge, la préférence de l'Église pour les prénoms chrétiens s'affirme de plus en plus, alors qu'elle s'était longtemps accommodée des noms germaniques sans référence au christianisme.

Au xviᵉ siècle, l'attribution de prénoms chrétiens lors du baptême devient quasiment impérative, en même temps qu'apparaissent les premières formes de l'état civil confié à l'Église. Sous François Iᵉʳ, l'ordonnance de Villers-Cotterêts (1539) charge le clergé de tenir, dans toutes les paroisses, les registres de baptême; l'inscription du nom de baptême et du nom de famille devient la règle. Le Concile de Trente (1545-1563) enjoint aux curés, dans toute la chrétienté, de veiller à ce que les enfants reçoivent, au moment du baptême, le nom d'un saint qui leur servira de modèle. La notion du saint patron, modèle à imiter et aussi intercesseur auprès de Dieu, s'impose au xvııᵉ siècle.

Mais qu'en est-il de l'état civil des non-catholiques ? Pour les protestants, l'édit de Nantes (1598-1685) en confie la tenue aux ministres du culte réformé. En 1787, un édit de Louis XVI charge les officiers de justice de rédiger les actes d'état civil des non-catholiques. La Révolution française laïcise l'état civil qui doit être tenu par un officier élu par la commune ; le Consulat transfère cette fonction aux maires. Il faut attendre 1808 pour qu'un décret généralise l'état civil aux juifs qui en étaient privés sous l'Ancien Régime.

Le modèle classique

Les tribulations de l'état civil nous ont entraînés un peu loin. Revenons en arrière pour décrire le modèle classique de prénomination qui se met en place au xvıᵉ siècle, s'épanouit au xvııᵉ et persistera pour l'essentiel jusqu'au début du xxᵉ.

La généralisation de la double dénomination, nom de baptême, nom de famille, et la christianisation des prénoms constituent la toile de fond de l'établissement de ce modèle.

Sa première caractéristique est que le prénom est transmis et déterminé par le parrainage. Au moment du baptême, qui suit de très près la naissance, chaque nouveau-né est doté d'un parrain et d'une marraine dont le rôle peut être important, à cette époque de forte mortalité, en cas de décès des parents. L'enfant reçoit le prénom du parrain, quand il s'agit d'un garçon, de la marraine, quand il s'agit d'une fille.

Les parrains et marraines sont choisis au sein de la parenté proche : d'abord les grands-parents, s'ils sont en vie, pour l'aîné, puis les oncles et tantes (éventuellement par alliance), les cousins, les frères et sœurs. Le recours à

des parrains étrangers au cercle de la parenté, permettant
d'élargir son réseau de relations, de protection ou d'influence, se fait de plus en plus rare.

Le choix des parrains et marraines traduit le souci de
maintenir l'équilibre entre les lignées paternelle et
maternelle : si le parrain appartient à la famille du père,
la marraine appartient à la famille de la mère, et vice
versa.

Naturellement ce schéma varie sensiblement d'une
région à l'autre. Mais la transmission des prénoms au
sein de la parenté est très générale et a pour conséquence
que le stock des prénoms est réduit et stable. Cela est renforcé par une autre caractéristique du modèle classique,
le prénom unique : chacun n'est doté que d'un seul prénom. Tout concourt à ce qu'il y ait peu de prénoms en
usage. En outre, il y a une forte concentration sur quelques prénoms dominants. Il n'est pas rare que, dans un
village ou un bourg, quatre ou cinq prénoms se partagent
les deux tiers des garçons. Et cette concentration est
encore plus marquée pour les prénoms féminins.

Le prénom sert moins à identifier un individu qu'à le
rattacher à une identité collective : il le lie à sa lignée
familiale (prénom transmis), à la communauté religieuse
(les saints patrons), éventuellement à la collectivité locale
(prénoms locaux ou régionaux).

Quels sont les grands prénoms de l'âge classique ?

Lors de la montée des prénoms chrétiens, Pierre a été
le premier à s'imposer. Jean (ou Jehan) le rattrape au
XIVe siècle puis le dépasse. Mais Pierre reste dans les deux
ou trois premiers prénoms, et cela jusqu'au début du
XXe siècle. Ses dérivés féminins, très divers selon les
régions, Pétronille, Peyronne, Peyronnelle, Perrenotte,
Pierrotte, Perrine, Perrette, n'auront pas une fortune
aussi durable. Ils seront dépassés par Jeanne, également
au XIVe siècle. Jeanne va être à son tour devancée par
Marie, à des dates très variables selon les régions. En

général, l'essor de Marie date du xvie siècle et ce prénom
grandit encore au xviie à la faveur d'une poussée de dévotion mariale, s'imposant alors comme le premier pour les
filles jusqu'à l'aube du xxe siècle. Jeanne demeure sa plus
sérieuse et constante rivale.

A côté de Pierre, Jean, Jeanne et Marie, d'autres prénoms figurent dans les tout premiers. Pour les prénoms
masculins, il y a Antoine du xvie au xviiie, surtout dans le
Midi, François, Étienne qui succède au Stephanus médié-
val. Guillaume est encore très répandu au xvie siècle et,
malgré son déclin, est celui qui se maintient le mieux de
tous les prénoms issus du stock germanique. Jacques est
également un grand prénom, tout comme Nicolas, surtout dans le Nord pour ce dernier. Joseph progresse aux
xvie et xviie siècles comme les noms de l'entourage du
Christ (Anne, Marie). Jean-Baptiste s'épanouit au xviiie.
Louis et Charles sont aux places d'honneur dans le Bassin
parisien dès le xviie siècle. On peut citer encore, parmi
ceux que l'on trouve souvent en bonne place, André,
Michel et Martin, mais il est rare de les voir figurer dans
le peloton de tête.

Quant aux prénoms féminins, les plus répandus, hormis Marie et Jeanne, sont Marguerite, Catherine et Anne,
cette dernière depuis la fin du xvie siècle. Leurs principales concurrentes sont Françoise, Antoinette (surtout
dans le Midi), Élisabeth ou Isabelle, Louise et même
Geneviève (toutes deux dans le Bassin parisien), Madeleine au xviiie siècle. Les féminins de Pierre sont toujours
présents, mais déclinent.

Tels sont les prénoms qui se retrouvent le plus souvent
en tête, ici et là, du xvie au xviiie siècle. Mais la stabilité du
stock ne signifie pas l'immobilité. Certains prénoms
reculent tandis que d'autres (tel Joseph) émergent et se
développent. Et, à côté des grands prénoms, apparaissent
des prénoms minoritaires plus éphémères. De plus, le
modèle classique s'accommode de différences régionales

et locales souvent importantes, même si l'on trouve les vedettes un peu partout. Les prénoms locaux sont légion et il y a aussi des prénoms régionaux qui figurent aux tout premiers rangs dans leurs fiefs respectifs, par exemple René et Renée en Anjou, Claude et Claudine en Franche-Comté, Martial puis Léonard en Limousin, Gilbert dans le Bourbonnais, Silvain dans le Berry.

Du prénom transmis au prénom choisi

Ce modèle classique de prénomination n'est guère ébranlé par la tentative de rupture que constituent les prénoms révolutionnaires. Mais il va être miné de l'intérieur par une innovation apparemment anodine : les prénoms multiples. Dès le XVII⁰ siècle, alors que le système classique s'affirme avec le plus de netteté, apparaît, dans la bourgeoisie urbaine, l'usage de donner deux prénoms au lieu d'un seul. Cette pratique du prénom double, puis multiple, se répand progressivement dans l'ensemble de la société au XVIII⁰ et se généralise au XIX⁰. Elle est née probablement d'une réaction contre l'homonymie croissante et du souci de mieux individualiser son enfant, au moment où la spécificité de l'enfance est de mieux en mieux reconnue, où l'intérêt pour l'enfant se développe parallèlement à la restriction des naissances.

L'usage de deux ou plusieurs prénoms a pour effet d'élargir et de renouveler le répertoire des prénoms. A ceux qui sont transmis par le parrainage s'ajoutent de nouveaux prénoms qui vont gonfler le stock à la génération suivante. Les parents peuvent tout à la fois se conformer à la tradition et se réserver un choix plus personnel. L'attribution des prénoms des parrains et marraines se maintient au XIX⁰ siècle, mais ils peuvent être au premier, deuxième ou troisième rang. En cette longue période transitoire, règne d'ailleurs une certaine souplesse sur la place du prénom usuel, qui n'est pas toujours le premier dans l'ordre de l'état civil. C'est pourquoi l'on trouve un nombre non négligeable d'hommes ayant Marie comme premier prénom.

C'est souvent par le biais des prénoms multiples que les prénoms issus de la Révolution française, ou qu'elle a remis au goût du jour, parviendront à avoir une certaine existence. Les plus nouveaux sont fréquemment placés au second rang. Ceux qui figurent au premier rang et s'imposent le mieux sont des prénoms ambigus qui peuvent relever à la fois du répertoire traditionnel et du registre républicain. La Révolution amplifie, plus qu'elle ne crée, l'usage des prénoms empruntés à l'antiquité gréco-romaine. On voit surgir Brutus (un des plus prisés), à côté d'Achille, Corneille, Épictète, Ulysse, Titus. Mais des prénoms tels qu'Alexandre, César, Camille, Émilie, Flavie, Hippolyte, Julie commençaient à apparaître avant la Révolution et étaient généralement dotés de saints patrons plus ou moins obscurs. Même ambiguïté pour les prénoms à connotation végétale : Églantine, Fleur, Flore, Jasmin, Laurier, Romarin. Les plus fréquents, Rose, Hyacinthe, Narcisse sont aussi les plus traditionnels et ont leurs saints patrons. Angélique, Rose et Véronique étaient apparues à la fin de l'Ancien Régime (sans parler de Marguerite). Les références aux grandes figures de la période révolutionnaire comme Marat sont éphémères. Marceau peut être rattaché à Marc ou Marcel ; Jean-Jacques (pour Rousseau) et Maximilien (pour Robespierre) sont équivoques, comme l'est Victoire. Les références aux vertus morales remettent au goût du jour certains noms de saints : Placide, Félicité, Martial.

Le XIXᵉ siècle a inauguré un mécanisme de renouvellement qui préfigure, à certains égards, le modèle actuel. Il n'empêche que la plupart des grands prénoms des XVIIᵉ et XVIIIᵉ siècles sont encore bien présents au XIXᵉ. Marie et Jeanne sont toujours en tête pour les filles, comme Jean et Pierre chez les garçons, sauf à la fin du siècle. François, Joseph et Louis, Anne, Marguerite et Louise figurent presque constamment dans les cinq premiers. Charles, sans jouer les premiers rôles, se maintient à un niveau honorable. Mais d'autres prénoms régressent dès le début du siècle : Étienne, Élisabeth, ou peu après : Antoine, Jean-Baptiste, Catherine, Françoise, Jacques. Ils cèdent la place à des prénoms moins classiques qui s'épanouissent dans les années 1850-1880 : Auguste, Eugène, Jules; Augustine, Eugénie, Joséphine, Julie. A la fin du siècle, on voit arriver en bonne place des prénoms peu usités jusqu'alors : Berthe, Germaine, Maria, Marthe, Suzanne, Yvonne pour les filles; Émile, Georges, Marcel, Paul pour les garçons. On observe aussi tout au long du siècle un mouvement vers une moindre concentration des choix sur les prénoms dominants. Les 10 prénoms les plus fréquents ne représentent plus à la fin du siècle que 40 % des naissances.

Cette tendance à une plus grande dispersion des prénoms se poursuit au XXe siècle et semble être une caractéristique du modèle actuel. Les dix premiers prénoms, pour chaque sexe, se partagent aujourd'hui à peine 30 % des nouveau-nés. Une exception notable cependant : celle des années soixante où le succès simultané de quelques prénoms féminins inverse pour un temps, chez les filles, cette tendance séculaire. C'est aussi la seule période depuis le début du siècle où la concentration sur les prénoms les plus fréquents est plus forte pour les filles que pour les garçons. Car, désormais, au rebours du modèle classique, les prénoms féminins sont plus dispersés et plus nombreux que les prénoms masculins.

D'ailleurs les prénoms féminins sont le premier terrain où s'installe véritablement le modèle actuel dans l'entre-deux-guerres. Chez les garçons, un prénom aussi traditionnel que Jean connaît un regain de vigueur et triomphe jusque dans les années trente. Au contraire, Marie vers 1910, puis Jeanne dans les années vingt, prénoms transmis par les marraines, connaissent un recul spectaculaire et laissent le champ libre à de nouvelles venues comme Simone, Jeannine puis Monique.

Dans ce nouveau modèle, le choix du prénom s'est affranchi des contraintes religieuses et familiales; il ne passe plus par le parrainage. Les particularismes régionaux s'estompent. Le stock des prénoms en usage grossit et se renouvelle de plus en plus vite. La durée de vie des prénoms à succès est de plus en plus courte : par exemple, André a été donné à plus de trois garçons sur 100 pendant 45 ans (1900-1944), Philippe pendant 19 ans (1953-1971), Stéphane pendant 10 ans (1967-1976). Et les prénoms féminins sont, en moyenne, encore plus éphémères.

La rotation rapide des préférences et donc la ronde des prénoms sont désormais réglées par la mode. Les parents en ont une conscience confuse, mais ignorent les mécanismes de cette nouvelle contrainte. Ce sont ces mécanismes que nous nous proposons maintenant de leur faire découvrir.

LA VIE SOCIALE

DES PRÉNOMS

Vie, mort et résurrection

Carrières typiques : mode et tendance classique

Un prénom saisi par la mode naît, grandit, culmine, décline, s'étiole et meurt. Rien que de bien normal, comme est également d'allure normale la courbe qui représente sa diffusion dans le temps.

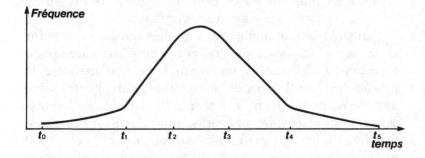

Le prénom n'est d'abord choisi que par quelques « pionniers », puis, en t1, la progression s'accélère. Le prénom est alors « dans le vent », porté par une vague montante jusqu'à sa période « conformiste » située entre t2 et t3. Vient le reflux, de t3 à t4, pendant lequel il est encore choisi, mais de moins en moins, choix que nous appelons « à la traîne ». De t4 à t5, le prénom végète (choix dits « démodés »), avant de disparaître. On notera que la courbe est un peu asymétrique : la période de déclin est, en général, plus longue que la période d'ascension.

Tel est le parcours typique du prénom que nous appelons le *prénom mode*. Il culmine à des niveaux variés, de moins de 2 % à plus de 6 %. Ce pourcentage exprime la place qu'occupe un prénom, à un moment donné, par rapport à l'ensemble des naissances de l'un des deux sexes. Par exemple, Sébastien, en 1976, est au niveau de 5 % : cela signifie qu'un garçon sur 20, né en France, en 1976, reçoit le prénom de Sébastien. Delphine, de 1974 à 1979, est au niveau de 2 % : cela veut dire que ce prénom est attribué à une fille sur 50 née en France pendant ces six années. Depuis le début du siècle, les prénoms qui figurent en tête du palmarès atteignent des niveaux toujours supérieurs à 3 % ; la plupart dépassent 5 %, certains montent jusqu'à 8 % dans leurs meilleures années. Nous appelons « hyperconformiste » le choix d'un prénom effectué au moment où ce prénom dépasse le niveau de 5 % (un garçon ou une fille sur 20).

Pour un prénom mode ayant un certain succès, le point t1, à partir duquel sa progression s'accélère, correspond au moment où il atteint, ou est sur le point d'atteindre, le niveau de 1 %. Il en va de même, mais dans l'autre sens, pour le point t4. Quant aux points t0 et t5, dates de naissance et de décès des prénoms, nous les avons fixés de manière conventionnelle au niveau de un sur 1000 (0,1 %). Ce seuil n'a pas été choisi de façon complètement arbitraire, pour la commodité du chiffre rond : il cerne de manière correcte, dans la grande majorité des cas, l'émergence et l'éclipse des prénoms à la mode.

Depuis un demi-siècle, les prénoms les plus répandus suivent tous, avec des variations dans leur fréquence et dans leur durée, le parcours que nous venons de schématiser. Mais d'autres ne se conforment pas à ce modèle ou s'y conforment assez peu. A l'opposé du prénom mode, il y a le prénom classique dont la trajectoire est représentée par une parallèle à l'axe du temps. Les exemples de cette stabilité parfaite sur une longue période sont rares ; François et Hélène sont ceux qui s'en rapprochent le plus, sans parler des prénoms dont la constance résulte de leur quasi-inexistence. Mais beaucoup ont une carrière intermédiaire entre le parcours mode et le parcours classique. La courbe de leur diffusion est aplatie. Ce sont des prénoms à tendance classique mais qui n'échappent pas complètement au mouvement de la mode. Rares sont ceux qui dépassent le niveau de 1 %.

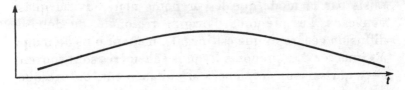

D'autres encore stagnent à un bas niveau au terme d'un reflux progressif et repartent sans précipitation.

Durée de vie

Le système actuel se caractérise par un renouvellement rapide du répertoire et donc un raccourcissement de la durée de vie des prénoms à la mode.

Les prénoms qui ont dépassé le niveau de 2 % depuis le milieu des années 1950 ont eu, *en moyenne*, une existence d'une quarantaine d'années, se décomposant ainsi : 9 ans pour la période d'émergence (t0 à t1), 5 ans pour l'ascension (t1 à t2), 6 à 7 ans pour la phase conformiste (t2 à t3), 8 ans pour le déclin (t3 à t4), 10 ans pour l'agonie (t4 à t5). La durée d'existence vraiment visible, celle où le prénom est au-dessus du seuil de 1 % (de t2 à t4), est donc inférieure à 20 ans. Les prénoms féminins ont, en moyenne, une vie un peu plus brève que les prénoms masculins.

Soulignons bien qu'il s'agit d'une durée de vie moyenne. Cette moyenne recouvre des écarts importants. Nicolas, par exemple, « naît » huit ans avant Sébastien et ne parvient pourtant à son sommet que quatre ans après lui. Que l'on compare aussi les carrières de Sophie et de Séverine qui culminent au même niveau et à peu près au même moment. Sophie émerge en 1952 et est encore présente aujourd'hui, quoique en déclin ; Séverine, née en 1968, se démode dès 1983.

Ces variations s'expliquent la plupart du temps. Les prénoms traditionnels sont plus durables quand ils sont saisis par la mode que les prénoms nouveaux ou quasi nouveaux. Les prénoms d'origine régionale, ou dont la diffusion géographique est inégale, mettent plus de temps à s'imposer. Les prénoms les plus éphémères sont souvent ceux qui se sont développés simultanément, ou presque, dans tous les milieux et dans toutes les régions. Certains prénoms, dont le succès rencontre celui d'un personnage comme Brigitte (Bardot) ou Thierry (la Fronde), sont victimes d'une usure rapide : ils reculent plus vite qu'ils n'avaient monté.

Le cycle de la mode

Après leur mort, les prénoms entrent au purgatoire. La peine à expier est à la mesure du succès passé, du moins s'il s'agit d'un prénom mode. Démodé, le prénom devient hors d'usage, souvent ridicule. Il faut du temps pour que le charme rétro de cette désuétude commence à séduire quelques aventuriers ou précurseurs.

Nous ne disposons pas pour le moment de données assez solides sur les siècles passés pour étudier avec précision le cycle de la mode. Cependant les travaux de Jacques Dupâquier nous fournissent des informations sur les prénoms les plus usuels au XIXᵉ siècle en France, qui suffisent à illustrer cette tendance cyclique.

Elle est assez visible pour les prénoms du XIXe qui se rapprochent déjà des prénoms mode. On observe, pour ces prénoms, des cycles dont la période, mesurée par l'intervalle de temps qui sépare les deux sommets de la courbe, est égale ou un peu inférieure à un siècle et demi.

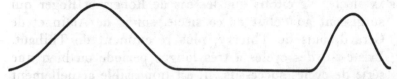

C'est ainsi que Julie qui culmine dans les années 1830 et se démode à la fin du siècle, culmine à nouveau dans les années 1980. Sophie connaît une petite prospérité dans les années 1820 et est au mieux de sa forme dans les années 1970. Pauline est au plus haut vers 1850 comme elle l'est depuis 1990. Joséphine et Eugénie (1860-1880) annoncent leur retour imminent tout comme Victor (1860). Jules et Eugène qui connaissent leur heure de gloire autour de 1860 pourraient bientôt frapper à la porte de la modernité. Cependant on observe des contre-exemples : Rosalie, qui a été en vogue entre 1820 et 1850, n'est pas revenue.

Un autre cas de figure illustre cette tendance cyclique. Les grands prénoms de l'âge classique qui sont devenus au XXe siècle des prénoms mode sont ceux dont le déclin s'observe tout au long du XIXe siècle, le creux de la vague étant atteint au début du XXe. Jacques, Françoise et Catherine dont le reflux s'amorce dès les premières décennies du XIXe en sont des exemples typiques. Anne et Antoine, dont la régression est plus tardive et moins marquée, auront aussi une moindre réussite et une carrière plus classique au XXe. Isabelle, qui s'était faite rare au XIXe, connaît le triomphe d'un prénom mode dans les années 1960, tandis que sa sœur Élisabeth, plus constante au XIXe malgré son reflux, a un parcours modeste dans les années

1950. Le purgatoire peut mener à terme au succès à condition d'en sortir.

Mais que penser de prénoms bien plus anciens qui retrouvent une nouvelle jeunesse? Le répertoire médiéval enrichit régulièrement le stock des prénoms à la mode au XXe siècle. Ne citons que les cas de Robert et Roger qui surgissent au début de ce siècle, suivis de Alain et de Gérard, puis de Thierry, plus récemment de Thibaut. Existe-t-il des cycles à très longue période ou bien une série de cycles successifs? Il est impossible actuellement d'apporter le moindre élément de réponse à cette interrogation.

Le rétrécissement de la durée de vie des prénoms mode devrait, mécaniquement, entraîner un certain resserrement de leur cycle, mais jusqu'à une certaine limite. Pour qu'un prénom puisse revenir au goût du jour, il faut bien que le gros bataillon de ceux qui le portent soient décédés. Marcel, par exemple, qui a été attribué à près d'un garçon sur 20 de 1900 à 1924 et à un garçon sur 100 jusqu'en 1945, n'est pas près de remplir cette condition. Il y a sans doute un seuil incompressible qui ne doit guère être inférieur à un siècle. Le raccourcissement du cycle bute sur la période de purgatoire qui est peu susceptible de se réduire.

Ces considérations s'appliquent aux prénoms mode et, parmi eux, à ceux qui ont atteint une fréquence relativement élevée. Des prénoms comme Émilie et Alexandre, connus au XIXe siècle, notamment dans sa seconde moitié, n'ont pas attendu si longtemps pour revenir. Mais leur parcours avait été modeste et paisible : la première n'a pas atteint le niveau de 1 %, le second l'a à peine dépassé. D'autres ayant connu une toute petite vogue au début du XXe, comme Camille, sont déjà de retour. Un cas plus curieux est celui de Paul. Il se développe sans doute avant Marcel, mais se maintient à un niveau honorable jusqu'en 1925. Et pourtant le voici qui paraît bien décidé à revenir. Sa carrière a été particulière : il s'est stabilisé au même niveau à partir de 1870, pour plus d'un demi-siècle, sans qu'un sommet marque le milieu de cette longue période. C'est peut-être ce qui lui a permis d'éviter quasiment le purgatoire. Mais que dire alors de Pierre et de Louis que Marcel n'a jamais réussi à supplanter ? Dans ces deux cas, il s'agit de réussites séculaires. Le fait d'avoir si longtemps péché les situe presque au-delà du bien et du mal. Ils ont reculé, sans doute, et de manière spectaculaire. Mais une persévérance aussi diabolique paraît les avoir dispensés d'un véritable purgatoire. On pourrait en dire autant de Jeanne, Louise et Marguerite qui reviendront plus vite que Berthe, Jeannine, Simone ou Paulette.

On le voit, les relations entre nos préférences du moment et les prénoms au passé chargé ne sont pas simples. On peut dire qu'un prénom a toutes chances d'être jugé inesthétique ou indésirable s'il réunit ces trois conditions : 1) sa carrière a été brillante, c'est-à-dire qu'il a atteint un niveau élevé; 2) sa carrière a été celle d'un prénom mode, autrement dit a été concentrée dans le temps et organisée autour d'un sommet; 3) sa carrière n'est ni trop ancienne ni trop récente, son sommet se situant entre 90 ans et 40 ans avant le moment où nous sommes situés.

L'allure de la courbe de diffusion passée, combinée à la distance qui nous en sépare, est, en matière de prénoms comme en beaucoup d'autres, la clé principale de nos goûts et de nos dégoûts du moment.

Familles de prénoms

Le son des prénoms

Dès lors que le choix d'un prénom est livré aux préférences personnelles des parents, qui se rattachent elles-mêmes au goût collectif en perpétuel mouvement, un des éléments essentiels qui le guident est la sonorité du prénom, sa valeur esthétique du moment. On le chuchote, on le crie pour en éprouver l'euphonie et la résistance; on veille à son harmonie avec le nom de famille.

Un des signes extérieurs par lesquels la mode se manifeste avec le plus de clarté est l'affinité sonore qui rassemble des prénoms en vogue à un moment donné. Les prénoms de famille qui se transmettaient de génération en génération ont fait place aux familles de prénoms qui portent la marque de leur temps.

L'intonation, dans la langue française, porte sur la dernière syllabe. C'est pourquoi la terminaison des prénoms est ce qui définit le plus visiblement ces apparentements. Et les prénoms féminins, qui dérivent souvent de prénoms masculins augmentés d'un suffixe, s'y prêtent tout particulièrement.

L'exemple le plus frappant, et le mieux connu, est la floraison des terminaisons en *ette* dans les années vingt et trente. Sans doute cette terminaison n'est-elle pas une nouveauté : Antoinette, Guillemette, Juliette, Henriette sont bien plus anciennes. Mais la vague qui commence à grossir à l'aube du siècle et déferle entre 1920 et 1940 est impressionnante. Elle amène, dans l'ordre de leur apparition, Georgette, Paulette, Odette, Yvette, Ginette, Huguette, Lucette, Pierrette, Arlette, Colette, Josette, pour ne mentionner que les plus fréquentes des consœurs en *ette*. Toutes, sauf Bernadette, connaissent un reflux, souvent rapide, avant 1945.

A la vague des *ette*, succède celle, de bien moindre ampleur, des *iane*, qui culmine dans les années 1940 : Christiane, Éliane, Liliane, Josiane, Viviane.

La terminaison en *ine*, qui arrive en force dans les années vingt et trente avec Jeannine, Jacqueline, Micheline, est bien plus durable. Son succès pâlit dans les années quarante, malgré Claudine et la variante en *lyne* (Jocelyne, Évelyne), mais se renouvelle vite avec Martine, suivie de Catherine, Christine et Corinne dans les années cinquante et soixante, et se perpétue avec Sandrine, Karine, Séverine, Delphine, Caroline, Céline. Après un creux relatif au milieu des années 80, voici Pauline, Marine et Justine.

La terminaison en *ie* a été, depuis dix ans, la plus prisée pour les prénoms féminins. Marie en avait jadis presque le monopole. Rosalie, Julie, Eugénie, Lucie étaient connues au XIXᵉ siècle sans jouer les premiers rôles. Dans les premières décennies du XXᵉ, cette terminaison est quasiment inexistante, mis à part Marie dont le recul est d'ailleurs spectaculaire. Annie entrouvre la porte dans les années quarante et Sylvie, Nathalie, Sophie, Stéphanie s'y engouffrent vingt à trente ans plus tard. Depuis 1980, ont figuré dans le peloton de tête Aurélie, Émilie, Élodie, Julie, Mélanie, Stéphanie, Virginie. C'est sans doute ce triomphe qui a réveillé Marie.

Est également présente la terminaison en *ia* – Patricia, Sonia, Nadia, Laetitia – ou en *a* – Alexandra, Sandra,

Sabrina, Jessica, Vanessa, Laura, Sarah. Elle est assez récente (hormis Maria et Anna connues au début du siècle) et généralement d'origine étrangère, témoignant de l'internationalisation de la mode.

Plus minoritaire est la terminaison en *elle, èle* ou *el*, qui procède souvent de la féminisation de prénoms masculins. Elle a eu son heure de gloire dans les années quarante quand Danielle et Michèle étaient au pinacle ; Marcelle et Gisèle leur avaient ouvert la voie. Elle s'est perpétuée avec Joëlle, Muriel, Isabelle, Emmanuelle, Estelle, Christelle, Gaëlle, mais a nettement perdu du terrain, malgré la venue de Cyrielle.

On peut encore regrouper les prénoms terminés en *aine, ène* ou *enne* : Madeleine, Germaine, Irène, Ghislaine, Hélène, Marlène, et les récentes Solène ou Charlène ; les prénoms en *ique* (Angélique) ou plus précisément en *nique* : Monique, Dominique, Véronique. Mais ces deux cas donnent plus l'impression d'une lignée que de modes simultanées. La terminaison en *ienne*, qui a eu quelque succès au début du siècle (Lucienne, Adrienne, Émilienne, Julienne), n'a été illustrée récemment que par Fabienne, mais son retour n'est pas à exclure.

Il est impossible de ramener tous les prénoms féminins à quelques terminaisons. Nombre d'entre eux, notamment ceux, anciens ou récents, qui ne dérivent pas d'un prénom masculin, offrent une palette très variée. Citons, par exemple, Agathe, Agnès, Alice, Anne, Aude, Audrey, Aurore, Brigitte, Cécile, Chantal, Claire, Élisabeth, Geneviève, Marguerite, Marion, Nadège, Solange, Thérèse.

Les prénoms masculins ont été longtemps moins sensibles à la vogue de certaines terminaisons. On observe, sans doute, des carrières simultanées – Gaston et Léon, Michel et Daniel, Bernard et Gérard – mais aussi des successions : la lignée des *bert* – Albert, Robert, Gilbert –, celle des *ic* ou *ick* inaugurée par Patrick suivi de Éric, Frédéric, Yannick, Ludovic, Cédric, Loïc, Aymeric.

Cependant le phénomène de mode s'accentue depuis peu quant aux terminaisons des prénoms masculins; nous songeons notamment à la vogue des prénoms en *ien* – Sébastien, Julien, Fabien, Damien, Aurélien, Adrien – et à celle des prénoms en *in* et *an*. Nous y reviendrons plus en détail dans le dernier chapitre.

Les terminaisons ne sont pas le seul élément sonore qui puisse apparenter les prénoms. Un radical commun peut donner naissance à des successions ou à des relais. Un bel exemple est celui de Christian et Christophe : le second prend très exactement la relève du premier. Même chose pour Christiane et Christine, cette dernière étant ensuite supplantée par Christelle. Avant de revenir, Lucie avait engendré Lucienne puis Lucette. Michel survit dans Michaël ou Mickaël, Jean dans les Johan, Yann, ou Yoann. Ces relèves peuvent faire fi de l'étymologie : Franck succède à Francis, Odile à Odette, mais tout aussi bien Guillaume à Guy, Jérémie à Jérôme, David à Daniel, Caroline à Catherine.

Cependant, il n'est pas rare que des prénoms ayant en commun le radical, la première syllabe, ou même seulement la première lettre aient des carrières strictement contemporaines. C'est le cas de Pascale et Patricia, Annie et Annick, Gisèle et Ginette, Sandra et Sandrine et même de Didier et Dominique, de Pascal et Philippe et de Laurent et Lionel. Claude (au féminin), Claudette et Claudine émergent au même moment. Céline apparaît quand Cécile se réveille. Un bel exemple est celui de la bande des R : René, Robert et Roger (on pourrait presque y ajouter Roland) marchent la main dans la main et culminent tous les trois à un niveau analogue vers 1930. Les quatre J – Jennifer, Jessica, Jonathan, Jérémy – sont une illustration plus récente, et qui transcende la barrière des sexes, de la même affinité, fondée aussi, il est vrai, sur leur commune origine anglo-saxonne.

Il arrive encore qu'un nouveau venu tire de son sommeil, voire de son néant, un prénom très voisin. C'est ce qu'ont fait Patrick pour Patrice, Jérémy pour Rémy, Gisèle pour Ghislaine, Stéphanie pour Fanny, Adeline pour Aline, Sébastien pour Bastien, Fabrice pour Brice, Grégory pour Grégoire.

On ne s'étonnera pas que des prénoms se ressemblant comme deux gouttes d'eau, tels que Florence et Laurence, Rolande et Yolande, Aude et Maud, aient des carrières simultanées et identiques. Marc et Luc ne sont pas seulement deux prénoms d'évangélistes : ils ont aussi en partage leur son bref et sec. Le cas le plus troublant est celui des *frères siamois* : la terminaison de l'un sert de radical à l'autre et les syllabes restantes se répondent comme en écho. Le couple Thomas-Mathieu en est peut-être le plus bel exemple. Monique et Nicole sont un autre cas, encore que ces deux prénoms ne soient pas aussi strictement contemporains. On pourrait voir également dans Nicole le fruit de la rencontre entre Monique et Colette.

Tous ces exemples montrent assez que le système de la mode s'attache au *son* beaucoup plus qu'au *sens* éventuel des prénoms. Il se moque bien de l'étymologie quand il fait naître Gaétan en même temps que Gaël. Étienne et Stéphane sont un seul et même prénom au regard de l'histoire et de l'Église. Pourtant, le triomphe momentané de Stéphane n'a pas fait dévier d'un pouce le parcours rectiligne et modeste d'Étienne.

Les prénoms composés

En évoquant ici les prénoms composés (Jean-Philippe ou Marie-Paule), nous ne nous intéressons pas à la manière dont ils sont construits, mais à la famille qu'ils constituent et donc à la vogue qu'ils ont connue dans les années quarante et cinquante. L'usage des prénoms composés est ancien, encore qu'il soit souvent difficile de savoir pour les siècles passés si Jean suivi de Pierre sont un composé ou une suite de deux prénoms. Ce qui est sûr, c'est que leur usage est en net recul au début du xxᵉ siècle. Les Marie-Jeanne, Marie-Madeleine, Marie-Antoinette se raréfient. Seule Marie-Louise se maintient dans le peloton de tête jusque vers 1920. La relève s'amorce d'abord avec Marie-Thérèse qui se redresse à la faveur de l'essor de Thérèse et s'impose dans les années trente. C'est alors que de nouvelles venues vont se faire leur place au soleil : Marie-Claude, Marie-Claire, Marie-France qui donne un coup de fouet à Marie-Françoise, plus tard Marie-Christine. Mais elles sont devancées par l'ancienne Anne-Marie qui succède à Marie-Thérèse comme premier prénom composé pour les filles nées dans les années quarante.

Au même moment, les prénoms composés jouissent d'une faveur plus grande encore chez les garçons. L'effondrement de Jean dans les années quarante a pour contrepartie le succès des Jean-quelque chose. Ils arrivent en trois vagues successives mais assez proches l'une de l'autre. Viennent d'abord Jean-Claude, dont la réussite est spectaculaire, et Jean-Pierre, à la fortune plus durable, qui entraînent le plus calme Jean-Marie. La seconde vague qui culmine autour de 1950 est formée de Jean-Paul, Jean-Louis et Jean-Jacques. La troisième amène des prénoms nouveaux : Jean-Luc, Jean-Marc, Jean-Michel qui atteignent leur sommet à la fin des années cinquante. Pierre assure aussi sa relative survie en se mariant avec d'autres prénoms. Les composés de Paul et de Charles sont rares.

Les prénoms composés s'éclipsent à partir des années soixante, mais leur usage ne disparaît pas complètement. Les plus connus aujourd'hui viennent d'Anne, comme Anne-Laure et Anne-Sophie qui progressent tout doucement. Ils annoncent peut-être l'arrivée prochaine d'une nouvelle vague de prénoms composés, la multiplicité des combinaisons possibles permettant un renouvellement du répertoire (voir page 292-294).

Masculin, féminin

Le répertoire des prénoms féminins est désormais bien plus étendu que celui des prénoms masculins, pour deux raisons. D'abord il est plus facile de féminiser un nom masculin que de masculiniser un nom féminin. Agnès, Béatrice, Hélène, Monique, Thérèse et bien d'autres n'ont pas de compagnons, alors que rares sont les prénoms masculins capables de résister complètement à l'imagination linguistique. Quentin sans doute à cause de cantine, Didier, peut-être, encore que Didia soit concevable ou Didière puisque Xavière existe ; Roger, sans féminin connu, pourrait se muer en Rogerine ou Rogette. La seconde raison est qu'un prénom masculin peut donner naissance ou correspondre à plusieurs prénoms féminins. Pierre a engendré Pétronille, Peyronne, Perrine, Perrette, Pierrette et d'autres encore ; Paul donne Paule, Paulette, Pauline, Paula. Laurent est seul face à la multitude des Laure, Laurence, Laura, Laurie, Laurette, Laurène, Lauriane, etc. Ce phénomène n'est pas nouveau. S'il est vrai que jadis le stock des prénoms féminins était plus concentré sur quelques vedettes que celui des prénoms masculins, cela ne veut pas dire que le répertoire féminin était moins vaste et moins varié.

Le sexe des prénoms n'est pas toujours fixé une fois pour toutes. Avant le XVIIe siècle, Anne ou Philippe pouvaient convenir à des garçons ou à des filles. Les prénoms doubles ou multiples ont aussi permis d'attribuer des prénoms féminins à des garçons, et vice versa (c'est le cas au XXe siècle, avec Jean-Marie et Marie-Pierre). Camille, Claude et Dominique sont aujourd'hui des prénoms androgynes. Et beaucoup d'autres sont des quasi-androgynes, en ce sens que leur prononciation ne permet pas de distinguer les sexes : Pascal(e), André(e), René(e), Frédéric(que) et tous les prénoms masculins en *el*, de Michel(èle) à Joël(le). Ce type de féminisation équivoque est, pour l'essentiel, une particularité de ce siècle, spécialement en honneur des années vingt aux années soixante, et semble en recul aujourd'hui.

La comparaison des carrières des prénoms masculins et féminins qui se correspondent fournit une nouvelle illustration de l'importance de la sonorité des prénoms dans le modèle actuel réglé par la mode. Plus les prénoms se ressemblent, plus leur carrière tend à être simultanée.

Les homonymes parfaits sont presque toujours strictement contemporains : Dominique, Pascal(e), Joël(le), par exemple. C'est aussi le cas de couples presque homophones : Gilbert et Gilberte, Christian et Christiane, Régis et Régine. Une exception notable toutefois : François et Françoise n'ont pas le même type de parcours, malgré leur affinité sonore. Inversement, les cas les plus frappants de divorce concernent des couples très dissemblables dans leur sonorité : Yvonne, Simone et Nicole s'épanouissent quand Yves, Simon et Nicolas sont en pleine léthargie. Dans les situations intermédiaires, le décalage est moins marqué. Le premier qui bouge, que ce soit l'homme ou la femme, réveille l'autre. Aurélie et Fabienne ont préparé le café à Aurélien et Fabien ; mais c'est Stéphane qui l'a servi sur un plateau à Stéphanie.

Les chemins de l'innovation

Les futurs parents à la recherche d'un prénom ne sont pas tous sur la même ligne de départ dans la course à la mode. Certains sont mieux au fait que d'autres de l'évolution en cours du goût collectif, ont une conscience moins confuse de la fréquence des prénoms en usage. Certains se soucient plus que d'autres d'être à la pointe de la nouveauté, de marquer leur originalité, voire leur identité sociale. L'intervalle entre le commun et l'excentrique qui circonscrit le champ des prénoms possibles n'est pas défini de manière identique pour tous.

Age des parents et rang de naissance de l'enfant

L'âge d'un consommateur est souvent la première chose à laquelle on pense à propos de la diffusion d'un produit nouveau. De fait, les jeunes parents sont un peu plus sensibles que les parents âgés à l'attrait des prénoms naissants ou qui montent; mais la différence n'est pas considérable. L'âge a moins d'effet sur l'avance ou le retard par rapport à la mode que sur le degré de conformisme. Les parents les plus jeunes sont davantage enclins à choisir un prénom mode qui est au zénith de son parcours. En ce sens, ils sont plus réceptifs à la mode du moment.

Le rang de naissance de l'enfant a également son effet propre, indépendamment de l'âge des parents. A âge de la mère égal, les aînés reçoivent plus souvent que les autres un prénom en progression. Fait-on un effort de recherche plus important pour son premier enfant? On peut aussi supposer que les parents définissent, à cette occasion, une liste de leurs prénoms préférés qu'ils ne modifient guère par la suite. Les enfants qui suivent auront donc moins de chances d'être dotés d'un prénom en avance sur la mode. Si les parents ont choisi un prénom féminin auquel ils tiennent mordicus et s'ils doivent attendre leur quatrième enfant pour avoir une fille, celle-ci risquera fort d'avoir un prénom à la traîne. Les parents soucieux d'éviter un prénom devenu trop commun pourront encore donner leur préférence à un prénom à tendance classique. Peut-être aussi leur première expérience les aura-t-elle détournés des prénoms dans le vent.

Cette dernière pratique paraît assez répandue chez les cadres. Ils inclinent à donner à leurs aînés un prénom en ascension, tandis que leurs choix sont, en moyenne, plus « classiques » pour leur deuxième ou troisième enfant. Cependant, cette différence s'observe moins parmi les professions libérales. Et le phénomène paraît même s'inverser dans les professions indépendantes : chefs d'entreprise, artisans, commerçants, agriculteurs; les prénoms des aînés semblent moins conformes à la mode que ceux des enfants suivants, comme si le prénom de l'aîné faisait partie, en quelque sorte, de la raison sociale de l'entreprise familiale.

Villes et campagnes

On ne s'étonnera pas de voir l'innovation gagner d'abord les grandes villes et terminer sa course dans les communes rurales. Cependant, ces écarts tendent aujourd'hui à s'amenuiser.

On ne s'étonnera pas davantage que Paris soit souvent à la pointe de la mode. L'avance de la capitale ne vient pas seulement de sa situation géographique (voir p. 66) et de la composition sociale de sa population (19 % de « cadres » dans la population active contre 7,6 % pour l'ensemble de la France).

Jusqu'aux années 1940, le phénomène bien connu en d'autres domaines (pour les élections notamment) d'amplification des tendances et des modes à Paris et dans la région parisienne s'observait en matière de prénoms. Les grands succès du moment y obtenaient des scores encore plus flatteurs qu'en province. Pour la capitale, c'est désormais le contraire qui se produit : les prénoms en vedette y réussissent plutôt moins bien qu'ailleurs. Les Parisiens sont encore en avance sur la mode, mais surtout pour certains prénoms de type bourgeois (voir pp. 58-60). Malgré l'embourgeoisement continuel de la capitale, les « cadres » sont tout de même bien loin d'y être majoritaires. Pourtant les choix des Parisiens ressemblent à s'y méprendre à ceux des cadres.

Quand un vicomte rencontre un bouvier

Le parcours social d'un prénom saisi par la mode suit, en général, le schéma classique de la diffusion des innovations. Il se propage grosso modo du haut en bas de l'échelle sociale.

Ce phénomène est ancien. Victor Hugo l'avait déjà pressenti (dans *Les Misérables*) :

> « Il n'est pas rare aujourd'hui que le garçon bouvier se nomme Arthur, Alfred ou Alphonse, et que le vicomte – s'il y a encore des vicomtes – se nomme Thomas, Pierre ou Jacques. Ce déplacement qui met le nom " élégant " sur le plébéien et le nom campagnard sur l'aristocrate n'est autre chose qu'un remous d'égalité. L'irrésistible pénétration du souffle nouveau est là comme en tout. »

L'observation est juste mais le diagnostic flou. Le

« remous d'égalité » consisterait en ce que le bouvier et le
vicomte aient les mêmes chances d'être nommés Pierre et
Arthur au même moment. Le « déplacement » a lieu dans
le temps et non dans l'espace social. Beaucoup de prénoms
qui reviennent aujourd'hui au goût du jour sont ceux que
l'on considérait, au début du siècle, comme convenant
aux domestiques parce qu'ils étaient parvenus au terme
de leur trajectoire sociale. Il faut aller dans les campagnes
les plus reculées, y lire sur le monument aux morts les
prénoms des paysans (nés à la fin du XIXᵉ siècle) qui ont
péri dans la Grande Guerre. On y trouve un florilège de
prénoms qui montent ou qui vont percer.

Mais, une fois encore, tous les parents, sans parler de
l'entourage des parents, ne sont pas sur la même longueur d'onde. Certains trouvent franchement ridicule un
prénom dont d'autres commencent à goûter le charme
désuet. C'est pourquoi ce type de prénom à vie cyclique a
quelque peine à émerger. Il s'impose bien moins vite,
quand il retrouve une nouvelle jeunesse, qu'un prénom
inconnu jusqu'alors ou hors d'usage depuis très longtemps.

Des domestiques aux animaux domestiques

En ce domaine, comme en d'autres, l'expérimentation
sur des animaux peut être utile et même nécessaire. Les
chiens et les chats servent de plus en plus de banc d'essai
aux prénoms des petits d'homme. Cela est vrai pour des
prénoms d'hier, à tendance cyclique, qui passent ainsi des
domestiques de naguère aux animaux domestiques (Joséphine, Adèle), mais aussi pour des prénoms plus inédits
en France et qui méritent quelque expérimentation,
comme Pénélope et Ulysse.

Il n'y a pas lieu d'alerter la SPA, bien au contraire. Nos
animaux familiers sont autrement choyés que ne l'étaient
les bonnes. Tandis que la domesticité ramassait les

miettes du grand festin de la mode, les chats et les chiens
d'aujourd'hui, qui dédaignent nos restes, nous regardent
du haut de la pyramide sociale de l'innovation.

Le trajet social des prénoms

Revenons aux moutons que nous sommes, escortés et
guidés par nos chiens, pour suivre le trajet social des prénoms nouveaux ou qui reviennent au goût du jour depuis
un demi-siècle. En tête du troupeau, se trouvent les
couches sociales privilégiées, que la nouvelle nomencla-
ture de l'INSEE regroupe sous l'appellation « Cadres et
professions intellectuelles supérieures ». Viennent en
second rang les « professions intermédiaires », suivies
dans l'ordre par les artisans et commerçants, les
employés, les ouvriers. Les agriculteurs ferment la
marche.

Le groupe « *cadres et professions intellectuelles supérieures* », que nous appellerons « *cadres* » pour faire bref,
rassemble des professions diverses, à leur compte ou sala-
riées, dont le niveau de revenu, variable, est en moyenne
deux fois plus élevé que l'ensemble des actifs, et dont
l'accès est en principe subordonné à des études supérieures : professions libérales, cadres de la fonction
publique, professeurs et professions scientifiques, cadres
et ingénieurs d'entreprise, professions de l'information,
des arts et des spectacles.

Deux catégories se distinguent au sein de ce groupe par
une précocité particulière dans l'adoption de l'innovation : les professions libérales (avocats, médecins, experts-
comptables, etc.) d'une part, les professions de l'information, des arts et des spectacles (journalistes, comédiens,
artistes) d'autre part. Mais ces deux catégories ne privilé-
gient pas le même type de prénoms. Les professions libérales, noyau le plus bourgeois du groupe « cadres », sont
les premières à s'emparer des prénoms traditionnels

quand ils reviennent à la mode, comme Catherine ou Isabelle; les professions de l'information et du spectacle ont au contraire une nette avance pour des produits nouveaux ou quasi nouveaux du genre Nathalie ou Céline.

Les « *professions intermédiaires* » se situent en deuxième position dans l'adoption de la mode. Deux catégories contribuent à tirer vers l'avant ce conglomérat assez hétéroclite : les instituteurs et assimilés (professeurs d'enseignement général des collèges, maîtres auxiliaires) et les professions de la santé et du travail social (infirmières, orthophonistes, kinésithérapeutes, animateurs socioculturels, assistantes sociales). Toutes deux distancent assez nettement les autres professions intermédiaires, appellation qui recouvre notamment les techniciens, contremaîtres, agents du cadre B de l'État, secrétaires de direction, gradés de banque, représentants, gérants de magasin (ainsi que le clergé qui ne nous intéresse évidemment pas ici).

Le groupe formé par les « *artisans, commerçants et chefs d'entreprise* » est également quelque peu en avance par rapport à l'ensemble de la population. Les « chefs d'entreprise », définis par le fait qu'ils emploient plus de neuf personnes, se détachent du gros bataillon de ce groupe et sont plus proches des cadres et des professions libérales. Mais il faut observer que les « commerçants » (par exemple détaillants en vêtements ou en alimentation, mais aussi patrons d'hôtels ou de restaurants, agents immobiliers, etc.) sont plus prompts à choisir des prénoms qui montent que les « artisans », catégorie qui regroupe ceux des indépendants (hormis les agriculteurs) pour qui le travail manuel occupe une place prépondérante : plombiers, couturiers, garagistes, réparateurs, mais aussi boulangers, coiffeurs et chauffeurs de taxi à leur compte.

Au sein du groupe « *employés* », dont la position par rapport à la mode est globalement moyenne, certains ont une petite longueur d'avance : il s'agit des employés de commerce (vendeurs), et même, dans une moindre mesure, de ceux qui se retrouvent dans la catégorie « personnels des services directs aux particuliers » : cette étiquette rassemble, à côté des employés de maison, les serveurs dans les cafés et restaurants ou encore les garçons coiffeurs. Les autres professions réunies dans le groupe « employés » sont, notamment, les secrétaires, employés de bureau, agents de service de la fonction publique, employés de banque, préposés des PTT, aides-soignantes, policiers et militaires de rang subalterne.

On n'aperçoit guère, en revanche, au sein de la masse des « *ouvriers* » de différences dans leur rapport à la mode selon leur niveau de qualification ou selon la taille de l'entreprise où ils travaillent.

Les « *agriculteurs* » exploitants sont les plus à la traîne dans l'adoption des prénoms à la mode et aussi les plus conservateurs, en ce sens qu'ils restent plus longtemps fidèles aux prénoms en déclin dans l'ensemble de la population.

Il est d'ailleurs logique que les plus prompts à se saisir d'un prénom montant soient aussi ceux qui s'en détachent le plus vite. Ils sont sensibles avant les autres à l'usure du prénom, liée à la fréquence de son usage.

Les catégories les plus décalées par rapport à l'ensemble de la population – les cadres par leur avance, les agriculteurs par leur retard – sont, par un effet mécanique, les moins conformistes. A cela s'ajoute que ces deux groupes sont aussi ceux qui choisissent le moins souvent des prénoms mode. Au total, ce sont les professions intermédiaires et les employés qui sont les plus conformistes : c'est parmi eux que les prénoms mode atteignent leurs scores le plus élevés.

Distinction ou contagion?

Le trajet social des prénoms ne contredit pas les explications classiques de la diffusion verticale de la mode : les classes privilégiées qui sont les premières à adopter un style ou un produit nouveau l'abandonnent au profit d'un autre dès qu'elles ont été suivies par les classes moyennes, le produit se diffusant en cascade jusqu'en bas de l'échelle sociale.

Mais un autre facteur paraît jouer un rôle moteur dans la diffusion de la mode : le degré de sociabilité, c'est-à-dire la fréquence des rapports interpersonnels ou des relations sociales. Sur ce plan, les professionnels de l'information et du spectacle, dont c'est la raison d'être, sont évidemment à l'extrême opposé des agriculteurs. A position sociale comparable, les occasions de contacts avec autrui font la différence : les commerçants sont en avance sur les artisans, les employés de commerce sur les employés de bureau, les travailleurs sociaux sur les techniciens. Ces contacts sont le vecteur de l'information et de la mode. Le privilège des instituteurs tient à ce qu'ils voient grandir dans leurs classes les prénoms qui sont dans l'air.

La recherche, sans cesse renouvelée, de signes de distinction qui glissent d'une couche sociale à une autre joue sans doute un rôle dans la ronde permanente des prénoms à la mode. Mais il est difficile d'en mesurer l'incidence, d'autant que la position dans l'échelle sociale n'est pas indépendante du degré de sociabilité. A côté de ce flux vertical, il faut faire sa part au flux horizontal qui relève d'une explication plus simple. Un prénom – ou n'importe quel bien de mode – se propage aussi comme une maladie contagieuse. Nos chances d'être touchés par l'épidémie sont fonction des occasions que nous avons de l'approcher et donc de la fréquence de nos contacts avec les autres.

Ce cheminement social des prénoms à la mode tend

d'ailleurs à se modifier et à se diversifier depuis peu. Les
décalages dans le temps s'amenuisent. Les agriculteurs
comblent leur retard, signe, parmi d'autres, de leur
insertion dans la société urbaine. L'on voit de nouveaux
prénoms se diffuser d'emblée, et de manière privilégiée,
dans les milieux populaires. Les différences sociales dans
le choix du prénom s'expriment bien moins qu'auparavant par des avances ou des retards dans leur adoption.
Cela ne signifie pas qu'elles aient disparu, mais elles
tendent, on va le voir, à revêtir d'autres formes.

Prénoms bourgeois, prénoms populaires

Définitions

Prénoms bourgeois, prénoms populaires : ces expressions ne doivent pas abuser. Le choix d'un prénom étant un acte libre et gratuit, il n'y a évidemment pas de prénoms qui soient réservés à telle ou telle classe sociale. Nous l'avons vu : un prénom, dans son parcours habituel, est adopté par toutes les catégories socioprofessionnelles avec d'éventuels décalages dans le temps. L'image sociale que nous nous faisons d'un prénom vient d'abord du moment où nous sommes situés par rapport à sa carrière. « Où qu'est la bonne Pauline ? » faisait d'autant plus ricaner les potaches, au temps où l'on enseignait le grec, que Pauline était un prénom de domestique plausible, alors qu'il est aujourd'hui porté par des petites filles plutôt chic.

Cependant, à côté de ces décalages dans l'adoption de la mode, on observe des écarts, parfois considérables, selon le milieu social, dans les préférences pour certains prénoms considérés sur l'ensemble de leur carrière. De ce point de vue, il est légitime d'opposer des prénoms de type bourgeois à des prénoms de type populaire, à condition de préciser ce que l'on met derrière ces termes équivoques et que nous employons faute de mieux.

Un prénom de type bourgeois est celui qui, sur une

longue période, est le plus souvent choisi par les « cadres »
et professions libérales, suivis dans l'ordre décroissant
par les professions intermédiaires, les commerçants et
artisans, les employés, enfin les ouvriers. Un prénom
de type populaire est celui pour lequel cette hiérarchie
des préférences est inversée : ce sont les ouvriers qui
l'adoptent le plus tandis qu'il est au plus bas chez les
cadres. C'est à dessein que nous ne citons pas les agriculteurs dont la place est fluctuante. Ils se rangent
souvent aux deux extrêmes, soit du côté des cadres, soit du
côté des ouvriers. (Voir la définition des catégories socioprofessionnelles, pp. 52-54.)

Une précision s'impose : un prénom de type bourgeois
peut être porté par davantage d'enfants d'ouvriers que
d'enfants de cadres. Sophie, par exemple, a été choisie
trois fois plus souvent par les cadres que par les ouvriers.
Mais, comme les ouvriers sont quatre fois plus nombreux
(et un peu plus prolifiques) que les cadres, il y a davantage de Sophie filles d'ouvriers que de Sophie filles de
cadres. Il n'empêche que Sophie demeure, selon notre
définition, un prénom bourgeois.

Goûts bourgeois

Depuis un demi-siècle, les prénoms particulièrement
prisés en milieu bourgeois sont souvent des prénoms
stables, classiques ou à tendance classique, assez peu
répandus dans l'ensemble de la population : Agnès, Anne,
Bénédicte, Cécile, Claire, Emmanuelle, Hélène pour les
filles, Antoine, Benoît, Bertrand, Étienne, François, Marc,
Pierre, Vincent, Xavier pour les garçons en sont de bons
exemples. La plupart de ces prénoms sont au moins trois
fois plus fréquents chez les cadres que chez les ouvriers.
Le rapport est de 1 à 6 ou davantage pour certains d'entre
eux : Anne, Bénédicte, Claire, Bertrand, Étienne. Ces
écarts sont importants. Ils augmentent encore pour des

prénoms plus rares, ou bien lorsqu'on isole, au sein de la catégorie assez hétérogène des « cadres et professions intellectuelles supérieures », un noyau plus typiquement bourgeois. Pierre, par exemple, est choisi, depuis 1950, trois fois plus souvent par l'ensemble de la catégorie cadres que par les ouvriers. Mais le rapport devient supérieur à 6 entre professions libérales et ouvriers.

Les préférences des cadres vont donc souvent à des prénoms peu fréquents dans l'ensemble de la population, qu'il s'agisse de prénoms mode en ascension, pour lesquels ils sont en avance, ou de prénoms à tendance classique. Est-ce une manière de marquer leurs distances à l'égard des autres groupes sociaux ? Ou bien faut-il y voir la conséquence d'une meilleure perception du mouvement de la mode qui les détournerait des prénoms trop courants ou en voie de saturation ? Aucune de ces deux interprétations n'est pleinement satisfaisante.

D'abord certains prénoms très stables, relativement rares, à allure classique, ne sont pas de type bourgeois. Lydie, Nadège, Nadia obtiennent leurs meilleurs scores chez les ouvriers. Richard est surtout apprécié chez les artisans et commerçants. Et les agriculteurs ont également une nette prédilection pour ce genre de prénoms (Régis, Denis, Régine), rejoignant souvent, il est vrai, les préférences des cadres en les amplifiant comme pour Odile ou Rémi (y).

D'un autre côté, il n'est pas rare de voir des prénoms emportés par la mode jusqu'au sommet demeurer, sur l'ensemble de leur carrière, des prénoms de type bourgeois. En voici des exemples caractéristiques, cités dans leur ordre chronologique depuis un demi-siècle : Philippe, Olivier, Arnaud, Guillaume pour les garçons ; Françoise, Dominique, Catherine, Isabelle, Laurence, Florence, Sophie, Caroline pour les filles. Ces prénoms sont nés et ont grandi en milieu bourgeois ; mais ils ont gardé la faveur de ce milieu, alors même qu'ils s'étaient répandus dans l'ensemble de la population en atteignant des niveaux élevés, le premier rang pour certains d'entre eux. Les cadres restent souvent leurs plus fidèles adeptes même lors de leur déclin. Ces prénoms ont pour caractéristique de n'être pas de véritables innovations ; ce sont des prénoms traditionnels, qui ont un passé, certains d'entre eux n'ayant jamais vraiment disparu. Leur durée de vie est généralement plus longue que celle des autres prénoms mode. En somme, ils restent empreints d'une touche de classicisme. Pour la même raison les cadres ont préféré Julie ou Émilie à Élodie ou Aurélie. Dans certains cas, il est difficile de faire un partage net, au sein des prénoms bourgeois, entre prénoms mode et prénoms de type classique. Vincent et Benoît, par exemple, se trouvent à la frontière des deux catégories.

Goûts ruraux

Les agriculteurs, on l'a déjà noté, rejoignent les cadres dans leur choix de certains prénoms tranquilles tels Agnès, Élisabeth, Odile, Rémi ou Yves. Comme eux encore, ils ont contribué au retour de Marie et fait preuve de peu d'enthousiasme pour les prénoms mode les plus nouveaux du genre Audrey, Patricia, Jessica, Sabrina, Vanessa ou même Nathalie, Valérie et Céline, leur préférant la plus traditionnelle Isabelle. Ils n'ont pourtant pas résisté à l'attrait du neuf dans les cas de Sylvie ou de Sébastien. Et certains prénoms mode ont reçu en milieu agricole un accueil particulièrement favorable : Béatrice, Nadine, Maryse, Joël, Damien en sont des exemples.

Mais il arrive aussi que les agriculteurs fassent front commun avec les ouvriers, alliance plus souvent négative que positive. Les deux groupes se rejoignent parfois dans leurs goûts, par exemple pour Christelle, Jocelyne ou Nadine. Mais ils se retrouvent surtout dans une commune réticence à l'égard de certains prénoms de type bourgeois comme Arnaud, Benjamin, Catherine, Sophie ou Claire. Et cette réticence confine à la résistance quand il s'agit de prénoms féminins homonymes de prénoms masculins : Dominique, Pascale, Emmanuelle, Frédérique. Joëlle est une exception, mais son succès en milieu agricole est beaucoup moins net que celui de Joël.

La connivence entre les agriculteurs et les artisans et commerçants n'est guère apparente. Sylvie semble être le cas le plus net où la solidarité des indépendants et des paysans se soit traduite par une préférence commune.

Goûts populaires

Les prénoms mode les plus typiquement populaires sont en général des produits nouveaux, souvent d'importation, l'influence anglo-américaine étant prépondérante : Anthony, Cédric, David, Grégory, Jacky, Jonathan, Kévin, Ludovic, Mickaël pour les garçons; Christelle, Cindy, Jennifer, Jessica, Laetitia, Sabrina, Sandra, Séverine, Vanessa, Virginie pour les filles. Les prénoms populaires plus stables comme Lydie, Nadia, Nadège, Sonia ont aussi pour caractéristique d'être dépourvus de passé (en France tout au moins). Certains d'entre eux, comme Cédric, Jérémy, Laetitia ou Virginie, ont pu naître d'abord en milieu bourgeois; mais les cadres ont été prompts à s'en détourner. La plupart se diffusent d'ailleurs d'emblée en milieu populaire, sans que les cadres ou les professions intermédiaires qui les choisissent fassent preuve d'une adoption plus précoce. C'est là un phénomène assez nouveau qui entraîne une durée de vie souvent brève pour ce type de prénoms.

Les clivages sociaux s'exprimaient jusqu'alors essentiellement par des avances ou des retards dans le moment où était choisi un *même* prénom. Ils tendent désormais à se traduire par des choix de prénoms *différents*. On est loin de l'uniformisation supposée de la palette sociale des goûts et des couleurs que la société de masse fondrait en une même teinte.

Goûts moyens

Il ne faudrait pas, à l'inverse, grossir à l'excès cette récente tendance à une différenciation sociale croissante des prénoms. D'abord, ne l'oublions pas, tous les prénoms, y compris les plus bourgeois ou les plus populaires, font l'objet de choix dans tous les groupes sociaux, même si les écarts de leur fréquence relative peuvent être considérables. En second lieu, les décalages temporels dans l'adoption des prénoms selon les milieux tendent certes à se réduire, mais s'observent encore dans la plupart des cas. Enfin, même lorsque ces décalages sont infimes, voire inexistants, une fraction non négligeable de prénoms se répartit très équitablement entre les divers groupes sociaux. Un prénom mode comme Delphine et un prénom plus calme tel Sylvain en sont de bons exemples récents.

Dans la masse de prénoms peu marqués socialement, il en est certains que l'on est tenté de qualifier de *moyens*. Ce sont les prénoms qui rencontrent un succès moindre chez les cadres et chez les ouvriers que dans les couches sociales moyennes : professions intermédiaires, artisans et commerçants, employés. Ces prénoms moyens sont de deux types. Il y a d'abord les prénoms qui atteignent des niveaux très élevés, et qui sont particulièrement bien accueillis, on l'a déjà vu, dans les couches moyennes, notamment les professions intermédiaires et les employés plus enclins au conformisme : Thierry, Pascal, Nathalie, Céline en sont des exemples typiques, tout comme Martine ou Sylvie, où les artisans et commerçants se distinguent. D'autres prénoms sont moyens à un double titre : ils sont socialement moyens et leur succès est moyen. Ils obtiennent un score honorable sans figurer aux places d'honneur. C'est le cas de Cyril, Fabien, Franck, Alexandra, Muriel.

Quant à Corinne et Karine, prénoms pour lesquels les couches moyennes ont une prédilection marquée, ils se situent à la frontière des deux groupes : leur réussite est incontestable mais ils n'atteignent pas les toutes premières places.

Goûts nobles

Y a-t-il encore des prénoms spécifiques aux familles aristocratiques ? Servent-elles de conservatoires à des espèces en voie d'extinction dont certaines reviennent périodiquement au goût du jour, ce qui les situerait à la fois à l'extrême arrière-garde et à l'extrême avant-garde ? Il est difficile de cerner par la statistique une catégorie aussi minoritaire. Un sondage assez rapide sur les prénoms des familles à particule recensées dans le *Bottin mondain* incite à répondre de manière nuancée, mais plutôt par la négative. Les prénoms emblèmes d'une famille, Dauphine chez les Sabran, Josselin chez les Rohan, Sosthène chez les La Rochefoucauld ont disparu. On trouve, il est vrai, une sur-représentation de prénoms rares, ou relativement rares. En voici des exemples :

Prénoms masculins : Alban, Amaury, Aubin, Baudoin, Bertrand, Édouard, Enguerrand, Eudes, Foulques, François-Xavier, Geoffroy, Géraud, Ghislain, Godefroy, Gonzague, Guilhem, Henri ou Henry, Hugues, Philibert, Stanislas, Tancrède, Tanguy, Thibault, Tugdual.

Prénoms féminins : Aliénor, Alix, Ariane, Arielle, Armelle, Astrid, Axelle, Bénédicte, Bérengère, Bertille, Capucine, Clotilde ou Clothilde, Daphné, Diane, Éléonore, Guillemette, Isaure, Mahaut, Marie-Liesse, Maylis, Ombeline, Oriane (anne) ou Auriane, Priscille, Quiterie, Ségolène, Servane, Sibylle, Sixtine, Solène, Tiphaine, Violaine.

La plupart de ces prénoms ne sont pas des espèces rares, qui seraient inconnues dans l'ensemble de la population. Certains ont même été assez répandus et sont déjà en déclin, tel Bertrand auquel nous aurions pu ajouter Arnaud. Armelle et Bénédicte ont une existence assez discrète mais réelle depuis plus de trente ans. Hugues, Clotilde, Diane et d'autres tournent depuis longtemps autour de la barre de un sur 1 000. Beaucoup sont des prénoms en ascension dont l'émergence est plus ou moins récente, comme Édouard, Thibault, Solène, Tiphaine, et des prénoms qui percent ou tentent de percer, tels Alban, Geoffroy, Tanguy, Alix, Ariane, Astrid, Bérengère, Oriane, etc.

Le répertoire médiéval est bien représenté, tout comme les formes archaïques du type Jehan, Géraud, Guilhem, Artus ou Béatrix. Il faut y voir sans doute une manière d'afficher l'ancienneté du lignage, de même que le choix de prénoms rares permet de se démarquer du vulgaire. Mais ces pratiques ne sont pas majoritaires. La plupart des choix concernent des prénoms courants de type bourgeois. Dans la préférence pour les prénoms anciens ou rares, dans la promptitude à adopter des prénoms en ascension ou sur le point d'émerger, il est d'ailleurs difficile, sinon impossible, de faire le partage entre ce qui relève d'une éventuelle tradition aristocratique et ce qui relève d'une position sociale privilégiée. Sous réserve d'une enquête plus systématique, il ne semble pas y avoir une différence très tranchée entre familles aristocratiques et familles bourgeoises dans le choix des prénoms. Il y aurait plutôt une amplification chez les premières des préférences des secondes. Les goûts nobles ne seraient alors que des goûts bourgeois portés à l'extrême.

Géographie de la mode et variations régionales

Les particularismes locaux et régionaux dans le choix des prénoms, qui pouvaient être marqués dans le passé, sans empêcher toutefois le succès universel de quelques vedettes, se sont notablement estompés au xxᵉ siècle. Mais il est encore des prénoms qui se développent et s'épanouissent de préférence dans telle ou telle région. D'autre part, la mode ne se propage pas simultanément sur l'ensemble du territoire. L'implantation régionale de certains prénoms et le cheminement géographique des prénoms à la mode sont deux questions relativement indépendantes l'une de l'autre.

Le vent dominant de nord-ouest

Des années 1920 aux années 1960, les routes de l'innovation se dessinent assez nettement. La plupart des prénoms qui deviennent au goût du jour font leurs premières conquêtes dans le Bassin parisien et c'est aussi là qu'ils s'épanouissent le mieux.

Le débarquement a lieu en Normandie, non pas sur les plages du Calvados, mais dans la plus urbaine Haute-Normandie. Du Havre et de Rouen, l'envahisseur a tôt fait de remonter la Seine et de s'installer en Ile-de-France, annexant au passage la Picardie voisine. De là, il se répand vite dans le reste du Bassin parisien, Centre, Champagne-Ardenne, Bourgogne, Lorraine et jusqu'en Franche-Comté.

Le même envahisseur a souvent établi une autre tête de pont en Poitou-Charentes, débarquant à La Rochelle, parfois à Bordeaux. L'axe Bordeaux-Paris laisse un peu à la traîne les Pays de Loire à l'ouest et le Limousin à l'est. De même, le Nord-Pas-de-Calais est relativement protégé de l'envahisseur, moins, sans doute, par les modestes collines de l'Artois que par la résistance de sa population ouvrière. L'Alsace et la Bretagne sont les deux bastions de la tradition dans la moitié nord : sauf exceptions, les grands succès nationaux n'y pénètrent que tardivement et difficilement ; en revanche, nombre de prénoms en déclin ailleurs s'y maintiennent longtemps.

Le flux de nord-ouest perd un peu de sa vigueur quand il atteint les régions du Sud-Est : Midi-Pyrénées, Auvergne, Rhône-Alpes, Languedoc-Roussillon, Provence. Les grands prénoms à la mode y jouissent d'une faveur plus tardive et quelque peu émoussée.

Ce schéma qui s'applique, à quelques variations près, à la plupart des prénoms en vogue ne vaut pas pour tous les prénoms. Il en est qui viennent de Provence, comme Mireille ou Magali, d'autres qui viennent du Nord-Est, telle Sabine, d'autres qui se développent plus précocement dans le Centre-Ouest, comme Guy, sans oublier naturellement la cohorte des prénoms venus de Bretagne, région qui exporte mieux qu'elle n'importe : Yves et ses dérivés, Hervé, Annick, Yannick, Yan, Armelle, Soizic (alias Françoise), et tous les prénoms bretonnants qui surgissent à la fin des années soixante : Gaël, Erwan, Morgane, Gwenaëlle, etc. D'autres encore ont des parcours originaux, comme Odile qui migre de l'Alsace à la Bretagne.

Depuis les années 1970, les écarts entre régions dans l'adoption des prénoms à la mode se sont très sensible-

ment atténués, sans que le schéma précédent ait complètement disparu. La Normandie reste, dans beaucoup de
cas, à la pointe de la nouveauté, mais c'est plutôt la Basse-
Normandie, naguère moins innovatrice, qui se distingue.
Le privilège de l'Ile-de-France est quasiment aboli ; les
régions Rhône-Alpes et Provence ont comblé leur retard ;
la Bretagne et l'Alsace elles-mêmes sont bien moins à la
traîne qu'auparavant. En outre, les parcours des nouveaux prénoms tendent à se diversifier. Par exemple,
Damien a conquis d'abord le Nord-Est, Marion d'abord le
Sud-Est, Audrey les deux à la fois.

Préférences régionales

Parmi les grands prénoms régionaux du passé, certains
ont disparu (comme Martial ou Léonard), tandis que
d'autres ont connu au xxe siècle un destin national, rom-
pant plus ou moins leurs attaches avec leur terre d'origine.

La rupture a été complète pour Claude qui suit, quand
il revient, la route classique du Nord-Ouest avant
d'atteindre la Franche-Comté où il régnait jadis. Gilbert
a quitté son Bourbonnais natal pour s'installer aux frontières du Nord-Est. Sans renier tout à fait ses origines
angevines, René s'est épanoui en Alsace et en Lorraine
avant de se retirer en Provence. Les prénoms originaires
de Bretagne ou de Provence sont les plus fidèles à leur
terre natale lorsqu'ils se diffusent sur l'ensemble du territoire. Il est vrai que les prénoms celtiques ou bretonnants nés à la fin des années soixante étaient le reflet des
revendications d'identité régionale qui voyaient le jour ;
ils n'étaient donc pas, en principe, destinés à l'exporta-
tion.

Nombre de prénoms manifestent une prédilection particulière pour une région (ou plusieurs régions voisines)
qui n'est pas – ou ne semble pas être – leur province

d'origine. Et, bien souvent, les raisons de ces préférences régionales sont loin d'apparaître avec évidence.

Dans certains cas, ces préférences s'expliquent sans trop de peine. Il y a d'abord les prénoms dont la localisation suit celle de leurs saints patrons : Geneviève en Ile-de-France, Colette en Franche-Comté, Solange dans le Berry, Thérèse en Basse-Normandie (voir p. 72). On peut à la rigueur comprendre que les prénoms germaniques comme Bernard, Gérard et même Gilbert ou Roland aient eu une fortune particulière dans le Nord-Est, surtout en Alsace. Pour rester en Alsace, l'importance des communautés juive et surtout luthérienne dans cette région n'est sûrement pas étrangère au succès qu'on y observe de certains prénoms bibliques comme Rachel, Myriam, Emmanuelle, ou même Estelle qu'on pourrait prendre pour Esther, bien qu'il y ait de notables exceptions.

On peut encore se laisser aller à des hypothèses plus tortueuses : rapprocher, par exemple, Marion (très ancien dérivé de Marie), qui a fait ses premières conquêtes en Provence, de Marius, nom romain, qui y fut en usage jusqu'au début de ce siècle; ou voir dans Alexandre, implanté de longue date en Corse, un succédané de Napoléon.

Mais, dans beaucoup de cas, il nous faut bien avouer notre perplexité ou notre ignorance. Voici quelques énigmes, parmi bien d'autres, que nous livrons aux esprits curieux : pourquoi Guy a-t-il connu un succès aussi précoce et aussi massif en Poitou-Charentes ? D'où vient la prédilection d'Éliane pour la Provence, de Liliane pour la Haute-Normandie et l'Ile-de-France et de Christiane pour l'Alsace ? Pourquoi Josiane se développe-t-elle dans le Nord, tandis que Josette naît en Provence et triomphe dans tout le Midi ? Quelle est la force qui attire Pierrette en Aquitaine et Poitou-Charentes, Mauricette dans le Nord, Marc en Provence, Maryse dans le Sud-Ouest, Gilles dans le Centre-Est, Dominique (au masculin surtout) dans le Poitou et les Pays de Loire? Il serait facile d'allonger démesurément cette liste. Contentons-nous d'un dernier mystère : pourquoi Joël (prénom biblique) s'impose-t-il dans le Nord-Ouest, quand Joëlle, au moment même, préfère le Sud-Est?

Quand un prénom a une origine régionale bien précise, ou quand il a une préférence régionale très marquée, ou encore quand il met du temps à se diffuser sur l'ensemble du territoire, sa carrière nationale (moyenne de ses carrières régionales) a une allure particulière. Sa phase d'ascension est longue et sa période conformiste s'étale dans le temps. Cette stabilité moyenne résulte du chevauchement de diffusions régionales successives. Le calme apparent du parcours de beaucoup de prénoms d'allure classique masque l'agitation de leur diffusion géographique. Ce qui trahit souvent ces faux classiques c'est que leur chute est brutale dès qu'ils sont arrivés au terme de leur périple. Bernadette, Geneviève, Maryse, Mireille, Serge, Hervé, Yves en sont les exemples les plus typiques, mais le phénomène s'observe aussi pour Annick, Jocelyne, Thérèse et même Bernard. Dans tous ces cas le reflux est beaucoup plus rapide que la progression.

Prénoms et saints patrons

De tous les sacrements de l'Église catholique, le baptême est celui qui se maintient le mieux. Dans une enquête récente (septembre 1986), plus de neuf adultes sur dix déclaraient être baptisés, alors qu'ils n'étaient que 16 % à assister à la messe une ou deux fois par mois ou davantage. Quoique en recul (en raison peut-être des exigences croissantes du clergé), le baptême concerne encore aujourd'hui en France près de sept nouveau-nés sur dix, davantage si l'on ne tient pas compte de la population d'origine étrangère.

On devrait donc observer une forte relation entre l'importance des saints dans la doctrine catholique et les prénoms le plus fréquemment choisis. Pourtant cette relation n'apparaît guère.

Nous avons vu, au chapitre premier, que les prénoms chrétiens s'étaient imposés aux XVIe et XVIIe siècles en même temps que se répandait la notion du saint patron, protecteur et modèle. De fait, la plupart des prénoms dominants à l'âge classique correspondent à l'entourage du Christ – Marie, Anne, Joseph, Jean-Baptiste, Marie-Madeleine –, aux principaux apôtres – Pierre, Jean, Jacques et André –, à des saints illustres et exemplaires – François, Antoine, Louis – ou à d'autres dont l'existence peut être douteuse, mais dont la légende est l'objet d'une ferveur populaire toute spéciale – Nicolas, Marguerite, Catherine d'Alexandrie. Dans le même sens on peut observer que l'insuccès du prénom royal qu'est Henri vient sans doute de ce qu'il n'est pas doté d'un saint de grande envergure.

Mais cette correspondance globale ne va pas sans de notables exceptions. La plus frappante est celle de Paul, prénom qui ne fait guère parler de lui avant la fin du XIXᵉ siècle, en dépit de la place centrale de saint Paul dans la tradition catholique. Les évangélistes Marc et Luc, les archanges Gabriel et Raphaël ne défraient pas outre mesure la chronique des familles. Dans un autre registre, les noms des papes Adrien, Alexandre, Benoît, Boniface, Clément, Grégoire, Innocent, Jules, Léon, Pie, Sixte, Urbain n'alimentent pas de manière substantielle le répertoire des prénoms usuels.

Qu'en est-il au XXᵉ siècle ? Les grandes enquêtes sociales sur lesquelles nous nous appuyons ne mentionnent pas la religion des personnes interrogées, a fortiori leur degré de pratique ou de conviction. Il nous faut donc procéder de manière détournée pour avoir une idée de l'impact éventuel de la religion sur le choix du prénom.

Il arrive que la béatification et la canonisation d'un nouveau saint ou d'une nouvelle sainte favorisent l'essor de son prénom. Sainte Thérèse de Lisieux, autour de laquelle un culte populaire s'était développé, en est le plus bel exemple : le prénom Thérèse culmine juste après sa canonisation (1925). Les cas de Catherine (canonisation de Catherine Labouré en 1947) et de Bernadette (1933) sont un peu moins probants, mais le même phénomène a pu jouer. Peut-être encore la béatification en 1905 de Jean-Marie Vianney, canonisé en 1925, a-t-elle eu sa part dans le regain de vigueur de Jean de 1910 à 1935. En sens inverse, on observera que Jeanne d'Arc est reconnue sainte en 1920, au moment même où va s'amorcer la dégringolade de Jeanne.

Une autre manière d'aborder la question est de voir s'il y a coïncidence entre les lieux où ont vécu et agi les saints (ou qu'ils patronnent) et les préférences régionales des prénoms. Là encore, Thérèse est le cas positif le plus net. On dirait que ce prénom se diffuse à partir de Lisieux, étant bien plus répandu qu'ailleurs en Basse-Normandie et dans les régions voisines. Mais d'autres exemples méritent d'être relevés. Colette est un prénom tout particulièrement prisé en Franche-Comté ; or sainte Colette fonda le monastère de Besançon et ses reliques se trouvent à Poligny dans le Jura. Geneviève rayonne à partir de Paris dans l'Ile-de-France et les régions limitrophes. L'épicentre de l'aire d'extension de Solange paraît bien être le Berry et Bourges qu'elle patronne. Jocelyne se développe d'abord dans le Nord-Pas-de-Calais où saint Josse serait mort. Odile met du temps à quitter l'Alsace, qu'elle patronne, pour émigrer vers la Bretagne où Anne, Yves et leurs dérivés jouissent d'une faveur particulière.

Cependant les exemples négatifs ne manquent pas. Didier n'a aucune affinité avec la Haute-Marne ou l'Isère, leur préférant le Sud-Ouest. Béatrice a une nette prédilection pour le Nord-Ouest, non pour la Drôme. Delphine ne se sent pas chez elle dans le Vaucluse. Estelle s'épanouit en Alsace, nullement en Saintonge. Claude renaît bien loin de la Franche-Comté qu'il met du temps à rejoindre. Bernadette arrive du Nord-Ouest et non de Lourdes.

D'une manière plus générale, les mouvements de mode de grande ampleur qui affectent les prénoms au XXe siècle ne peuvent, à l'évidence, être mis en rapport avec l'éventuelle évolution de la place des saints qui les patronnent dans la doctrine ou les croyances catholiques. Il serait absurde de vouloir lire dans l'effondrement de Marie, suivi du recul de ses composés, puis de son retour plus discret, les variations de la ferveur mariale. De plus, à quelque moment que l'on se place, on n'aperçoit plus de rapport entre la fréquence des prénoms et l'importance des saints qui leur correspondent dans la doctrine catholique. Les prénoms ne sont donc pas choisis d'abord pour des raisons de piété. Nous ne prétendons pas que les motivations religieuses soient inexistantes, notamment pour les catholiques les plus convaincus. Mais l'éventail pour le choix de modèles de sainteté est si vaste que les convictions religieuses ne peuvent entraver le phénomène de mode. Elles peuvent au mieux orienter le choix d'une minorité de parents vers certains prénoms en vogue plutôt que d'autres qui seraient dépourvus de saints patrons ou dotés de patrons obscurs.

Car le répertoire des saints est immense, et recouvre notamment, depuis longtemps, la quasi-totalité des noms de lointaine origine germanique. Pour l'enrichir encore, l'Église n'a pas hésité à reconnaître comme noms de baptême des patronymes de saints, surtout lorsque leurs prénoms étaient bien pourvus en patrons : Chantal (sainte Jeanne-Françoise de), Gonzague (saint Louis de), Xavier (saint François), Régis (saint Jean-François), Vianney (saint Jean-Marie, le curé d'Ars).

Et pourtant, alors que d'innombrables saints sont complètement délaissés, une fraction non négligeable de prénoms usuels ou relativement usuels sont dépourvus de saints patrons. On pense d'abord aux prénoms issus de la mythologie antique comme Ulysse ou Hector (alors qu'il existe un saint Achille) ou aux rares prénoms du registre révolutionnaire qui ont survécu, tel Kléber. Mais c'est le cas aussi de prénoms du répertoire médiéval ou celtique dont certains sont revenus et dont d'autres pourraient réapparaître, comme Adémar, Amaury, Lancelot, Morgane, Muriel, Tancrède, Tristan. Et cela est encore plus vrai des prénoms anglo-saxons qui se sont imposés, tels Cédric, Cindy, Mélissa, Vanessa et bien d'autres.

L'Église catholique s'efforce de rattacher ces prénoms à des prénoms plus ou moins apparentés. Mistral n'eut pas

trop de peine à faire admettre au curé qui baptisa la première Mireille qu'il s'agissait d'une forme provençale de
l'hébreu Miriam, c'est-à-dire Marie. Et les auteurs
d'ouvrages sur les prénoms laissent, en cette matière,
libre cours à une imagination souvent débridée pour
affecter, à tout prix, à chaque prénom la date d'une fête.

Il est assez logique que Laetitia soit patronnée par
Notre-Dame de Liesse, encore que d'autres la rapproche-
ront du martyr Laetus. On peut déjà hésiter à voir en
saint Dioscore le patron des Cora, Coralie et Corinne, que
pourrait aussi revendiquer saint Corentin. Faut-il vraiment rattacher Virginie à la très obscure sainte Verge, ou
à saint Virgile, quand la Sainte Vierge paraît une solution
plus simple ? Le doute est permis sur la parenté réelle de
Cédric avec saint Cedde, de Gaël avec saint Judicaël, et
plus encore de Chloé avec sainte Clélia. Que ferait-on sans
sainte Fleur, bien commode pour accueillir les Capucine,
Hortense, Violette, Myrtille, Dahlia et même les Daphné
ou Violaine ? Il faut beaucoup d'imagination, et même
une certaine audace, pour rattacher Amaury, d'étymologie germanique, aux noms latins que sont Maur et Maurice, ainsi que Noémie à Grâce, Aurore à Lucie, Vanessa à
Véronique, Sabrina à Sabine ou Cyprien, Muriel à Marie
ou Eurielle. Nous ne savons pas le sort qui est réservé à
Ophélie (que certains rattachent sans vergogne à Philippe) ou à Cindy, la Cendrillon anglaise.

Célébrités et médias

L'illusion des coïncidences

Pourquoi un prénom devient-il à la mode ? Qu'est-ce qui l'attire des coulisses où il se morfond pour le propulser sur le devant de la scène ? L'inclinaison la plus spontanée est de chercher l'origine de son succès dans l'influence de personnages célèbres qui l'ont porté, qu'il s'agisse de personnes réelles, rois, princesses, grandes figures politiques, littéraires ou artistiques, vedettes du spectacle, ou bien de héros de fiction.

Et, de prime abord, les exemples démonstratifs de cette influence abondent. En voici quelques-uns puisés dans des registres très divers.

Le parcours des prénoms Georges et Raymond, dans leurs meilleures années, épouse les carrières politiques respectives de Clemenceau et de Poincaré. Albert est à son zénith pendant la Première Guerre mondiale, au moment même où Albert Ier, roi des Belges, connaît une immense popularité. Martine parvient à son sommet lorsque Martine Carol atteint la gloire ; il en va de même pour Brigitte et Bardot, Sylvie et Vartan, Michèle et Morgan, et bien d'autres. Thierry est au premier rang des prénoms masculins au moment précis de la diffusion du célèbre feuilleton *Thierry la Fronde* (novembre 1963-janvier

1966). Et l'on pourrait multiplier les exemples de pareilles coïncidences.

La cause est-elle entendue ? Avons-nous trouvé la clé de la mode des prénoms ? Il n'en est rien : tous les cas que nous venons de citer sont autant de contre-exemples. Et cela pour une raison simple : un prénom ne s'impose pas du jour au lendemain ; il lui faut du temps pour émerger, grandir et parvenir à son zénith. Or, dans tous ces exemples, le prénom atteint son point culminant en même temps que le personnage devient célèbre. D'ailleurs il faut bien que le prénom existe pour avoir été donné, à sa naissance, à ce même personnage. A moins qu'il ne s'agisse d'un pseudonyme, choisi plus tard parmi les prénoms dans le vent : c'est le cas de Martine Carol née Maryse Mourer en 1922 comme de Michèle Morgan née Simone Roussel en 1920.

Il n'en allait pas autrement au siècle précédent. Prenons le cas célèbre de Jules : ce prénom atteint son plus haut niveau vers 1860, donc bien avant le « gouvernement des Jules », Ferry, Grévy, Méline ou Simon, nés respectivement en 1832, 1807, 1838 et 1814. Eugénie, il est vrai, culmine dans les années 1870-1880 ; mais elle était sur sa lancée bien avant le Second Empire, à la remorque d'Eugène, et l'impératrice n'infléchit pas la courbe de sa progression. Victor commence à décliner alors que Hugo est au faîte de sa gloire. Et que dire alors de Napoléon qui n'a eu quasiment aucune descendance ? Il est douteux que l'essor de Léon, dans la seconde moitié du XIXe siècle, lui doive quelque chose.

On pourrait certes fournir bien d'autres cas de coïncidences ou de semi-coïncidences ; mais il serait facile d'y opposer une liste plus longue encore d'exemples négatifs.

Une légende tenace associe la vogue de Philippe au régime de Vichy. Elle est sans fondement. Philippe entame une lente progression à la fin des années 1920 et son véritable décollage ne date que de l'après-guerre : on peut donc difficilement l'imputer à Philippe Pétain, même si l'on observe une petite poussée en 1941, sans commune mesure avec le culte du Maréchal. Passons de Pétain à de Gaulle : le déclin régulier de Charles depuis le début du siècle n'est en aucune manière enrayé par le charisme du Général dans les années 1940. Mieux : c'est sous sa présidence que ce prénom atteint son plus bas niveau depuis des siècles, étant alors proche de l'inexistence. Autre exemple : le mariage, puis le couronnement d'Élisabeth II ont eu un retentissement immense en France ; ils n'ont pourtant pas entraîné un engouement pour ce prénom ni affecté le déroulement de son parcours tranquille.

Il n'est d'ailleurs pas d'exemple qu'une personnalité, quel que soit l'éclat de sa gloire (ou, si l'on préfère, son impact médiatique), ait jamais pu redresser la courbe descendante d'un prénom, ni même ralentir sa chute. Or la grande majorité des personnes qui s'illustrent, dans quelque domaine que ce soit, n'atteignent la notoriété que lorsque leurs prénoms, donnés vingt ou cinquante ans plus tôt, sont à la baisse. Ce que de Gaulle n'a pu accomplir pour Charles, Pompidou ou Marchais ne l'ont pas fait pour Georges, pas plus que Platini, Rocard ou Drucker pour Michel, Hinaut ou Pivot pour Bernard, Belmondo ou le pape pour Jean-Paul, Delon pour Alain, Philipe ou Depardieu pour Gérard, Zitrone pour Léon, Ockrent pour Christine, Sabatier pour Patrick, Montand ou Mourousi pour Yves, ni même la princesse de Monaco pour Stéphanie (il ne s'agit évidemment que d'un tout petit échantillon quasi aléatoire). Même phénomène pour les personnages de fiction : *Noëlle aux quatre vents*, feuilleton qui fit fureur dans les années soixante, a accompagné l'agonie de Noëlle, et la chanson des Beatles, *Michelle* n'a pas empêché que ce prénom se démode en France.

Le prénom comme moyen de renom

Peut-être avons-nous pris le problème à l'envers. Ne faudrait-il pas inverser la relation que l'on établit spontanément entre la renommée d'un personnage et le destin de son prénom? Ce qui nous y inviterait d'abord c'est l'observation suivante : lorsqu'un prénom mode est porté, au moment même où il culmine, par un personnage dont la célébrité devient hors du commun, ce prénom connaît souvent une chute particulièrement rapide. Brigitte qui dégringole à partir de 1962 en est un exemple vraiment frappant. Que l'on compare aussi la carrière de Thierry à celle d'Éric son contemporain : le premier recule beaucoup plus vite. Ce n'est pas l'image positive ou négative des personnages réels ou de fiction qui est en cause; c'est l'excès de visibilité qu'ils confèrent à leurs prénoms. Les parents, soucieux d'éviter ce qui est devenu trop connu ou trop commun, sont prompts à s'en détourner. Le même phénomène a pu se produire pour Gérard ou Chantal, lorsqu'ils sont devenus les symboles (imaginaires d'ailleurs) de prénoms bourgeois dans les années cinquante.

Allons plus loin dans le renversement du rapport de cause à effet. Le fait d'être doté d'un prénom au goût du jour, porté par un flux ascendant ou qui vient de s'imposer, peut jouer un rôle non négligeable dans l'accès à la notoriété.

Le choix d'un prénom qui progresse, fait en humant l'air du temps ou en laissant parler ses préférences du moment, est quasiment le fruit d'une stratégie marketing dans le cas des pseudonymes, dont l'usage est courant dans le monde des arts, des lettres et du spectacle. Martine Carol, Michèle Morgan, déjà citées, mais aussi Michel Simon né en 1895, Catherine Sauvage (1929), Isabelle Aubret (1938), Nathalie Delon (1941), Valérie Lagrange (1942), Julien Clerc (1947) — pour ne mentionner que quelques prénoms mode, à grand succès, très improbables

à la naissance de leurs porteurs – sont autant de pseudonymes ou de pseudo-prénoms choisis dans leur phase
ascendante (ou à leur émergence dans le cas de Julien
Clerc). Les écrivains (ou même cinéastes) ne sont pas en
reste : Sébastien (Japrisot) est difficilement imaginable
en 1931, tout comme Thierry (Maulnier) en 1909. Éric
(Rohmer) est dans les limbes en 1920 et Alain (Bosquet)
commence à peine à percer en 1919. Michel n'est que le
troisième prénom de Leiris (1901). Le choix d'un pseudonyme peut encore se porter sur un prénom rare comme
Anouk (Aimée ou Ferjac), Hugues (Aufray) ou Félicien
(Marceau). Et puis il faut citer au moins un cas déviant :
Louis Farigoule, né en 1885, adopte comme nom de
plume Jules Romains, alors que Jules est en chute libre,
ce qui lui donne un petit coup de vieux. Le présent livre
permettra d'éviter de pareilles erreurs.

Considérons maintenant les vedettes qui atteignent la
notoriété ou la gloire en même temps que leur *vrai* prénom parvient à son zénith. Les exemples n'en sont pas
rares, notamment en littérature, comme si les parents des
futurs écrivains étaient enclins à être en avance sur la
mode. En ce domaine, la prudence s'impose. On ne pré-
tendra pas que le wagon de l'existentialisme était accro-
ché à l'essor de Jean-Paul, ni que Sollers a obtenu le prix
Médicis (novembre 1961) parce que Philippe était, à ce
moment précis, au faîte de sa carrière. Mais, quand il
s'agit de grandes vedettes du spectacle, on peut se demander si cette coïncidence n'a pas contribué – ou au moins
ajouté – à leur popularité. Nous pensons naturellement à
Bardot transformée en mythe au moment où Brigitte
culmine, ou plus encore à Sylvie Vartan qui devient, alors
que son prénom est hyperconformiste, un des symboles
du temps des copains. Notons au passage que Johnny a été
un prénom négligeable, encore moins répandu que
d'autres du même genre comme Jimmy, Freddy, Teddy,
sans parler de Jacky.

Les cas de Brigitte Bardot et de Sylvie Vartan sont clairs en ceci qu'elles n'ont en rien contribué au succès de leurs prénoms. D'autres sont plus embrouillés. La chronologie n'exclut pas que Darrieux ait pu favoriser l'essor final de Danielle qui n'arrive à son terme qu'en 1942. Cependant Danielle était déjà sur sa lancée, dans la foulée des prénoms en *el*, bien avant que l'actrice ait tourné le moindre film. Et l'on peut tout aussi bien dire qu'elle a eu la chance d'avoir un prénom dans le vent. On arrive, en somme, au dilemme classique : de l'œuf et de la poule, lequel engendre l'autre ?

Télévision, chansons, romans

Il serait tout de même surprenant que les grands moyens de communication de masse qui touchent au même moment des millions de foyers ne jouent aucun rôle dans le lancement et la propagation de la mode. Les nouveaux prénoms d'origine anglo-américaine, qui se multiplient depuis les années 1970 et se répandent d'emblée en milieu populaire, ne viennent-ils pas en droite ligne des personnages ou des acteurs des feuilletons télévisés importés d'outre-Atlantique ? Alison, par exemple, est le prénom d'un personnage joué par Mia Farrow dans *Peyton Place* diffusé en 1975 et 1978. Charlène est le prénom d'une actrice de *Dallas* ; Linda celui de plusieurs actrices dont Linda Evans, vedette de *Dynastie* ; Kelly vient de *Santa Barbara*.

Additionnés, ces prénoms anglo-américains forment une masse importante. Mais on aperçoit mal la relation entre l'importance médiatique des séries télévisées et la réussite des prénoms qu'elles colportent. Linda végète depuis 1972 ; les Paméla (personnage de *Dallas*) ne sont pas légion. Très rares ont été les petites filles qui ont reçu le nom de Candy, star du dessin animé en feuilleton. *La Dynastie des Forsyte*, série britannique à succès diffusée trois fois depuis 1969, n'a pas permis l'éclosion de Fleur. Et il paraît difficile de trouver l'origine médiatique précise de prénoms comme Cindy ou Kévin qui ont monté en flèche depuis peu ou de ceux qui ont atteint le peloton de tête comme Audrey, Jennifer, Jonathan, Mickaël (qui n'a pas été lancé par Jackson). La vogue des prénoms anglo-saxons semble procéder d'une américanisation diffuse, à laquelle, il est vrai, la télévision contribue pour une grande part.

Changeons un peu de registre avec Cédric, très ancien prénom anglais, inconnu en France avant les années 1960. Le Cédric le plus célèbre du passé est sans doute le héros du *Petit Lord Fauntleroy* qui a été l'objet d'une adaptation télévisée. Mais celle-ci n'a pu lancer ce prénom : elle a été diffusée en France en 1978, au beau milieu de la période conformiste de Cédric, dans lequel il faut plutôt voir un avatar de la lignée Éric-Frédéric. De la même manière, le feuilleton *Fabien de la Drôme* est diffusé en 1983, quand Fabien culmine, et *Julien Fontanes magistrat* (1979) n'a pu lancer Julien. *Quentin Durward* (1971) serait un cas plus positif, encore qu'il soit bien antérieur à l'émergence de Quentin.

Les deux cas les plus incontestables de l'impact de feuilletons télévisés que nous avons pu repérer concernent deux prénoms qui ne viennent pas de l'étranger. Ludivine est le prénom d'un des personnages des *Gens de Mogador*, livre à succès d'Élisabeth Barbier. Mais il faut attendre le feuilleton télévisé qui en est tiré, diffusé en 1972, pour voir naître aussitôt des petites Ludivine. L'autre cas, plus spectaculaire, est celui de Sébastien, prénom moins inconnu que Ludivine, mais inusité depuis des lustres. Il est lancé, et même propulsé, par *Belle et Sébastien*, feuilleton diffusé pendant l'automne 1965, et d'autant mieux, sans doute, que Sébastien est le prénom d'un petit garçon. Dans les deux cas, le prénom nouveau se propage simultanément dans tous les groupes sociaux et sur l'ensemble du territoire, preuve supplémentaire de l'impact d'un média de masse.

Un des vecteurs privilégiés pour le lancement d'un prénom pourrait bien être la chanson. L'écoute répétée d'une chanson à succès – à condition qu'elle présente le prénom de manière positive et non dérisoire – peut faire découvrir ou accentuer l'attrait de cet objet sonore. La chanson de Gilbert Bécaud *Nathalie* (1964) fut un triomphe, à la mesure de l'engouement pour ce prénom. Elle a pu l'amplifier mais n'en fut pas à l'origine. Deux cas sont plus probants : *Laetitia* (1964) de Serge Gainsbourg est antérieure à l'émergence du prénom, même si de très rares Laetitia étaient nées dès 1962. *Cécile, ma fille* de Claude Nougaro, chanson qui s'adresse de surcroît à une petite fille qui vient de naître, est créée au moment précis où ce prénom se réveille (1962), et a certainement contribué à ce progrès soudain.

Il reste que les choix des auteurs de chansons s'inscrivent eux aussi dans l'air du temps et se conforment, avec une avance variable, au goût collectif naissant. Les chansons ont donc surtout un effet d'amplification – *Émilie jolie* de Philippe Chatel (1980), *Mélissa* de Julien Clerc (1984) – et, là encore, il n'est pas facile de repérer de véritables créations.

La littérature nous en fournit des exemples. Mistral a forgé Mireille et découvert Magali ; Swift a créé Vanessa ; Boris Vian a lancé Chloé ; Bernardin de Saint-Pierre a sans doute introduit Virginie en France et contribué peut-être au succès de Paul. *La Garçonne* de Victor Margueritte (1922) a probablement joué un rôle décisif dans l'envol de Monique. Mais il reste à comprendre pourquoi Mireille culmine dans les années 1940 alors que Magali s'ébranle vingt ans plus tard. La littérature « populaire » – *Caroline chérie, La Marquise des Anges* pour Angélique – peut aussi contribuer au retour de prénoms anciens que le cycle de la mode aurait remis de toute façon à l'ordre du jour.

La littérature offre aux esprits curieux un immense champ de recherche dès lors qu'on connaît, grâce au présent livre, les carrières des prénoms. Ce champ est probablement jalonné par plus d'échecs que de réussites – par exemple, Chateaubriand n'a pas déclenché l'essor de René et Pagnol n'est pour rien dans le succès récent de Fanny – et l'on achoppera souvent sur le dilemme de la poule et de l'œuf.

Prénoms venus d'ailleurs

L'importation de prénoms étrangers, ou en usage à l'étranger, ou de formes étrangères de prénoms français est actuellement une des sources les plus importantes du renouvellement du stock. Sans doute le phénomène n'est-il pas nouveau, mais il a pris au xxᵉ siècle, et singulièrement ces dernières années, une ampleur particulière. On pourrait en dresser une liste impressionnante, en se bornant au seul xxᵉ siècle. Nous ne mentionnerons qu'un échantillon des prénoms les plus courants.

Il y a les prénoms qui viennent du Nord, du monde germanique et scandinave comme Éric, Brigitte, Ingrid, Wilfried, ceux qui viennent de l'Est, slaves ou gréco-slaves : Nathalie ou Natacha, Nadège, Nadia, Sonia, Serge, Dimitri, Cyrille, Boris.

Mais la plupart des prénoms importés, surtout dans les années récentes, sont d'origine anglo-américaine. Certains n'ont pas d'équivalents français : Audrey, Cindy, Cynthia, Édith, Géraldine, Jennifer, Linda, Mélissa, Cédric, Kévin ; d'autres sont des diminutifs ou dérivés qui ont pris leur autonomie comme Cathy, Nelly, Peggy, Jimmy, Rudy, Sandy, Steve, Tony, Teddy, Sandra, Marjorie, ou encore des prénoms bibliques qui étaient inconnus ou rarissimes en France comme David, Jonathan, Samuel, Jessica, Rachel, Sarah, Déborah, Rébecca. Très nombreuses sont les formes anglaises de prénoms français. Hormis Patrick, Franck et William, leur essor est récent : Anthony, Christopher, Geoffrey, Grégory, Jérémy, Michaël, Alicia, Alison, Charlène, Laura, Laurène, Priscilla, Tiffany et beaucoup d'autres. Il y a encore les prénoms qui ont été d'usage courant dans les pays anglo-saxons alors qu'ils étaient longtemps oubliés ou négligés en France, tels Quentin, Richard, Simon, Thomas, Timothée.

Enfin, il convient de mettre à part les formes Narchaïques qui reviennent en France comme des importations : Johan, Johanna, Gérald, Stéphane et Stéphanie en sont des exemples.

La diffusion sociale de Patrick, Éric ou Brigitte qui surgirent dans les années quarante, et triomphèrent vers 1960, ne se distinguait pas de celle des autres prénoms à succès. La majorité des prénoms anglo-américains d'aujourd'hui se propagent, on l'a déjà noté, d'emblée et de manière préférentielle dans les milieux populaires, surtout lorsqu'il s'agit de formes anglaises de prénoms français qui prolifèrent actuellement.

Il n'y a aucune espèce de rapport entre l'importation des prénoms et l'immigration des personnes : ce ne sont pas les prénoms arabes ou portugais qui alimentent les courants de la mode. Les données dont nous disposons recensent les prénoms de tous les enfants nés en France, y compris ceux dont les parents sont de nationalité étrangère. Actuellement, les parents de nationalité algérienne, marocaine ou tunisienne restent généralement fidèles, pour les garçons, aux prénoms arabes traditionnels : Mohamed vient en tête, suivi de Samir ou Karim (surtout pour les Algériens) et de Rachid (chez les Marocains). On peut noter la fréquence chez les couples mixtes de Mehdi, seul prénom qui paraît apte à se propager en dehors de sa sphère d'origine. Les choix sont plus dispersés et moins traditionnels pour les filles. Les prénoms terminés en *a* ou en *ia* sont prépondérants mais ne sont pas nécessairement d'origine arabe : Sabrina, Sonia, Linda, Nadia, Samira, Myriam, Sarah sont parmi les plus répandus. On trouve aujourd'hui des préférences assez voisines chez les parents portugais pour leurs filles : Sonia y est en bonne place avec d'autres prénoms en *a* comme Sandra, Sabrina, Patricia, Alexandra, mais les choix se portent aussi sur d'autres prénoms à succès tels Aurélie, Jennifer ou Céline. Pour les garçons, les prénoms anglo-saxons sont appréciés (Mickaël, David, Christopher, Anthony, Jonathan), mais il faut surtout noter le privilège accordé à deux prénoms peu répandus aujourd'hui : Bruno et Tony.

La France est aussi un pays qui sait vendre. Les prénoms féminins à forme française s'exportent bien. Nicole, Michelle, Christine, Danielle sont des prénoms très répandus aux États-Unis, alors qu'ils sont démodés ou hors d'usage en France. Claire a évincé Clara en Grande-Bretagne.

Les transferts d'un pays à l'autre ne sont pas un phénomène nouveau. Florence, par exemple, était le premier prénom féminin en Grande-Bretagne dans les années 1900 ; il lui a fallu soixante ans pour s'imposer en France. Nous ne disposons malheureusement que d'indications très fragmentaires sur la fréquence des prénoms à l'étranger, faute de travaux comparables au nôtre. L'étude des échanges internationaux serait pourtant riche d'enseignements : c'est peut-être là que réside l'explication de l'émergence de prénoms nouveaux, ou qui reviennent après avoir fait carrière ailleurs. Car il est très probable que les mouvements de mode s'internationalisent de plus en plus, notamment pour les prénoms féminins. Bien des prénoms qui montent ou qui percent aujourd'hui en France – Brian, Christopher, Mélissa, Kelly, Sarah, Emma, etc. – figuraient tout récemment parmi les premiers aux États-Unis ou en Grande-Bretagne. Attendons-nous à voir Ashley, prénom féminin qui fait fureur outre-Atlantique, bientôt débarquer chez nous.

LA COTE DES PRÉNOMS
DEPUIS 1930

Mode d'emploi

Si mon prénom m'était compté

Après avoir présenté les mécanismes de la mode qui gouvernent les choix des prénoms, nous passons aux travaux pratiques. Pour cela, nous avons répertorié les prénoms en usage depuis 1930 et décrit très précisément leur carrière jusqu'à aujourd'hui.

Pourquoi 1930 ? D'abord parce que c'est le moment où le système de la mode s'installe pleinement. Ensuite parce que tous les parents d'aujourd'hui auront ainsi la possibilité de *tester les choix* qu'ils ont faits pour leurs enfants : Ont-ils suivi la mode ? Ont-ils été plutôt en avance ou plutôt en retard ?

Chacun pourra aussi tester le choix que ses parents ont fait pour lui, connaître la fréquence passée et actuelle de son propre prénom, les particularités éventuelles de sa diffusion sociale ou régionale.

La sélection des prénoms retenus dans ce répertoire n'est pas arbitraire. Elle est fondée sur leur fréquence. A d'abord droit à une notice tout prénom qui, à un moment ou à un autre depuis 1930, a été attribué au moins à un garçon sur 300 ou à une fille sur 300. Certains des prénoms qui figurent dans ce répertoire n'ont même pas atteint ce niveau : il s'agit de prénoms rares mais relativement stables dans le temps, ce qui augmente le

nombre de leurs porteurs, ou bien de prénoms actuellement en progression. En outre, nous avons évoqué la carrière, ou fait mention, de prénoms bien plus rares encore,
qui se prêtaient pour une raison ou une autre (dérivés,
variantes ou analogies plus lâches) à être rattachés à certaines notices.

Attirons sur ce point l'attention de l'utilisateur : s'il est
à la recherche d'un prénom peu courant, *qu'il consulte
d'abord l'index*, en fin de volume. Par exemple, la carrière d'Ariane est évoquée dans la notice Marianne ; celle
d'Harmonie dans la notice Mélodie. D'autre part, beaucoup de prénoms rares cités dans d'autres chapitres ne
figurent pas dans ce répertoire central.

Si un prénom n'est pas mentionné dans ce livre, on
peut être assuré qu'il s'agit d'un prénom hors d'usage
depuis 1930 et même rarissime depuis un siècle, ce qui
constitue en soi une information.

Il faut encore préciser ce que nous entendons par *un*
prénom. Notre principe a été d'assimiler toutes les
variantes orthographiques d'un prénom dès lors qu'elles
se prononcent de la même manière. Par exemple, nous
décomptons ensemble les Christelle, Cristel, Kristèle,
etc. ; nous traitons comme un seul prénom Michèle et
Michelle, mais aussi Karine et Carine. En revanche, nous
étudions séparément Sandrine et Sandra et n'addition-
nons jamais à un prénom ses diminutifs ou dérivés déclarés comme tels à l'état civil : Catherine, Cathy, Katia ont
droit à des notices indépendantes. Ce principe nous a
paru préférable à tout autre. Il est vrai que quelques
nuances ont parfois séparé des variantes orthographiques.
Simonne était une orthographe assez fréquente au début
de la carrière de Simone par analogie avec Yvonne qui
triomphait alors. Jeannine est peut-être en moyenne un
peu plus ancienne que Janine. Mais les dissocier eût présenté beaucoup plus d'inconvénients que d'avantages. Le
son d'un prénom nous paraît l'élément déterminant de
son identité.

Comment tester vos choix ou votre prénom ?

La carrière des différents prénoms est découpée en périodes. A chaque période est affecté un signe qui situe le choix du prénom considéré par rapport à la mode. En voici les définitions :

———→ **pionnier** : un choix de lanceur de mode. Ceux qui l'ont fait ne se doutaient probablement pas que ce prénom pouvait se répandre quelques années plus tard ;
  fréquence : 1 sur 1 000 en début de période, moins de 1 sur 100 à la fin. Pour les prénoms ne montant pas très haut, notamment les plus récents, la limite supérieure est abaissée à 0,8 % ;

dans le vent : le choix est encore en avance sur la mode, et même innovateur en tout début de période. Le prénom a le vent en poupe et progresse rapidement ;
  fréquence : 1 % (ou 0,8 %) en début de période ; limite supérieure variable selon les prénoms mais toujours en dessous de 4 % ;

←———→ **conformiste** : le choix est conforme au goût collectif du moment. Le prénom est au sommet de sa carrière ;
  fréquence : limite inférieure de 1 %, limite supérieure de 5 % ;

←———→ **hyperconformiste** : choix d'un prénom à la mode et particulièrement fréquent à ce moment précis, puisqu'il est donné à plus d'un garçon ou d'une fille sur 20 ;
  fréquence : égale ou supérieure à 5 % ;

à la traîne : choix en retard par rapport à la mode, fait à un moment où le prénom est sur le déclin ;

fréquence : limite supérieure variable selon les prénoms, mais toujours en dessous de 4 % ; limite inférieure : 1 % (ou 0,8 %) ;

démodé : choix franchement retardataire. Le prénom est démodé, même s'il n'est pas encore complètement hors d'usage. Il reviendra peut-être au goût du jour du vivant de son porteur ; mais ce dernier aura eu le temps de souffrir ;

fréquence : de 1 % (ou 0,8 %) à 1 sur 1 000 ;

classique : choix refuge dans une valeur sûre. Le prénom échappe, au moins pour un temps, aux humeurs de la mode ;

le prénom est stable sur une durée minimale de 15 ans. Fréquence : plus de 0,33 % (1 sur 300), pas de limite supérieure ;

rare : sans être inexistant, le prénom est rare à cette période et relativement stable ;

fréquence comprise entre 1 sur 1 000 et 1 sur 300 ;

tendance conformiste : le prénom choisi est à son sommet, mais il est peu répandu ;

moins de 1 % sur l'ensemble de la période ;

plutôt dans le vent : choix d'un prénom qui monte mais dont la progression est lente ou de faible ampleur. C'est un prénom d'allure classique ou bien un prénom qui n'atteint qu'un niveau modeste ;

plutôt à la traîne : choix d'un prénom qui décline, mais dont la régression est lente ou de faible ampleur. Même type de prénoms que ci-dessus ;

dans les deux cas, la limite inférieure est toujours de 1 sur 1 000 ;

.... **exccntrique** : le prénom est très rare ou même inexistant à cette période. Il est au *purgatoire* (ou dans les limbes s'il s'agit d'un prénom nouveau avant son émergence). Ce choix tourne le dos à la mode, à moins qu'il ne soit *précurseur* (très en avance), *désuet* (très en retard), ou encore les deux à la fois;

fréquence inférieure à 1 sur 1 000.

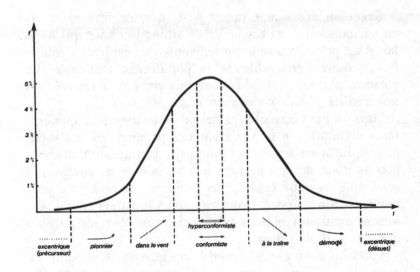

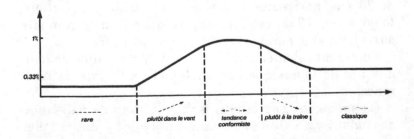

Tout découpage comporte une part d'arbitraire. Pour bien situer le choix par rapport au mouvement de la mode, on regardera si la date de naissance tombe au début ou à la fin de la période. Ce n'est pas la même chose d'avoir choisi un prénom au tout début de la période « dans le vent » quand il est encore peu répandu, ou à son terme quand il est proche de sa période « conformiste ».

Compliquons un peu : handicap et bonus

Grâce au découpage précis de la carrière des prénoms en périodes, il vous est facile de situer le choix qui a été fait d'un **prénom** à telle ou telle date par rapport à sa diffusion dans l'ensemble de la population française. La position par rapport à la mode que vous avez trouvée est une réalité. *Vous pouvez en rester là.*

Mais on peut être plus exigeant. Nous avons vu que certains éléments de la situation des parents les inclinent à être plutôt en avance ou plutôt retardataires. Nous proposons donc de compliquer le test en tenant compte de ces éléments pour égaliser les chances : le choix du prénom sera alors apprécié par rapport à la catégorie de personnes ayant les mêmes caractéristiques que les parents qui ont fait ce choix.

Voici un exemple : donner à son garçon le prénom de Bruno en 1955 est encore un choix pionnier par rapport à sa diffusion moyenne dans l'ensemble de la population. Mais, si ce Bruno est le premier enfant d'une femme âgée de 23 ans, parisienne et mariée à un médecin, ce choix, toujours en 1955, est conformiste quand on le compare aux choix des parents ayant le même profil.

Comment calculer cela ? Par un système simple de handicap et de bonus que l'on appliquera à la date de naissance.

Commençons par le plus facile : le rang de naissance. Si l'enfant est l'aîné (ou enfant unique), il a un peu plus de chance de recevoir un prénom en ascension. On appliquera donc un handicap de 1 an en retardant la naissance d'une année : 1955 + 1 = 1956.

On procédera de même si la mère, à la naissance de cet enfant, est âgée de moins de 25 ans. Au contraire, si elle a 30 ans ou plus, on appliquera un bonus de 1 an, en avançant d'une année la naissance : 1955 – 1 = 1954.

Le même système s'applique au type d'agglomération (grandes villes, petites villes, communes rurales) où les parents résidaient, et à leur catégorie socioprofessionnelle du moment.

	HANDICAP donc retardez la date de naissance en lui ajoutant :	BONUS donc avancez la date de naissance en lui retranchant :
Rang de naissance : aîné ou enfant unique	+ 1 an	
autre		
Âge de la mère : moins de 25 ans	+ 1 an	
de 25 ans à 29 ans		
30 ans et plus		– 1 an
Type d'agglomération Paris	+ 2 ans	
Agglomération parisienne et villes de plus de 100 000 habitants	+ 1 an	
Villes petites et moyennes		
Communes rurales (moins de 2 000 habitants)		– 2 ans

Catégorie socioprofessionnelle

Il s'agit de la profession du chef de famille, généralement le père, au moment de la naissance considérée. Si cette profession est incertaine, pas encore fixée, ou si la mère est célibataire et inactive, on prendra la profession du père de la mère (le grand-père maternel de l'enfant dont on considère le prénom).

Les catégories sont celles de l'INSEE. *Leur contenu est décrit pp. 52-54.*

Raffinements supplémentaires

La durée de vie des prénoms s'est raccourcie depuis les années 1930 et les décalages dans leur diffusion sociale tendent à s'amenuiser. Il convient donc, pour être plus précis, d'augmenter d'une année les handicaps et bonus relatifs à la catégorie socioprofessionnelle pour les naissances situées avant 1950. Inversement, pour les naissances qui ont eu lieu depuis 1975, on diminuera ces handicaps et bonus d'un an. Cela signifie, par exemple, que le bonus des ouvriers est supprimé. Pour les agriculteurs, on peut annuler la totalité de leur bonus depuis 1980.

On peut tenir compte, mais avec prudence et mesure, de la profession du grand-père maternel (si elle n'a pas déjà été utilisée à la place de celle du père). Par exemple, dans le cas où le père est médecin (profession libérale) et la mère issue du même milieu (fille de médecin), on augmentera le handicap d'une seule année et non de quatre. Dans des situations discordantes, on pourra corriger la position professionnelle du chef de famille par celle du grand-père maternel : par exemple si la mère est l'épouse d'un cadre et la fille d'un ouvrier, on réduira le handicap à deux ans.

Il faut encore considérer l'allure de la courbe de diffusion du prénom. Les handicaps et bonus proposés mesurent des écarts moyens pour des prénoms de type

	HANDICAP ajoutez	BONUS retranchez
Agriculteurs *		− 3 ans
Artisans, commerçants, chefs d'entreprise		
Artisans		
Commerçants	+ 1 an	
Chefs d'entreprise	+ 3 ans	
Cadres et professions intellectuelles supérieures		
Professions libérales et professions de l'information et du spectacle	+ 4 ans	
Autres : professeurs, cadres administratifs du public et du privé, ingénieurs	+ 3 ans	
Professions intermédiaires		
Instituteurs et assimilés, santé, travail social	+ 2 ans	
Autres : fonction publique, entreprise, techniciens, contremaîtres	+ 1 an	
Employés		
Employés de commerce	+ 1 an	
Autres		
Ouvriers		− 1 an

* *N.-B.* Ne pas ajouter au bonus des agriculteurs celui des communes rurales.

mode. Certains ont une durée de vie plus longue que les autres. Les prénoms ayant une diffusion sociale très particulière sont signalés comme tels dans la liste.

On sera enfin attentif aux particularités éventuelles de la diffusion géographique du prénom mentionnées dans la notice qui accompagne chaque prénom. Un prénom comme Annick n'est pas conformiste au même moment dans toutes les régions.

Exemples de calcul

Commençons par un cas extrême : un Didier est né en 1946, choix pionnier, à Paris (+ 2); il est le premier enfant (+ 1) d'une mère de 22 ans (+ 1) dont le mari est journaliste (+ 4). On arrive, après toutes ces additions, à 1954; le choix n'est plus pionnier mais dans le vent. Si l'on tient compte encore du fait que la naissance est antérieure à 1950 (+ 1) et que la mère est fille de médecin (+ 1), le choix situé en 1956 devient conformiste.

Autre exemple plus simple d'un Didier né en 1968 (choix à la traîne), fils d'instituteur (+ 2) d'une commune rurale (− 2). Il est le cadet (0) et sa mère a 28 ans (0). Le handicap et le bonus s'annulant, on ne modifiera pas la date de naissance.

Le choix de Stéphane, hyperconformiste en 1970, devient dans le vent si la mère, âgée de 32 ans (− 1), et le père ouvrier (− 1) résident dans une ville moyenne (0) : 1968.

Ce système de handicap et de bonus doit être aussi appliqué aux périodes où le prénom est encore au purgatoire ou dans les limbes (ainsi qu'en fin de parcours). Le choix de Camille pour une petite fille née en 1972 est excentrique ou précurseur, mais il n'est que pionnier si Camille est le premier enfant (+ 1), si la mère est jeune (+ 1), mariée à un ingénieur (+ 3), et vit dans une grande ville (+ 1) : 1978.

LA COTE DES PRÉNOMS
MASCULINS

Adrien

Sans avoir jamais été très répandu,
Adrien n'était pas inconnu au XIXᵉ siècle,
notamment dans ses dernières années où il
prénommait un garçon sur 140. On trouve
encore de rares Adrien dans les années quarante. Mais la véritable carrière de ce prénom commence depuis peu. Au vu de ses
progrès rapides, d'abord chez les cadres, on
ne serait pas surpris de voir Adrien jouer
bientôt les tout premiers rôles.

Nous avons assimilé à Adrien l'orthographe rare **Hadrien**, mais non les quelques
Adrian qui naissent.

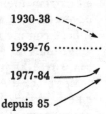

1930-38
1939-76
1977-84
depuis 85

Alain

Ce prénom qui nous est familier était
rarissime dans les siècles précédents encore
qu'il ait été connu dès le moyen âge. Il
émerge vers 1920 et s'épanouit dans les

1930-37
1938-44

années d'après-guerre : à son sommet (1949) il est donné à un garçon sur 16. Alain s'impose assez également dans toutes les régions, sauf en Alsace, et dans tous les groupes sociaux. Cependant, il ne parvient à dépasser Michel que chez les professions intermédiaires où il prénomme jusqu'à un garçon sur 12 de 1945 à 1949 et où il reste en tête jusqu'en 1954. Sa diffusion a été plus précoce en Ile-de-France, Picardie, Centre ainsi qu'en Provence, Languedoc et Aquitaine. Tandis qu'Alain tombe en désuétude, des **Alan** ou **Allan** voient le jour.

1945 ←——→
1946-53 ⇐===
1954-57 ←——→
1958-70 ＼
1971-88 ——→
depuis 89 ············

Albert

Albert grandit dans les dernières décennies du xixᵉ siècle et culmine pendant la Première Guerre mondiale (un garçon sur 40) au moment où Albert Iᵉʳ, le roi des Belges, est extrêmement populaire en France. Ayant ouvert la voie aux Robert et autres Gilbert, Albert commence à reculer dans les années vingt mais est encore donné à plus d'un garçon sur 100 jusqu'en 1937.

Le retour d'Albert n'est pas en vue, tandis qu'on observe, depuis 1983, une poussée prometteuse d'**Alban**, sans rapport étymologique avec Albert, et la naissance de quelques **Albin**.

1930-37 ＼
1938-60 ←——→
depuis 61 ···········

Alexandre

Porté par près d'un nouveau-né sur 100 pendant une bonne partie du xixᵉ siècle, Alexandre décline doucement depuis 1890 et ne disparaît pas complètement pendant sa période de purgatoire. Sa nouvelle carrière, d'abord lente à se dessiner, l'a conduit tout près du sommet puisqu'il est choisi

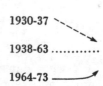

1930-37 ＼
1938-63 ············
1964-73 ——➚

aujourd'hui pour près d'un garçon sur 40, et
cela dans tous les milieux. Qu'Alexandre
devienne encore plus grand n'est pas à
exclure. On le rapetisse parfois en **Alex**,
dont l'anagramme **Axel** fait une percée.

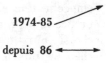

1974-85

depuis 86

Alexis

Alexis, qui n'était pas inconnu au XIXe siècle
et à l'aube du XXe, passe, peu avant 1930,
sous la barre des un sur 1 000. Son retour,
dans le sillage d'Alexandre, n'est pas spectaculaire à ses débuts. Mais sa progression se
confirme depuis 1989.

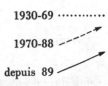

1930-69

1970-88

depuis 89

André

Prénom ancien mais discret jusqu'à ce
qu'il prenne son envol à la fin du XIXe siècle,
André s'épanouit entre 1910 et 1935, étant
alors le second prénom, derrière Jean. C'est
dans les années vingt qu'il est au zénith de son
parcours, à plus de 6 % (un garçon sur 16),
mais il est encore hyperconformiste dans la
première moitié des années trente et le reste
jusqu'en 1943 chez les ouvriers et les agriculteurs. De même, il se maintient à plus de
5 % jusqu'en 1940 dans les régions de l'Est et
du Sud, de la Franche-Comté à Midi-Pyrénées
(sauf en Provence). Les légions de **Dédé** ont
fondu comme neige au soleil dans les années
cinquante et ce prénom ne reviendra pas de
sitôt, sauf peut-être, si l'anglomanie se développe encore, sous la forme d'**Andy**, déjà plus
donné qu'André.

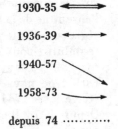

1930-35

1936-39

1940-57

1958-73

depuis 74

Anthony

Cette forme anglaise d'Antoine est d'importation récente et d'origine populaire.
Qu'il soit boudé par les cadres n'a pas

1930-68

1969-78

empêché une croissance rapide d'Anthony, un des tout premiers prénoms actuellement, choisi pour un garçon sur 40 et plus encore chez les ouvriers. Nous y avons ajouté les **Antony** bien moins fréquents, mais le prénom Tony est traité à part.

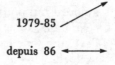

1979-85

depuis 86

pas de handicap pour la catégorie sociale

Antoine

Antoine a un passé prestigieux. Son ascension date du xve siècle et il a été un très grand prénom du xvie au xviiie, figurant souvent au deuxième ou troisième rang, surtout dans la partie méridionale de la France. Il est encore en bonne place dans la première moitié du xixe, le sixième ou le septième prénom sur l'ensemble de la France (un garçon sur 30). Il régresse ensuite jusqu'en 1915, moment où il se stabilise pour 20 ans au niveau d'un garçon sur 200 (restant plus fréquent dans le Sud-Est). Une nouvelle décrue l'entraîne à son étiage entre 1941 et 1975 (un garçon sur 330). Depuis 1976, il connaît une nouvelle vigueur qui s'accentue aujourd'hui (plus d'un garçon sur 100). Pendant bourgeois d'Anthony, ce classique est actuellement conformiste chez les cadres (près d'un garçon sur 40). N'omettons pas de signaler qu'Antoine est le prénom masculin le plus donné en Corse sur les cinquante dernières années. Et n'oublions pas **Antonin**, encore nain, mais qui va grandir.

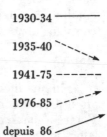

1930-34

1935-40

1941-75

1976-85

depuis 86

Armand

Depuis le xixe siècle, et jusqu'au début des années trente, Armand est un prénom stable et peu courant qui ne dépasse pas le niveau d'un garçon sur 250. Il est devenu très

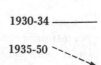

1930-34

1935-50

rare depuis 1950 sans être complètement absent et devrait sortir bientôt de ce doux purgatoire.

depuis 51 ....

Arnaud

Un prénom rare depuis très longtemps lorsqu'il émerge à la fin des années cinquante. Arnaud n'atteint dans les années 1970 qu'un niveau relativement modeste : un garçon sur 80. Mais ce prénom, de longue date prisé avec la particule, a été particulièrement bien accueilli en milieu bourgeois, beaucoup mieux que chez les ouvriers. Il s'est aussi mieux implanté qu'ailleurs dans le Nord-Ouest, de la Normandie aux Ardennes.

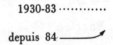

1930-58 ....

1959-69

1970-72

1973-80

1981-89

depuis 90

Arthur

Ce très ancien prénom, d'origine celtique et qui a été porté par trois ducs de Bretagne, a eu quelques adeptes durant le XIXᵉ et au début du XXᵉ siècle, avant de tomber dans l'oubli. Le voici qui refait surface et ses premiers pas sont prometteurs. Il est déjà très connu chez les cadres.

1930-83 ....

depuis 84

Aurélien

Jusqu'au début des années 1970, Aurélien est quasiment inexistant. Il démarre un peu avant Adrien, autre empereur romain, mais, à la différence de ce dernier, remporte ses premiers succès aussi bien parmi les professions intermédiaires et les employés que chez les cadres. Aurélien n'a pas atteint les mêmes sommets que son homologue féminin, Aurélie. Le voici qui plafonne sans avoir nettement dépassé le seuil d'un garçon sur 100. Il devrait même bientôt fléchir.

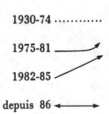

1930-74 ....

1975-81

1982-85

depuis 86

Aymeric et Émeric

Hors d'usage depuis des siècles, ce prénom du moyen âge a refait surface dans les
années soixante-dix mais il ne progresse
qu'à tout petits pas.

1930-74 ....

depuis 75 - - - - ->

Baptiste

Bien moins courant que Jean-Baptiste aux
xviiiᵉ et xixᵉ siècles, Baptiste est revenu presque
en même temps et grandit plus vite (plus
d'un garçon sur 200). Sa clientèle est moins
typiquement bourgeoise.

1930-77 ....

depuis 78 _____→

Bastien

Bastien a émergé quand Sébastien enta-
mait son déclin et est encore à un niveau
modeste (un garçon sur 250), mais sa croissance est très probable.

1930-79 ....

depuis 81 _____→

Benjamin

A la différence de David, ce prénom
biblique a mis du temps pour s'imposer en
milieu populaire parce que moins porté par
la mode américaine. D'où une progression
assez lente au terme de laquelle il culmine à
un niveau honorable (un garçon sur 55)
sans paraître décidé à grimper aux toutes
premières places.

1930-70 ....

1971-78 _____→

1979-87 ⟋

depuis 88 ←_____→

Benoît

Assez courant au XIXe, Benoît avait presque disparu dans la première moitié du XXe siècle. C'est un prénom d'allure classique qui s'est stabilisé autour de 1 % pendant quinze ans. Ce score était dépassé dès 1970 chez les cadres. Car Benoît, comme Vincent son contemporain, est un prénom bourgeois, assez rare chez les ouvriers.

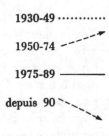

1930-49 ············
1950-74 -- --
1975-89 ——
depuis 90 -- --

Bernard

C'est vers 1910 que l'on voit naître Bernard, ou plutôt renaître, car ce vieux prénom d'origine germanique, très fréquent au moyen âge, est connu jusqu'au début du XIXe siècle, dans le Sud-Ouest notamment. Considéré sur l'ensemble de la France, Bernard est attribué à un garçon sur 25 pendant dix ans (un sur 22 au mieux en 1948-49), ce qui le situe entre le 5e et le 3e rang. Les agriculteurs l'ont tardivement mais massivement adopté : ils en ont fait le second de leurs prénoms masculins de 1948 à 1955. Mais la moyenne nationale dissimule les écarts régionaux, importants dans le cas de Bernard qui se propage par vagues successives. La première le fait débarquer en Normandie ; de là il se répand dans la moitié nord jusqu'en Alsace où il devient le premier prénom vers 1940. Il ne franchit la Loire que dans les années quarante et c'est à leur terme qu'il retrouve ses anciennes terres d'Aquitaine et de Midi-Pyrénées, alors qu'il est déjà sur le déclin en Normandie et en Ile-de-France. Lorsqu'il atteint le Languedoc, et plus encore la Provence, il est à bout de souffle et ne peut s'y imposer.

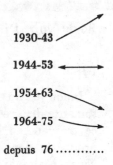

1930-43
1944-53
1954-63
1964-75
depuis 76 ············

Bertrand

Bertrand s'était éclipsé au XIXᵉ siècle et jusque dans les années quarante. Sa nouvelle carrière est celle d'un prénom classique et assez rare puisqu'il n'a guère été donné à plus d'un garçon sur 250 pendant une vingtaine d'années. C'est aussi un prénom bourgeois, cinq fois moins choisi par les ouvriers que par les cadres, seul groupe où il dépasse 1 % de 60 à 67 et de 72 à 79.

1930-47 ············

1948-57 ⟋⟋

1958-79 ─────

depuis 80 ──────

Boris voir Dimitri

Brice

Inconnu ou presque avant les années soixante-dix, réveillé peut-être par Fabrice, ce très ancien prénom, d'origine celtique, progresse depuis une dizaine d'années, à petits pas, mais sûrement (déjà près d'un garçon sur 200).

A ses côtés, **Brian** et **Bryan** font une percée, plus brillants que les timides et rares **Briac**, **Brieuc** ou **Bruce**.

1930-75 ············

depuis 76 ────⟋

Bruno

Après un démarrage un peu lent, Bruno a suivi le parcours typique d'un prénom mode sans atteindre de véritables sommets puisqu'il culmine à 3 % (un garçon sur 33) en 1963-64. La Picardie et la Haute-Normandie ont été ses régions préférées alors qu'il était moins courant dans le Nord-Est. Il s'est réparti à peu près également ment dans tous les milieux sociaux, sauf

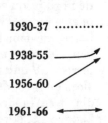

1930-37 ············

1938-55 ────⟋

1956-60 ⟋

1961-66 ◄────►

chez les agriculteurs qui l'ont moins apprécié. Sa chute finale est lente à venir (encore un garçon sur 400). Ce prénom, de lointaine origine germanique, a été adopté par les parents de nationalité portugaise qui en ont fait un de leurs tout premiers prénoms masculins.

1967-73

depuis 74

Cédric

Dépourvu de saint patron, ce vieux prénom anglais est une véritable innovation en France dans les années soixante. On n'en trouve pas trace auparavant. Son essor est rapide et il est attribué à plus d'un garçon sur 40 pendant sa période conformiste, ce qui le situe alors entre le 6ᵉ et le 4ᵉ rang. C'est un prénom plutôt populaire, obtenant ses meilleurs scores parmi les ouvriers et les employés, beaucoup moins en faveur chez les cadres qui ont été pourtant les premiers à l'adopter.

1930-65 ....

1966-71

1972-75

1976-81

depuis 82

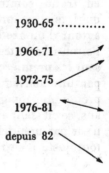

Charles

Fréquent dans le nord-ouest de la France aux XVIIᵉ et XVIIIᵉ, Charles se classe, avec constance, entre le 7ᵉ et le 9ᵉ rang des pré-

1930-31

noms durant le XIXe. Sa décrue est régulière depuis le début du XXe siècle, encore qu'il se maintienne dans le peloton de tête en Alsace jusque vers 1940. C'est sous la présidence de Charles de Gaulle qu'il atteint son plus bas niveau (un garçon sur 800 de 1962 à 1969). Depuis une vingtaine d'années, sa position s'améliore un peu, mais surtout en milieu bourgeois où il est choisi pour plus d'un garçon sur 100. Notons aussi la présence croissante, en milieu populaire, de **Charly** ou **Charlie**.

1932-57

1958-71

depuis 72

Le composé **Jean-Charles** est rare (un garçon sur 600), mais stable depuis les années cinquante.

Christian

Christian n'était aux siècles précédents que la forme savante de chrétien, inusitée en France comme prénom. C'est vers 1920 qu'il fait ses premiers pas qui le portent autour d'un axe Bordeaux-Paris : Aquitaine, Poitou-Charentes, Ile-de-France, Picardie sont les premières terres qu'il explore. Porté par un mouvement de grande ampleur, il prénomme un garçon sur 25 pendant dix ans, se classant aux 4e et 5e rangs. Son reflux n'est pas une débandade et Christian vient tout juste d'entrer au purgatoire.

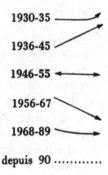

1930-35

1936-45

1946-55

1956-67

1968-89

depuis 90

Christophe

Christophe, très rare dans le passé, mais moins exceptionnel que Christian, prend très exactement la relève de ce dernier. L'un émerge quand l'autre amorce sa régression ; l'un culmine quand l'autre se démode. La carrière de Christophe est moins étale mais

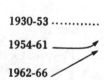

1930-53

1954-61

1962-66

plus brillante que celle de Christian. Elle le porte très vite jusqu'au sommet : un garçon sur 17 en 1968-69, premier prénom de 1967 à 1969 mettant un terme définitif au règne de Philippe. L'engouement pour Christophe n'épargne aucun groupe social. Mais il est particulièrement spectaculaire chez les professions intermédiaires où ce prénom est choisi pour un enfant sur 14 en 1967-68.

Jean-Christophe n'a pas eu beaucoup de succès : à peine un garçon sur 250 lorsque Christophe culminait, mais il n'a pas disparu.

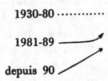

Christopher

Deuxième prénom masculin aux États-Unis depuis vingt ans, Christopher marque des points en France, surtout en milieu populaire où ses progrès sont très rapides. Il a dépassé Christophe en 1989.

Claude

Claude est, à l'origine, un prénom régional. Il vient de Franche-Comté où il occupe la première place au XVIIe siècle. C'est dans les années vingt qu'il se lance dans une carrière nationale et son ascension l'amène au troisième rang des prénoms de 1935 à 1939 (plus d'un garçon sur 20). A cette époque, il triomphe en Ile-de-France, Normandie et Champagne-Ardenne (un garçon sur 13). En revanche, Claude ne pénètre que difficilement en Bourgogne et Rhône-Alpes (il y était pourtant connu au XIXe siècle) et modestement dans tout l'est de la France, sauf en

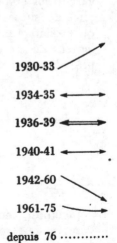

Franche-Comté, sa terre d'origine, où il obtient un succès honorable et plus durable qu'ailleurs.

Clément

Prénom rare et stable depuis le XIXᵉ siècle et jusqu'en 1935, Clément est de retour depuis une quinzaine d'années, et sa croissance, d'abord longue à se dessiner, se confirme. Choisi déjà pour un garçon sur 90 (bien plus chez les cadres), il a des réserves et n'a pas fini de faire parler de lui.

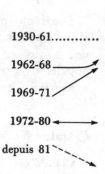

1930-35 ------
1936-75 ············
1976-85 ——→
depuis 86 ╱

Cyril et Cyrille

L'orthographe Cyril s'est imposée aux dépens de celle de Cyrille, plus traditionnelle mais jugée sans doute trop féminine, lorsque ce prénom a entamé sa carrière en France. Carrière assez moyenne, puisqu'il n'est guère choisi pour plus d'un garçon sur 80 pendant neuf ans, avec un peu plus de succès parmi les employés. Mais cette relative modestie est compensée par la lenteur de son déclin : il prénomme encore près d'un garçon sur 150.

1930-61 ············
1962-68 ——→
1969-71 ╱
1972-80 ←——→
depuis 81 ╲╲→

Damien

Inconnu, ou quasiment, jusqu'alors, Damien naît après Fabien, étant le second de cette série récente de prénoms « ro-

1930-63 ············

mains ». Son parcours ressemble à celui de
Fabien : après une croissance assez longue à
se dessiner, il culmine au même niveau d'un
garçon sur 70. Les cadres n'ont pas fait
preuve de beaucoup d'empressement pour
adopter Damien qui a, en revanche, été très
tôt accueilli les bras ouverts par les agriculteurs. Autre singularité : il a d'abord
conquis le Nord-Est, des Ardennes au Jura.
Et puis – faut-il s'en étonner ? – depuis que
Damien est en faveur, on voit apparaître,
encore discrètement, **Côme**, à qui la légende
l'a uni pour toujours, l'associant au patronage des médecins.

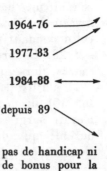

1964-76

1977-83

1984-88

depuis 89

pas de handicap ni
de bonus pour la
catégorie sociale

Daniel

Daniel n'est pas une nouveauté du
XXe siècle, mais il n'avait guère fait parler de
lui avant sa forte progression des années
trente qui l'amène au troisième rang des
prénoms masculins, à égalité avec Gérard,
de 1944 à 1947 (un garçon sur 22). Cette
moyenne cache d'ailleurs de fortes disparités régionales. Daniel a été, au début des
années quarante, hyperconformiste (plus de
5 %) au nord d'une ligne Le Havre-Genève
(à l'exception de l'Alsace), alors qu'il était,
au même moment, trois fois moins fréquent
au sud d'une ligne La Rochelle-Nice.
Démodé depuis une vingtaine d'années,
Daniel, qui avait su dominer les lions, ne se
résout pas à affronter le purgatoire, épaulé
par **Dany**.

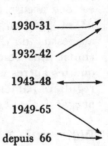

1930-31

1932-42

1943-48

1949-65

depuis 66

David

Ne dirait-on pas que David a pris le relais
de Daniel, autre prénom biblique ? Inexistant jusqu'aux années cinquante, David

1930-60 ···········

connaît une brusque poussée et retrouve le
niveau de Daniel : troisième prénom masculin pendant six ans, donné à un garçon
sur 23. Ce prénom a été boudé par les
cadres, alors qu'il a été hyperconformiste de
1972 à 1975 parmi les ouvriers (un garçon
sur 18). Il décline bien moins vite qu'il
n'avait surgi, mais son succès est moins
durable que dans les pays anglo-saxons.
Notons l'émergence récente de **Davy**.

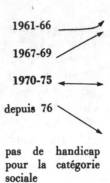

1961-66

1967-69

1970-75

depuis 76

pas de handicap
pour la catégorie
sociale

Denis

Présent mais peu répandu au XIX⁰ siècle,
Denis est un prénom au cycle lent dont
l'allure est presque classique. S'il n'échappe
pas au mouvement de la mode, son sommet
est peu accusé (un garçon sur 75 en 1962-
63) et, pendant douze ans, il est resté un peu
au-dessus de 1 %. Les agriculteurs l'ont
choisi plus volontiers et plus durablement
que les autres catégories sociales. Sa décrue
régulière l'amène aujourd'hui aux portes du
purgatoire.

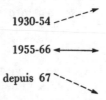

1930-54

1955-66

depuis 67

Didier

Né à la fin des années trente, Didier a
suivi le parcours normal d'un prénom porté
par la mode. Il a atteint un niveau honorable à son sommet : près d'un garçon sur
30 en 1959, ce qui le situait à la sixième ou
septième place. Il n'a pas battu de records ni
présenté de notables particularités, sinon
une certaine préférence pour le sud-ouest de
la France, sans rapport avec les lieux où ont
vécu les deux martyrs qui le patronnent.

Didier a pris la relève de **Désiré**, dont il
dérive étymologiquement, en usage au
XIX⁰ siècle et qui s'éclipse vers 1930.

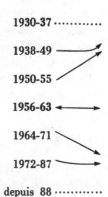

1930-37

1938-49

1950-55

1956-63

1964-71

1972-87

depuis 88

Dimitri

Ce gréco-slave, inédit en France avant les années soixante-dix, s'implante lentement mais sûrement (un garçon sur 200), alors que son camarade **Boris**, apparu vers 1972, quand on redécouvrait Boris Vian, végète sans avoir atteint le niveau d'un sur 500.

1930-73............

depuis 74

Dominique

La carrière moderne de Dominique, très ancien prénom bien connu au moyen âge, est étrangement semblable à celle de Didier. Les deux prénoms sont d'ailleurs contemporains avec seulement quelques mois d'avance pour Dominique. L'apogée se situe en 1958-59, au même niveau que Didier (un garçon sur 30). Il y a tout de même une différence : Dominique s'est épanoui en Poitou-Charentes et Pays de la Loire, ainsi, bien sûr, qu'en Corse où son implantation est plus ancienne. Comme Didier, et à la différence de Dominique chez les filles, Dominique au masculin s'est également réparti dans les divers milieux sociaux, avec les décalages dans le temps habituels.

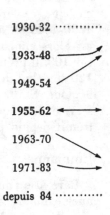

1930-32 ....

1933-48

1949-54

1955-62

1963-70

1971-83

depuis 84 ....

Édouard

Choisi pour un garçon sur 100 voici un siècle, Édouard est revenu, mais sa croissance est très lente et il s'affirme surtout en milieu bourgeois. Il est concurrencé, en

1930-50

milieu populaire, par ses diminutifs anglo-
américains, **Eddy** et plus encore **Teddy** qui
a le vent en poupe, et qui peut aussi se réclamer de **Théodore**. Edwin, qui tente d'apparaître, ne se rattache pas Edward.

1951-73 ···········
depuis 74 ╌╌╌╌➤

Émeric voir Aymeric

Émile

C'est dans les dernières années du XIXe siècle que ce prénom en ascension depuis
1830-1840 est au zénith de son parcours. Il
est alors choisi pour près de trois garçons
sur 100. Il prénomme encore un garçon sur
120 au début des années trente mais est déjà
démodé. Émile pourrait bien reprendre du
service dans quelque temps. Émilien, qui
frémit depuis 1980, lui prépare le terrain.

1930-51 ➤
depuis 52 ···········

Emmanuel

Rare jusqu'aux années cinquante, Emma-
nuel connaît une lente progression qui
s'accélère en 1966-67 et l'amène à prénommer un garçon sur 60 pendant quatre
ans. C'est un prénom plutôt bourgeois – il a
atteint le niveau d'un garçon sur 37 chez les
cadres en 1967-68 – dont le reflux se fait en
douceur. Normandie et Franche-Comté ont
été ses deux provinces préférées.

1930-51 ···········
1952-67 ╌╌╌➤
1968-71 ◀───➤
depuis 72 ╲╲➤

Éric

Surgissant dans les années quarante, ce
prénom germain et scandinave se hisse au
troisième rang de 1960 à 1963. Il est attribué à un garçon sur 21 au faîte de sa carrière en 1963-64. C'est dans les couches
sociales aisées et moyennes qu'il est le

1930-44 ···········
1945-55 ───➤
1956-60 ➚

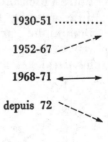

mieux accueilli : son choix est hyperconformiste (plus de 5 %) chez les cadres de
1960 à 1963, dans les professions intermédiaires de 1962 à 1965, chez les commerçants de 1961 à 1965. Les agriculteurs l'ont
adopté plus tardivement (quatre garçons sur
100 de 1970 à 1974). La lenteur de son
déclin contraste avec son essor rapide. Que
les lecteurs de Serge Dalens se consolent :
la *Mort d'Éric*, pour probable qu'elle soit,
n'a pas encore eu lieu. Éric a eu comme
variantes orthographiques, assez rares, Érick
et Érik.

1961-66 ←——→

1967-79

depuis 80 ——→

Erwan

Un breton au carré : Erwan est la forme
bretonnante d'Yves, lui-même breton d'origine. Faut-il préciser que c'est en Bretagne
qu'il s'est imposé (un garçon sur 50 dès
1975) ? Sur l'ensemble du territoire, sa carrière est moins flatteuse : à peine un garçon
sur 500 depuis 1980.

1930-71 ············

depuis 72 – – – –

Étienne

Prénom courant depuis le XVIᵉ siècle,
Étienne occupe encore une place honorable
dans la première moitié du XIXᵉ siècle
(autour du 10ᵉ rang). Depuis le début de ce
siècle c'est un prénom rare mais toujours
présent et d'une remarquable stabilité : un
garçon sur 500 depuis 1930, un peu plus
dans le nord-est de la France. Ce minoritaire est, de tradition, assez répandu dans
la minorité protestante. Ce classique rare
est aussi très bourgeois, sept fois plus fréquent chez les cadres que chez les ouvriers.
Son cours régulier n'a pas été affecté
par l'engouement passager pour sa forme

1930-86 – – – –

depuis 87 – – –→

grecque Stéphane. Mais les premiers signes d'une crue prochaine se manifestent : il progresse très nettement chez les cadres.

Eugène

Comme Émile, Eugène est un prénom de la seconde moitié du XIXᵉ siècle, un peu plus ancien toutefois. Il s'est taillé de beaux succès dans les années 1860-1890 et il lui est arrivé, localement, d'être le premier prénom alors qu'il ne dépassait pas le septième rang sur l'ensemble de la France. A la baisse depuis 1890, il se démode au début des années vingt. Quoique aucun signe avant-coureur ne le laisse présager, Eugène devrait, comme Jules son contemporain, sortir prochainement du purgatoire.

1930-46 ——————➤

depuis 47 ············

Fabien

Fabien est un prénom quasiment neuf à la fin des années cinquante, alors que Fabienne est déjà lancée. Lent à s'ébranler, il retrouve d'ailleurs, à son sommet, le même score que Fabienne, avec douze ans de retard : un nouveau-né sur 65. Les professions intermédiaires suivies des employés et des agriculteurs sont les catégories sociales qui ont fait le meilleur accueil à ce prénom assez neutre socialement. Fabien a inauguré la vogue des prénoms d'origine romaine, marquant le retour de la terminaison en *ien*.

1930-58 ············

1959-73 ——————

1974-81 ——————

1982-85 ◄————►

1986-89 ——————

depuis 90 ——————➤

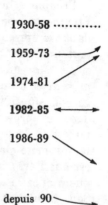

Fabrice

La carrière de Fabrice, prénom très rare dans le passé, prend place entre celles de Patrice et de Fabien. Elle est d'ailleurs du même ordre de grandeur puisque Fabrice atteint à peine le niveau d'un garçon sur 50 lorsqu'il culmine en 1971. Ce prénom a été un peu moins fréquent chez les agriculteurs et chez les cadres.

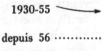

1930-51 ....

1952-63 ⟶

1964-67 ⟶

1968-74 ⟷

1975-80 ⟍

depuis 81 ⟍

Fernand

Fernand est un prénom du tournant du siècle qui a été donné à un garçon sur 65 dans les années 1895-1904. Il est resté à plus de 1 % jusque vers 1925. Son retour est bien improbable dans un avenir proche, alors que s'annonce celui de **Ferdinand**, dont la vogue au xix⁰ siècle était plus ancienne.

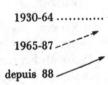

1930-55 ⟶

depuis 56 ....

Florent

Rare au xix⁰ siècle, Florent a d'abord grandi très doucement durant plus de vingt ans, surtout apprécié chez les cadres et les professions intermédiaires. L'envol de Florian, la montée de Clément l'ont fait sursauter et le voici présent dans tous les milieux (plus de 1 %).

1930-64 ....

1965-87 ⟍

depuis 88 ⟋

Florian

Florian est quasiment une nouveauté : inexistant jusqu'en 1965, rarissime jusqu'en 1971, sa croissance, d'abord modeste, s'accélère dès qu'il dépasse Florent, vers 1980. Un peu délaissé par les cadres, il s'affirme comme un prétendant aux premières places.

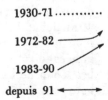

1930-71 ....

1972-82 ⟶

1983-90 ⟋

depuis 91 ⟷

Francis

Francis progresse tout doucement depuis l'aube de ce siècle et sa période conformiste s'étale sur une douzaine d'années pendant lesquelles il prénomme un garçon sur 80. Quoiqu'il se maintienne assez longtemps chez les agriculteurs, son recul est beaucoup plus rapide que n'avait été sa croissance.

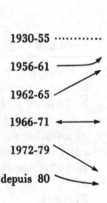

1930-45

1946-57

1958-63

1967-72

depuis 73

Franck

Inconnu en France auparavant, Franck remplace Francis, mais sa carrière, plus brillante, est aussi plus éphémère. Sa percée est vite accomplie et il dépasse le niveau d'un garçon sur 50 dans sa période conformiste. Son score est sensiblement supérieur chez les professions intermédiaires et les artisans et commerçants, les deux groupes sociaux qui l'ont le plus volontiers adopté.

1930-55

1956-61

1962-65

1966-71

1972-79

depuis 80

François

Prénom royal et doté de saints patrons éminents (on peut le fêter au moins trois fois dans l'année), François, même s'il n'a pas atteint les sommets de Jean et de Pierre, est, au même titre qu'eux, un grand classique. Du XVIᵉ au XIXᵉ siècle, il a été un des prénoms prédominants, se classant en général entre le 3ᵉ et le 7ᵉ rang. Il décroît pendant la seconde moitié du XIXᵉ mais prénomme encore un garçon sur 40 au début du XXᵉ. Il se stabilise vers 1920, au niveau d'un garçon sur 80, jusqu'à la fin des années soixante, puis décline à nouveau, sans beaucoup de hâte. Ce classique est aussi un bourgeois : il est conformiste de 1948 à 1960

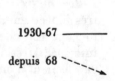

1930-67

depuis 68

chez les cadres qui le choisissent alors pour un de leurs garçons sur 25. Il continue d'être en faveur dans cette catégorie sociale et sa décrue paraît actuellement arrêtée (un garçon sur 130). François s'accroche, refusant de tomber en disgrâce.

Frédéric

Stable et peu courant durant le XIXe siècle (un garçon sur 170 environ), Frédéric entame sa véritable carrière dans les années cinquante, avec cinq ans de retard sur Éric. Durant sa longue période conformiste, il oscille entre la 4e et la 6e place, prénommant jusqu'à un garçon sur 24 en 1974. Il se diffuse à peu près également dans tous les groupes sociaux, avec une forte avance chez les cadres et un retard sensible chez les agriculteurs qui en font leur premier prénom de 1976 à 1978. De même, Frédéric s'est bien implanté en toutes régions, mais avec une certaine prédilection pour les deux extrêmes : Provence et Languedoc (où il était assez traditionnel) d'un côté, Nord et Picardie de l'autre. Des **Freddy**, encore qu'en petit nombre (un sur 1 000) tiennent compagnie à Frédéric depuis 1965.

1930-49 ··········

1950-59 ——

1960-65

1966-77 ←——→

1978-85

depuis 86

augmenter d'un an le handicap des cadres et le bonus des agriculteurs.

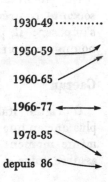

Gabriel

C'est dans les premières années du siècle que Gabriel a culminé, à un niveau modeste (1 %). Son reflux est lent puisqu'il prénomme encore près d'un garçon sur 200 au

1930-57

1958-75 ··········

début des années trente. Il ne disparaît pas
complètement pendant sa courte période de   depuis 76 ------
purgatoire et revient, mais timidement,
depuis une quinzaine d'années, entraîné
peut-être par l'autre archange, Raphaël.

Gaël

Né en Bretagne au début des années
soixante, ce prénom celtisant ne semble pas   1930-70 ···········
s'imposer : il plafonne depuis 1980, pré-
nommant moins d'un garçon sur 300.   depuis 71 ------

Gaétan

D'origine italienne, Gaétan est d'usage
plus ancien que Gaël. Il émerge pourtant au   1930-71 ···········
même moment et sa croissance est mieux
assurée (plus d'un garçon sur 200).   depuis 72 ------

Gaston

En 1930 il y a encore un nouveau-né sur
200 qui est prénommé Gaston. Mais ce pré-   1930-47 ------
nom qui avait culminé, comme Léon, au
tournant du siècle, donné à un garçon sur   depuis 48 ···········
70 de 1890 à 1905, se démode très vite.

Geoffrey

Geoffray, Geoffré, sans oublier **Joffre**, sont   1930-79 ···········
des variantes, surtout patronymiques, de
Geoffroy. Mais la faveur récente et croissante   depuis 80 ------
dont jouit Geoffrey (plus d'un garçon sur
200), auquel nous ajoutons **Joffrey**, vient évidemment de la source anglo-américaine. S'y
ajoute la référence à **Geoffroy**, prénom
médiéval que l'on voit poindre, beaucoup
plus bourgeois que Geoffrey.

Georges

Georges, que l'on trouve surtout dans le nord de la France lors de son adolescence dans les trois dernières décennies du XIXᵉ siècle), a pris sa retraite dans le Sud-Est (Rhône-Alpes, Auvergne et Provence) où il est encore attribué à un garçon sur 33 au début des années quarante. Dans l'ensemble de la France, il a été à son sommet entre 1898 et 1919 (un garçon sur 30), avec un regain de vigueur pendant la guerre, sa carrière semblant épouser celle de Georges Clemenceau. Joris, forme néerlandaise de Georges, est en train de percer.

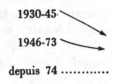

Gérald

Cette forme savante (et aussi anglaise) de Géraud, qui a resurgi quand Gérard était à son sommet, est restée peu répandue (un garçon sur 310 au mieux entre 1972 et 1975).

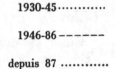

Gérard

Geraldus était un prénom issu du stock germanique assez courant au moyen âge. Il s'est perpétué dans le rare Géraud. Son cousin Gérard émerge en France, au début du XXᵉ siècle, prend son essor dans les années trente et se hisse au troisième rang des prénoms de 1944 à 1951, attribué à un garçon sur 23 pendant cette période. Il s'est épanoui un peu plus tôt dans le nord de la France. Son choix est hyperconformiste au début des années quarante en Ile-de-France et en Alsace. Dans cette région il occupe la première place au terme des années trente avant d'être détrôné par Bernard. Parti-

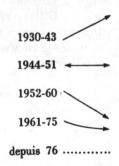

culièrement fréquent chez les professions intermédiaires en 1942-43 et chez les employés de 1944 à 1949, Gérard a eu une image un peu fausse de prénom bourgeois. Ses histoires avec Marie-Chantal lui portèrent le coup de grâce et expliquent sa chute spectaculaire des années cinquante.

Gilbert

Au XVIᵉ siècle, et encore au XIXᵉ siècle, Gilbert est un prénom régional, localisé dans le Bourbonnais (Allier). Mais c'est dans l'Est, et surtout le Nord-Est, des Ardennes au Jura, qu'il s'acclimate le mieux lors de sa carrière nationale. Carrière assez modeste puisqu'il prénomme un garçon sur 58 quand il est au plus haut en 1932-33.

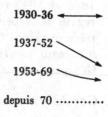

1930-36

1937-52

1953-69

depuis 70 ....

Gilles

Gilles paraît succéder à Gilbert et ne s'élève pas beaucoup plus haut (un garçon sur 50 en 1960). C'est aussi dans l'Est, mais plutôt dans le Centre-Est (Bourgogne, Rhône-Alpes, Franche-Comté) qu'il s'implante le mieux. Gilles s'est bien réparti dans tous les milieux sociaux avec une légère préférence pour les agriculteurs et les professions intermédiaires.

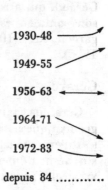

1930-48

1949-55

1956-63

1964-71

1972-83

depuis 84 ....

Grégory

Ancienne variante provençale, mais surtout forme anglaise de Grégoire, Grégory sort du néant au terme des années soixante. Il culmine au niveau d'un garçon sur 70, surtout répandu dans les milieux populaires. L'affaire Grégory Villemin a précipité sa

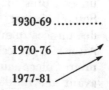

1930-69 ....

1970-76

1977-81

chute, vertigineuse. Voilà qui va laisser le
champ libre à **Grégoire**, très longtemps
rarissime, qui refait surface depuis 1982,
encore confiné en milieu bourgeois.

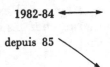

1982-84

depuis 85

Guillaume

Guillaume a été un des grands prénoms de
la fin du moyen âge. De tous les prénoms issus
du stock germanique initial, il est celui qui
s'est maintenu le plus longtemps. Sa décrue
s'amorce dès le xv\ siècle, mais il est encore
donné à un garçon sur 100 à l'aube du xix\. On
le voit revenir, lorsque Guy s'en va, au milieu
des années soixante, et monter jusqu'à la
sixième place où il s'installe pendant sept ans.
Ce prénom de type bourgeois, assez peu
répandu parmi les ouvriers, a joui d'une
faveur particulière chez les cadres (plus d'un
garçon sur 30), suivis des professions intermédiaires et des agriculteurs, catégories qui
lui restent fidèles au début de son déclin.
Guillaume a conquis un peu plus tôt la Normandie, sans que le Conquérant soit forcément en cause. Notons encore la réapparition
récente de la forme archaïque **Guilhem**.

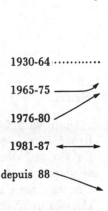

1930-64

1965-75

1976-80

1981-87

depuis 88

Guy

Très rare au xix\ siècle, Guy perce vers 1910
et franchit la barre de 1 % au milieu des
années vingt. Sa terre d'élection a été la région
Poitou-Charentes où il s'est épanoui le mieux
et le plus tôt, prénommant plus d'un garçon
sur 25 dans les années trente. Il a également
été bien accueilli dans les régions Centre et
Champagne-Ardenne. Sur l'ensemble de la
France, ce prénom a eu une carrière plus modeste et assez étale (un garçon sur 40 au plus
dans les années 1936-38), ne figurant à aucun
moment dans le peloton de tête. Son déclin a

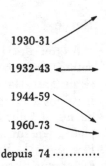

1930-31

1932-43

1944-59

1960-73

depuis 74

été lent et il est resté tardivement conformiste chez les agriculteurs, jusqu'en 1957.

Henri

Quoique prénom royal, Henri n'a jamais
figuré parmi les prénoms courants avant la
fin du XIXe siècle, faute, sans doute, d'un
saint patron de grande envergure. Son âge
d'or se situe entre 1890 et 1920 : il occupe
alors la quatrième ou cinquième place, prénommant un garçon sur 27. A son sommet,
dans les premières années du siècle, il est
donné à un garçon sur 22. Il l'est encore à
un sur 40 en 1930. Au purgatoire depuis
une quinzaine d'années, il est encore
présent en milieu bourgeois et son retour
appartient au domaine du possible.

La forme **Henry** a été très minoritaire,
mais non négligeable.

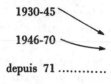

1930-45
1946-70
depuis 71 ....

Hervé

Breton d'origine, Hervé a mis du temps à
entamer sa carrière nationale, le décollage
se situant à la fin des années cinquante. Il
n'est guère donné à plus d'un garçon sur 65
quand il culmine (1967), restant un peu
plus fréquent dans le Nord-Ouest (de la
Picardie à la Bretagne). Hervé s'est diffusé
également dans tous les groupes sociaux
mais les cadres l'ont adopté beaucoup plus
tôt que les autres.

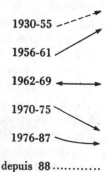

1930-55
1956-61
1962-69
1970-75
1976-87
depuis 88 ....

Hubert

Depuis la fin du xıx⁰ siècle, Hubert est un prénom calme et rare, d'allure classique, lorsqu'il devient un peu plus fréquent dans les années trente (un garçon sur 220), entraîné par Robert et Gilbert. Il s'est mieux maintenu, et plus longtemps, chez les agriculteurs.

Norbert, plus rare encore, n'a pas prénommé plus d'un garçon sur 700 de 1920 à 1955.

1930-39 ◄----►

1940-70 ------

depuis 71 ....

Hugo

Prénom ancien et constant dans la rareté, **Hugues** a à peine franchi la barre de 1 sur 1 000 de 1964 à 1977. Hugo, forme ancienne et germanique, a pris son envol en même temps que Victor, mais avec plus de vigueur. Il grandit très vite, déjà bien connu chez les cadres (un garçon sur 90), beaucoup moins chez les ouvriers. La forme **Ugo** est rare.

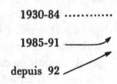

1930-84 ....

1985-91 ──────

depuis 92 ──

Jacky

Se nourrissant du succès de Jacques (bien que Jack soit en anglais un diminutif de John), Jacky a anticipé les Anthony et Grégory d'aujourd'hui. Ce prénom d'allure anglo-américaine a tout juste prénommé un garçon sur 100 durant sa période conformiste, ignoré en milieu bourgeois.

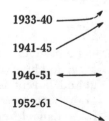

1933-40 ──────

1941-45 ──

1946-51 ◄────►

1952-61 ──

Jack, qui est aussi une version alsacienne et lorraine de Jacques a été un peu antérieur et bien plus rare : guère plus d'un garçon sur 1 000 dans les années trente et quarante.

1962-75

depuis 76 ....

Jacques

Grand prénom du XVIᵉ au XVIIIᵉ, Jacques a reculé tout au long du XIXᵉ siècle. Le creux de la vague est atteint dans les premières années du XXᵉ (un garçon sur 160), et l'ascension reprend vers 1910. Sur l'ensemble de la France, la période conformiste de Jacques s'étale dans le temps, sans sommet bien accusé : il prénomme un garçon sur 27 pendant quinze ans, un peu plus vers 1935-37 quand il atteint le sixième rang. Mais cette stabilité recouvre de fortes disparités dans sa diffusion sociale et régionale. Jacques, ancien sobriquet des paysans et qui, jadis, donnait son nom à leurs révoltes, connaît un vif succès en milieu bourgeois dès les années vingt-cinq. De même, il est à cette date, et jusqu'au milieu des années quarante, hyperconformiste dans la région parisienne (un garçon sur 16 dans les années trente). Picardie, Haute-Normandie, Poitou-Charentes ont été les autres régions où son succès a été précoce et massif. Jacques a été bien moins répandu en Bretagne, dans le Sud-Est, et rare en Alsace.

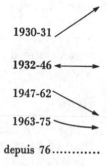

1930-31

1932-46

1947-62

1963-75

depuis 76 ....

Jean

Le prénom masculin par excellence, mais aussi le plus redoutable pour le statisticien quand il veut le saisir seul, sans ses nombreux composés. Jean accède au premier rang dans le courant du XIVᵉ siècle, et sa

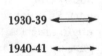

1930-39

1940-41

prééminence, contestée ici et là aux XVIIIᵉ et
XIXᵉ, n'est sérieusement remise en cause
qu'au crépuscule du XIXᵉ siècle. Mais le voici
à nouveau en tête de 1913 à 1937, renouant
avec des scores majestueux (un garçon sur
12 de 1925 à 1934, bien davantage encore
dans le Sud-Ouest). La débâcle des années
quarante coïncide avec l'engouement pour
les Jean quelque chose. Pour la première
fois depuis des siècles, Jean a chuté de
manière spectaculaire, en frôlant le purgatoire. Mais il n'est pas inexistant chez les
cadres et prépare peut-être son retour.

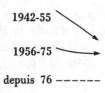

Jean-Baptiste

Prénom double à patron unique, Jean-
Baptiste est-il un prénom simple ou un prénom composé? On peut en débattre. Toujours est-il que son âge d'or se situe à la fin du
XVIIIᵉ et au début du XIXᵉ siècle; il figure alors
parmi les tout premiers puis décline, très
régulièrement. Son retour, d'abord timide, se
précise. Il prénomme déjà un garçon sur 200,
mieux implanté en milieu bourgeois.

1930-42 ------
1943-73 ....
depuis 74 ⟋

Jean-Charles voir Charles

Jean-Christophe voir Christophe

Jean-Claude

Au moment où Jean et Claude occupent la
première et la troisième place, dans la
seconde moitié des années trente, le fruit de
leur mariage connaît un essor fulgurant. Il
se nourrit de leur substance et les détrône
en se hissant très vite au deuxième rang,
étant attribué à près d'un garçon sur 20
(très proche de l'hyperconformisme). Sa

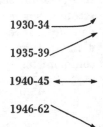

percée a été précoce et impressionnante dans
l'Ouest (de la Picardie à l'Aquitaine) alors
qu'il s'impose moins dans l'Est. Jean-Claude
a été, de tous les prénoms composés si en
vogue dans les années quarante et cinquante, celui qui s'est élevé le plus haut.

1963-76 ⟶

depuis 77...........

Jean-François

Jean-François a emprunté à François son
tempérament classique. Il prénomme, avec
constance, un garçon sur 120 pendant vingt
ans. Et son lent reflux, amorcé comme celui
de François en 1968, n'est toujours pas
arrivé à son terme.

1930-47 ⟶

1948-67 ⟶

depuis 68 ⟶

Jean-Jacques

Jacques étant courant dans les années
trente, on pouvait s'attendre à mieux de la
part de Jean-Jacques. Il atteint le même
niveau que Jean-François, et au même
moment; mais sa carrière est moins durable
(un garçon sur 120 pendant neuf ans).

1930-47 ⟶

1948-56 ⟶

1957-73 ⟶

depuis 74...........

Jean-Louis

Il y avait déjà eu quelques Jean-Louis au
début du siècle, quand Louis était au zénith
de son parcours. Mais ce prénom, qui appartient, comme Jean-Jacques et Jean-Paul, à la
seconde vague des Jean composés, monte
dans les années trente et est attribué à près
d'un garçon sur 60 durant sa période
conformiste.

1930-39 ⟶

1940-46 ⟶

1947-52 ⟶

1953-60 ⟶

1961-76 ⟶

depuis 77 ....

Jean-Luc

Jean-Luc est le plus éminent des Jean quelque chose de la troisième vague (Jean-Marc, Jean-Michel) qui, prénoms tout nouveaux, culminent à la fin des années cinquante. Il atteint en effet le niveau d'un garçon sur 50 durant sept ans, étant quatre fois plus fréquent que son contemporain Luc.

1930-39 ············

1940-48 ⎯⎯⎯

1949-54 ⎯⎯

1955-61 ⟵⟶

1962-68 ⟍

1969-79 ⎯⟶

depuis 80 ············

Jean-Marc

Alors que Marc a été bien plus répandu que Luc, Jean-Marc a eu moins de succès que Jean-Luc, son contemporain. Il a à peine prénommé un garçon sur 70 durant sa période conformiste.

1930-38 ············

1939-49 ⎯⎯

1950-55 ⎯⎯

1956-62 ⟵⟶

1963-69 ⟍

depuis 70 ⟍

Jean-Marie

Hormis le cas particulier de Jean-Baptiste, Jean-Marie est sans doute le plus traditionnel des prénoms composés masculins. Courant au xixᵉ siècle, il décline au début du xxᵉ, se stabilisant dans les années vingt au niveau d'un garçon sur 200. Mais la marée montante des prénoms composés inverse le cours de son destin, au moins pour un

1930-35 ⎯⎯⎯

1936-42 ⟍

1943-53 ⟵⟶

1954-84 ⟍

temps. Le voici à nouveau au goût du jour, attribué à plus d'un garçon sur 80 durant sa longue période conformiste. Et il se replie sans hâte, se faisant rare aujourd'hui, sans être inexistant.

depuis 85 ············

Jean-Michel

La rencontre de ces deux prénoms, Jean, le plus grand pendant des siècles, et Michel, le plus grand de l'époque, n'a pas été explosive. Jean-Michel, pourtant parti assez tôt, a patiemment attendu que Michel entame son déclin pour culminer, sans prénommer plus d'un garçon sur 80. Il n'a pas tout à fait disparu aujourd'hui.

1930-35 ············

1936-48 ——→

1949-56 ——→

1957-62 ←——→

1963-67 ↘

depuis 68 ↘

Jean-Noël voir Noël

Jean-Paul

Jean-Paul n'est pas complètement absent, mais il est rare depuis le début du siècle lorsqu'il démarre véritablement vers 1930. Il prend, dans une certaine mesure, le relais de Paul puisqu'il culmine lorsque ce dernier se démode. Jean-Paul est alors attribué à près d'un garçon sur 50, l'emportant sur Jean-Louis, son exact contemporain.

1930-39 ——→

1940-45 ↗

1946-52 ←——→

1953-60 ↘

1961-76 ↘→

depuis 77 ············

Jean-Philippe

Le triomphe de Philippe n'a pas entraîné celui de Jean-Philippe qui ne dépasse guère

1930-49 ············

le niveau d'un garçon sur 200 dans les
années soixante, à un moment où l'attrait
des composés de Jean s'émousse. Mais ce
prénom a su se maintenir. Longtemps
donné à un garçon sur 300, à la limite du
classique, il est encore le composé de Jean le
plus souvent (ou le moins rarement) choisi,
hormis Jean-Baptiste, faux composé.

1950-61 ---->

1962-69 <---->

1970-84 ————

depuis 85 ------

Jean-Pierre

La combinaison de ces deux grands prénoms a été féconde. Jean-Pierre n'est pas
une nouveauté, mais sa carrière débute au
milieu des années vingt. Sans atteindre les
mêmes sommets que Jean-Claude, il prénomme tout de même près d'un garçon sur
25 pendant une dizaine d'années. Il est, en
outre, plus durable que Jean-Claude, se
repliant sans hâte dans les années cinquante
et se démodant moins vite. Voilà pourquoi
les Jean-Pierre sont plus nombreux que les
Jean-Claude. Jean-Pierre est, de tous les prénoms composés (masculins et féminins),
celui qui a été le plus donné au XXe siècle et
donc le plus porté aujourd'hui.

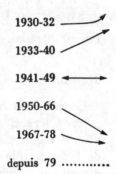

1930-32

1933-40

1941-49 <———>

1950-66

1967-78

depuis 79 ....

Jean-Yves

Considéré sur l'ensemble de la France,
Jean-Yves, nouveauté des années trente, est
un prénom bien calme, donné à un garçon
sur 170 durant une quinzaine d'années.
Mais son destin, comme celui d'Yves, est en
réalité plus agité du fait de son inégale diffusion géographique. C'est évidemment en
Bretagne qu'il a pris son essor, y prénommant un garçon sur 50 dans les années quarante.

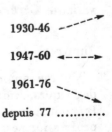

1930-46 ---->

1947-60 <---->

1961-76 --->

depuis 77 ....

Jérémy et Jérémie

Inexistant jusqu'en 1965, ce prénom biblique et anglo-saxon s'écrit sept fois plus souvent sous sa forme anglaise Jérémy, ce qui permet aussi d'éviter une terminaison en *ie* propre aux prénoms féminins. Ses progrès ont été rapides, sauf chez les cadres qui l'avaient pourtant adopté les premiers, et ce prénom a été attribué jusqu'à près d'un garçon sur 30 en 1987. Alors qu'on le croyait candidat à la première place, le voici qui renonce et fléchit, encore très fréquent en milieu populaire.

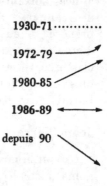

Jérôme

Connu mais rare au XIXᵉ siècle, Jérôme a précédé Jérémie et lui a peut-être ouvert la voie. Il végète assez longtemps sous la barre de 1 %, décolle brusquement et atteint un niveau élevé : plus d'un garçon sur 30 à son sommet en 1975. Il se diffuse à peu près également dans tous les groupes sociaux, encore qu'on puisse noter son accueil tardif mais mais particulièrement favorable chez les agriculteurs qui le choisissent pour un de leurs garçons sur 25 de 1977 à 1981. La variante **Gérôme** n'a guère été répandue.

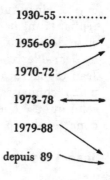

Jimmy

Version anglo-américaine plus plausible de Jacques, Jimmy a pris le relais de Jacky. Prénom surtout donné chez les ouvriers, sa progression est modeste (un garçon sur 300). **James**, plus traditionnel, est bien plus discret (en France).

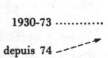

Joël

Joël a un petit air breton alors que c'est un prénom biblique. C'est d'ailleurs moins en Bretagne qu'à son pourtour (Normandie, Maine, Anjou, Poitou) qu'il s'est le mieux développé. Sur l'ensemble de la France, il prénomme au mieux un garçon sur 60 en 1952-53. Les agriculteurs ont fait à Joël un succès tout particulier, le choisissant deux fois plus souvent que l'ensemble des autres catégories sociales et cinq fois plus souvent que les cadres qui ont marqué le plus de réticence à son égard.

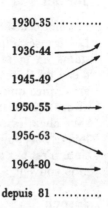

1930-35 ············
1936-44 ———
1945-49
1950-55 ◄———
1956-63
1964-80 ———
depuis 81 ············

Johan voir Yoann

Jonathan

La percée de ce prénom biblique et anglo-saxon a été soudaine et spectaculaire. Totalement inconnu en France dans le passé, il n'a mis que huit ans, dans le sillage de Jérémy, pour atteindre son sommet (un garçon sur 50) et la dixième place. On le prononce généralement plus ou moins à l'anglaise et nous avons même trouvé un Djonathann enregistré à l'état civil, pour qu'il n'y ait pas de doute sur ce point. Les cadres ont vite boudé ce prénom répandu chez les ouvriers et les employés et sa vogue s'annonce éphémère. Il a stimulé **Johnny** et fait naître **Jonas**.

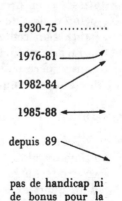

1930-75 ············
1976-81 ———
1982-84
1985-88 ◄———
depuis 89

pas de handicap ni de bonus pour la catégorie sociale

Jordan

Voici peut-être le successeur de Jonathan.
Les croisés ramenèrent de Terre sainte les
noms de la famille Jourdain avec un peu
d'eau du fleuve. Mais Jordan n'a été baptisé
en France que tout récemment, grâce à son
allure américaine. Il pousse à toute allure,
sauf chez les cadres et les agriculteurs. La
forme **Jordane**, choisie pour la prononciation, n'est pas négligeable et est donnée bien
plus souvent à des garçons qu'à des filles.

1930-84

depuis 85 ——————➚

Joseph

Comme Marie et comme Anne, autres
proches du Christ, Joseph se développe aux
XVIᵉ et XVIIᵉ siècles. Son apogée se situe au
XIXᵉ siècle quand il prénomme un garçon sur
20. Dans les toutes dernières années du XIXᵉ,
alors que sa fréquence a un peu décru, il
atteint le deuxième rang des prénoms.
Depuis lors il n'a cessé de reculer, se stabilisant à un très bas niveau dans les années
soixante avant de tomber au purgatoire. En
Alsace et en Bretagne, il était encore dans le
peloton de tête au début des années quarante. Son retour proche est très probable.

Le diminutif José n'a jamais été bien courant : guère plus d'un garçon sur 400 dans
les années cinquante et soixante.

1930-41

1942-73 ————➚

depuis 74............

Julien

Tout au long du XIXᵉ siècle, Julien a été un
prénom stable, attribué à un garçon sur 140
environ. Après une période de purgatoire
d'un quart de siècle, il entame sa véritable
carrière dans les années 1970 pendant lesquelles il s'envole jusqu'au premier rang des

1930-43 ➚

1944-69 ....

1970-75 ——————➚

prénoms masculins où il s'installe de 1983 à 88. Il est conformiste dès 1981, attribué à près d'un garçon sur 25, et s'est imposé dans tous les groupes sociaux. Mais il a été en tête chez les cadres dès 1978, prénommant, dans cette catégorie, jusqu'à un nouveau-né sur 15 en 1980-81. Le voici qui s'essouffle après cette course en tête, tandis que naissent quelques **Julian**.

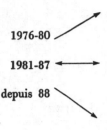

1976-80

1981-87

depuis 88

Le triomphe de **Julien** devrait préluder au retour de **Jules**, prénom qui eut son heure de gloire vers 1860 et qui était devenu assez lourd à porter. Ils sont encore peu nombreux mais, n'en doutons pas, le temps des **Jules** va revenir.

Kévin

Ce prénom anglo-saxon, d'origine irlandaise, était inconnu en France. Il ne lui faut qu'une dizaine d'années pour se propulser à la première place (plus d'un garçon sur 30), détrônant Julien en 1989. Il n'est pourtant pas et n'a jamais été en vedette dans les pays anglo-saxons. Le saint qui le patronne l'a aidé, en le faisant figurer dans les calendriers usuels. On ne peut guère prononcer qu'à l'anglaise ce prénom nettement populaire, peu connu en milieu bourgeois. Son triomphe, inattendu, sera-t-il durable ?

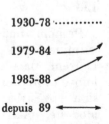

1930-78

1979-84

1985-88

depuis 89

pas de handicap ni de bonus pour la catégorie sociale

Laurent

Laurent est un prénom ancien et rare, qui n'est pas complètement absent lorsqu'il entame sa véritable carrière à la fin des années quarante. Carrière brillante puisqu'il est le troisième prénom masculin pendant sa période conformiste et qu'il frôle le niveau d'un garçon sur 20 en 1969. Son succès est encore plus marqué dans certaines régions : le Sud-Ouest principalement, mais aussi la Picardie et la Franche-Comté. Laurent franchit aussi la barre des 5 % (hyperconformiste) dans les professions intermédiaires de 1967 à 1970, chez les commerçants en 1968-69, chez les employés en 1970-71. Lors de son déclin, il se maintient assez bien chez les cadres, mais est tout de même passé de mode aujourd'hui.

1930-35 ------

1936-46 ....

1947-59

1960-66

1967-71

1972-83

depuis 84

Lionel

Prénom nouveau au XXᵉ siècle, Lionel culmine à peu près au même moment que Laurent. Mais leurs parcours respectifs sont loin d'avoir la même allure. Point d'ascension irrésistible ni de cime chez Lionel plus modeste, mais aussi plus opiniâtre que Laurent le magnifique. Au terme d'une lente progression, il ne fait qu'effleurer la barre de 1 % (en 1970-71). En contrepartie, son érosion est lente.

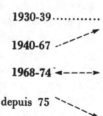

1930-39 ....

1940-67

1968-74

depuis 75

Lionel a pris la relève de **Léon** dont il dérive. Léon a connu sa plus grande faveur dans les années 1890 quand il prénommait plus d'un garçon sur 50. Dès 1920 il se démode et il disparaît dans les années quarante. Signalons aussi l'absence, depuis le début du siècle, de **Léonard**, vieux prénom du Limousin, tandis que **Léo** surgit.

Loïc

Loïc a été une très ancienne forme méridionale de Louis. Mais c'est surtout une innovation celtisante qui se propage d'abord en Bretagne (un garçon sur 50 de 1955 à 1964) puis dans les Pays de Loire et le Poitou. Sa progression est lente dans l'ensemble de la France et Loïc plafonne, attribué à peine à un garçon sur 100.

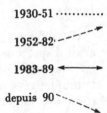

Louis

Ce prénom royal a mis du temps à s'imposer puisqu'il est encore rare au XVᵉ siècle. Se développant au XVIᵉ, il devient un des tout premiers prénoms dans le Bassin parisien pendant les XVIIᵉ et XVIIIᵉ siècles. Au cours du XIXᵉ, sa fréquence est élevée et stable (entre 6 et 7 %) mais son rang s'améliore, si bien qu'il devient le premier prénom masculin vers 1880 et jusqu'en 1907. La lenteur de son déclin lui donne une allure un peu classique : il prénomme encore un garçon sur 40 vers 1930 et c'est à peine s'il pénètre au purgatoire pendant quelques années. Et le voici qui repart, déjà bien installé chez les cadres (plus de 1 %).

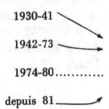

Luc

Luc a tiré parti du reflux de Lucien, mais
il a aussi été à la remorque de Marc, autre
évangéliste et autre prénom bref. Sa carrière
a pourtant été modeste et peu mouvementée
puisqu'il n'a même pas atteint le niveau
d'un garçon sur 200. Il a été plus répandu
dans les couches aisées et moyennes qu'en
milieu populaire. Luc a bien mieux réussi
en se mariant à Jean.

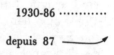

1930-45 ···········

1946-55 — — —

1956-67 ◄ — — — ►

depuis 68

Lucas

Cette forme ancienne et savante de Luc
avait disparu depuis des siècles. Lucas prend
un superbe départ, dû sans doute au
triomphe récent de Nicolas et Thomas, ses
confrères en *a*.

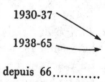

1930-86 ···········

depuis 87 —

Lucien

Lucien a eu un parcours assez paisible au
début de ce siècle, prénommant un garçon
sur 50 pendant une vingtaine d'années
(1905-1925). Vers 1930 il est encore attribué à un nouveau-né sur 65. Malgré son *ien*
final, on ne le voit pas encore revenir.

1930-37

1938-65

depuis 66···········

Ludovic

Cette forme italianisée de Louis a eu un
succès plus rapide et plus marqué que Loïc.
Il est donné à un garçon sur 55 de 1976 à
1979, davantage en Normandie, Picardie et
Nord, ses régions de prédilection. Plus
encore que Cédric qu'il précède de peu,
Ludovic a été un prénom de type populaire,

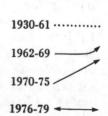

1930-61 ···········

1962-69 —

1970-75

1976-79 ◄ — ►

bien mieux accueilli chez les ouvriers que
chez les cadres. Tandis qu'il se démode, quelques rares et germaniques **Ludwig** naissent.

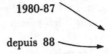

1980-87
depuis 88

Marc

Marc est un prénom d'allure classique
dont la montée a été très progressive. Nous
ne le traitons pas comme un classique dans
sa longue période conformiste parce qu'elle
s'organise autour d'un sommet en 1958-59
(un garçon sur 60). Son essor a été un peu
plus précoce dans la région Rhône-Alpes et
c'est en Provence qu'il s'est le mieux épanoui. Ce prénom de type bourgeois s'est stabilisé, depuis 1974, au niveau d'un garçon
sur 200 et paraît même reprendre du poil de
la bête, ces derniers temps.

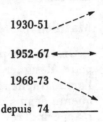

1930-51
1952-67
1968-73
depuis 74

Marcel

Presque inconnu jusqu'alors, Marcel
perce à la fin du XIXe siècle et s'installe dans
le peloton de tête des prénoms masculins de
1900 à 1924. Pendant cet âge d'or, il est
donné à un nouveau-né sur 22 et se situe au
troisième ou quatrième rang. Ses fiefs ont
été la Basse-Normandie et les Pays de Loire :
c'est là qu'il a occupé longtemps la première
place et qu'il s'est maintenu le plus durablement. Peu soucieux de se chauffer au soleil
du Midi, Marcel a été moins répandu de
l'Aquitaine à la Provence. N'attendons pas
le retour de Marcel, symbole actuel du pré-

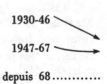

1930-46
1947-67
depuis 68

nom hors d'usage, même si naissent quelques **Marceau**.

Martin

Le plus répandu des noms de famille
n'a jamais été en vedette comme prénom.
Depuis plus de trente ans, il n'est guère
donné à plus d'un garçon sur 600. Mais il a
tout pour plaire aujourd'hui, et, après avoir
si longtemps rongé son frein, commence à
prendre son élan (plus de 1 % chez les
cadres).

1930-44 ············

1945-85 ------

depuis 86 ———

Mathieu et Matthieu

On écrivait plus communément Matthieu
pour désigner l'apôtre évangéliste, mais
l'orthographe Mathieu est deux fois plus fréquente depuis que ce très ancien prénom a
réapparu. Très répandu chez les cadres dès
1976, il garde leur faveur lorsqu'il culmine
au niveau d'un garçon sur 40. Alors que son
déclin s'annonce, il est encore un des premiers prénoms. Il eût été le premier s'il
s'était mieux imposé en milieu populaire et
s'il n'avait été parasité par son frère jumeau
Thomas (voir Thomas).

Dans son sillage est apparu, en 1977,
Mathias ou **Matthias**, nom de l'apôtre qui
remplaça Judas et prénom qui fut royal en
Hongrie. Ses progrès sont modestes (un garçon sur 300).

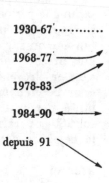

1930-67 ············

1968-77 ———

1978-83 ———

1984-90 ←——→

depuis 91

Maurice

La grande période de Maurice, en ascension depuis 1880, date des années 1910-
1925 pendant lesquelles il prénomme un
garçon sur 33. Il est encore donné à un sur
40 jusqu'en 1935. Sa répartition géogra-

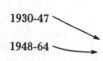

1930-47

1948-64

phique n'a pas été uniforme. C'est dans les
régions Centre et Bourgogne – et à un
moindre degré en Haute-Normandie, Ile-de-
France et Pays de Loire – qu'il s'est le mieux
implanté, alors que sa diffusion a été tardive
dans le Midi et médiocre en Alsace. Sa carrière est trop récente pour qu'on puisse le
voir resurgir dans un avenir proche.

depuis 65 ············

Maxime

Rare et déclinant doucement depuis le
début du siècle, Maxime s'éclipse au début
des années trente sans disparaître complètement. Il revient, quarante ans plus tard,
timidement d'abord puis avec force. Déjà au
dixième rang, il n'est pas encore à son maxi-
mum. S'il pousse partout, Maxime est
encore plus grand chez les petits commerçants et dans les couches moyennes. Il a
redonné vie à **Maximilien** et **Maxence** qui
voudraient bien l'imiter.

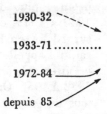

1930-32

1933-71 ············

1972-84

depuis 85

Michaël et Mickaël

Michaël est une forme archaïque de
Michel, mais c'est surtout Michel en anglais.
L'orthographe **Mickaël** (2,5 fois plus fréquente) s'est imposée en France, probablement pour éviter un doute sur sa prononciation. On trouve aussi des **Mikaël**, moins
nombreux, et même des **Mike**. Relayant
Michel à bout de souffle, Mickaël et ses
variantes ont démarré et grandi vite, et se
sont maintenus pendant dix ans à un niveau
élevé : un garçon sur 35. Populaire dès l'origine, ce prénom a obtenu ses meilleurs
scores chez les ouvriers, ses plus médiocres
chez les cadres.

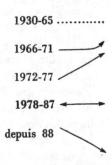

1930-65 ············

1966-71

1972-77

1978-87

depuis 88

pas de handicap ni
de bonus pour la
catégorie sociale

Michel

Michel n'est certes pas un prénom inconnu avant ce siècle. La dévotion aux archanges Michel et Gabriel s'observe dès la seconde moitié du XIVᵉ siècle. Et au début du XIXᵉ, Michel est attribué à un garçon sur 100. Mais rien ne laissait présager sa formidable carrière au XXᵉ siècle. Son ascension est irrésistible dans les années vingt et trente et le propulse vers des sommets jamais atteints depuis : plus de 7 % pendant dix ans de 1940 à 1949, ce qui signifie qu'un homme sur 14 né, en France, dans les années quarante s'appelle Michel. Il est, bien sûr, le premier prénom, et cela pendant 18 ans, de 1938 à 1955. On le trouve en profusion dans tous les groupes sociaux, avec des décalages dans le temps : près d'un garçon sur 11 chez les cadres en 1942-43, chez les employés en 1944-45, chez les agriculteurs en 1948-49. Il reste le premier prénom en milieu agricole jusqu'au début des années soixante. On n'en finirait pas d'énumérer les succès de Michel, inégalés depuis lors. Et ces scores seraient plus élevés encore si sa diffusion avait été simultanée dans les diverses régions. Michel se développe précocement et massivement en Haute-Normandie, Picardie, Champagne et Poitou-Charentes : dans ces régions il est à son apogée à la fin des années trente au niveau impressionnant d'un garçon sur 11. Sa diffusion est plus tardive au sud d'une ligne Bordeaux-Genève, ainsi qu'en Bretagne et plus encore en Alsace où Michel végète encore au début des années quarante.

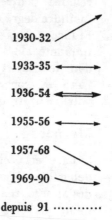

1930-32
1933-35
1936-54
1955-56
1957-68
1969-90
depuis 91

Morgan

Le prononce-t-on Morgan ou Morgane?
Est-il porté par son allure américaine (la
banque), par une pensée pour Michèle ou
plutôt par sa lointaine origine celtique,
comme le prouveraient ses débuts plus pré-
coces et prometteurs en Bretagne? Trop
d'équivoques peut-être autour de ce prénom
qui progresse (un garçon sur 250), mais
moins vite que Morgane chez les filles.

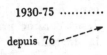

1930-75 ....
depuis 76

Nicolas

Nicolas a été un des saints les plus populaires à la fin du moyen âge, et l'on trouve
souvent ce prénom parmi les tout premiers
aux XVIIe et XVIIIe siècles, dans la moitié nord
de la France. Il recule pendant le XIXe et
devient très rare, sans être complètement
inexistant, jusqu'en 1957. Le petit Nicolas
des années soixante grandit tellement dans
la décennie suivante qu'il occupe la première place des prénoms masculins en
1980-81 (donné à un garçon sur 19),
s'imposant dans tous les milieux. De 1974 à
1978, Nicolas a été en tête chez les cadres
qui lui restent fidèles jusque dans son
déclin, majestueux de lenteur (encore près
d'un garçon sur 40). Au loin, on voit
poindre **Colin**.

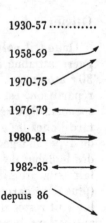

1930-57 ....
1958-69
1970-75
1976-79
1980-81
1982-85
depuis 86

Noël

En usage dès le moyen âge, en raison
sans doute du tabou durable qui frappe
Jésus comme prénom, Noël n'a pas connu
la fortune de Pascal. C'est un prénom
constant dans la rareté (un garçon sur
400 de la fin du xix⁰ siècle jusqu'en 1955),
comme s'il était donné à ceux qui
naissent le jour de Noël. Il est presque
inexistant aujourd'hui.

Son composé **Jean-Noël** n'a pas eu plus de
succès (un sur 500 de 1945 à 1974).

1930-70 ------

depuis 71 ············

Olivier

Quand il culmine en 1971, Olivier n'est
guère attribué à plus d'un nouveau-né sur
30, atteignant le sixième rang. Mais sa
répartition est inégale selon les milieux
sociaux. Peu répandu chez les ouvriers et
tardif chez les agriculteurs, c'est un prénom
de type bourgeois. Les cadres l'ont adopté
dès le début des années cinquante et en ont
fait leur premier prénom de 1967 à 1970
(plus d'un garçon sur 20). Mieux encore, ils
lui sont restés nettement plus fidèles que les
autres lors de son lent déclin qu'ils contribuent encore à adoucir. En revanche la diffusion régionale d'Olivier a été assez uniforme.

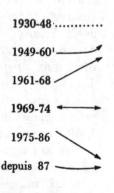

1930-48 ············

1949-60¹ ——➚

1961-68 ➚

1969-74 ←——➙

1975-86 ➘

depuis 87 ——➙

ajouter 2 ans au
handicap des ca-
dres

Pascal

Durant sa période conformiste, Pascal a été le second prénom masculin, derrière Philippe, et a été donné à près d'un garçon sur 20 lors de sa meilleure année (1962). Le parcours de ce prénom typiquement mode ne présente pas de particularité notable, sinon que les cadres n'eurent que peu d'avance dans son choix et l'adoptèrent un peu moins volontiers. Pascal a dépassé 6 % (un garçon sur 16) chez les professions intermédiaires en 1961 et chez les employés en 1962. Il faut noter aussi son implantation plus tardive et médiocre dans le Midi, de l'Aquitaine à la Provence.

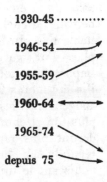

1930-45 ············

1946-54

1955-59

1960-64

1965-74

depuis 75

réduire de 2 ans le handicap des cadres

Patrice

Forme ancienne de Patrick en France, Patrice fut tiré de son sommeil par le bruit que faisait le nouveau venu. Sa carrière fut moins agitée et moins brillante, puisqu'il ne dépasse guère le niveau d'un garçon sur 70 durant sa période conformiste, sans sommet bien marqué. Ce calme relatif résulte d'écarts importants dans sa diffusion sociale et régionale : nette avance des cadres et du Nord-Ouest, retard des agriculteurs et du Midi.

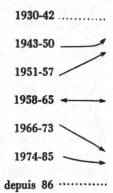

1930-42 ············

1943-50

1951-57

1958-65

1966-73

1974-85

depuis 86 ············

Patrick

Saint Patrick est le patron des Irlandais,
et ce prénom est inconnu en France, sinon
sous la forme très rare de Patrice,
jusqu'aux années trente. Cela ne l'empêche
pas de s'envoler jusqu'au sommet. Il
détrône Michel et devient le premier prénom masculin en 1956-58, donné alors à
plus d'un garçon sur 20. Patrick s'est
imposé dans tous les groupes sociaux, mais
il a été moins fréquent, au moment de son
apogée, chez les cadres qui l'avaient adopté
plus tôt, et chez les agriculteurs qui le gar-
deront plus tard. De même il s'est bien
répandu sur l'ensemble du territoire, s'épa-
nouissant le mieux, non en Bretagne où il
avait été pourtant précoce, mais plutôt en
Normandie et en Picardie.

1930-38 ....

1939-45 ⟶

1946-52 ⟋

1953-55 ⟵

1956-58 ⟷

1959-60 ⟵

1961-72 ⟍

1973-90 ⟍

depuis 91 ....

Paul

Paul n'a pas été un grand prénom, ni
même un prénom courant, avant la seconde
moitié du XIX⁰ siècle qui le voit prendre de
l'ampleur. De 1890 à 1925, il s'installe, avec
une stabilité remarquable, au niveau de
2,8 % : un garçon sur 35 pendant 35 ans. Sa
décrue est lente et il se maintient plus tardivement dans le Sud-Est et en Alsace. Il
évite d'assez peu le vrai purgatoire et revient
avec la fougue d'un prénom neuf. Déjà très
fréquent en milieu bourgeois (un garçon sur
60), il a encore le territoire ouvrier à
conquérir. Mais les Virginie qu'il y rencontrera seront plus délurées que lui, en
tout cas plus âgées.

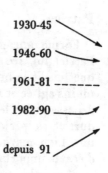

1930-45 ⟍

1946-60 ⟍

1961-81 ------

1982-90 ⟋

depuis 91 ⟋

Philippe

Quoique traditionnel, Philippe n'avait jamais joué les premiers rôles aux siècles précédents. Il n'était guère attribué à plus d'un garçon sur 200 pendant le XIXe. Son véritable décollage date de l'après-guerre, si bien qu'on peut difficilement l'imputer à Philippe Pétain, malgré une petite poussée au début du régime de Vichy. Cependant il se développe sensiblement plus tôt en Haute-Normandie et Ile-de-France ainsi que, à un moindre degré, en Poitou-Charentes et Aquitaine. C'est dans ces deux dernières régions qu'il s'épanouit le mieux, ainsi que dans le Centre. Philippe triomphe au début des années soixante, prénommant un garçon sur 16 lorsqu'il est au plus haut (1961-63). Et sa fortune est durable puisqu'il est le premier prénom (détrônant Patrick) de 1959 à 1963, et de nouveau en 1966, et qu'il reste hyperconformiste pendant dix ans.

Philippe a conquis tous les groupes sociaux tout en étant moins fréquent chez les ouvriers et les agriculteurs. Ce prénom si à la mode a été particulièrement prisé en milieu bourgeois où, dès 1952, et jusqu'en 1965, il dépasse assez nettement le niveau de 6 %. Ses meilleurs scores ont été plus de 8 % (près d'un garçon sur 12) chez les cadres en 1958-59 et dans les professions intermédiaires en 1961-63. Comme Michel, Philippe associe le goût des sommets à celui de la durée. Sa décrue n'a pas été spectaculaire et il est encore loin d'être hors d'usage aujourd'hui.

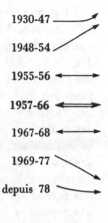

1930-47

1948-54

1955-56

1957-66

1967-68

1969-77

depuis 78

augmenter de 2 ans le handicap des cadres

Pierre

Un grand classique, une valeur sûre, qui a
su échapper, dans une certaine mesure, aux
outrages du temps. Pierre est plus ancien que
Jean, son rival, puisque, lors de l'ascension
des prénoms chrétiens, il fut le plus répandu
jusqu'au xiv⁰ siècle. On le trouve ensuite
généralement au second rang, même s'il lui
arrive de faire jeu égal, ici et là, avec Jean ou
de le dépasser. De 1860 jusqu'au milieu des
années trente, Pierre fait preuve d'une
grande constance, oscillant autour de 5 %
(un garçon sur 20). Malgré ce niveau élevé il
n'occupe pas la première place, sauf de
manière éphémère au début du siècle. Sa
décrue l'amène à l'étiage de 0,8 %, en
1974-75, ce qui représente tout de même un
garçon sur 125 (en y incluant, il est vrai, les
quelques composés de Pierre). Pierre est en
progrès depuis lors et figure même parmi les
tout premiers prénoms chez les cadres. Il
faut dire que ce prénom, seul ou composé,
est, au xx⁰ siècle, particulièrement bien
accueilli en milieu bourgeois.

Pierre se compose généralement avec un
prénom débutant par une voyelle ou un H :
**Pierre-Alain, Pierre-André, Pierre-Emma-
nuel, Pierre-Olivier, Pierre-Henri, Pierre-
Alexandre, Pierre-Antoine** ou **Pierre-Yves,**
ces trois derniers étant les plus répandus
actuellement. Mais on trouve aussi **Pierre-
Louis** ou **Pierre-Marie.** Aucune de ces
formes composées n'a été ou n'est encore
assez fréquente pour être décrite à part.
Mentionnons enfin la montée récente de
Pierrick.

1930-36 —————

1937-74 ⟍⟍⟍

depuis 75 ⟋⟋⟋

Quentin

Tout à fait improbable en France, malgré
la ville de Saint-Quentin, jusque dans les
années soixante-dix, Quentin est désormais
en route vers les sommets, même s'il n'a pas
encore pleinement convaincu ouvriers, artisans et commerçants. Il devrait bientôt
s'affirmer comme un grand prénom.

1930-80...........

1981-88 ———

depuis 89

Raphaël

Depuis longtemps, Raphaël est un prénom
très rare, sans être inexistant, lorsqu'il progresse dans les années soixante. Mais il
stagne, depuis 1974, à un niveau assez
modeste (un garçon sur 240), plus apprécié
chez les cadres qui sont sa meilleure clientèle. On peut noter sa plus grande fréquence
dans l'Est : de l'Alsace à Rhône-Alpes.

1930-63...........

1964-73 ----

depuis 74 ———

Raymond

De 1913 à 1929, alors que Raymond Poincaré est presque constamment au sommet de
l'État, Raymond est le prénom d'un nouveau-né sur 40. Son succès est à peu près
uniforme en toutes régions avec une pré-

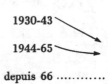

1930-43

1944-65

depuis 66 ....

férence pour une grande moitié Nord et une pénétration moindre en Bretagne et en Provence. Son déclin s'amorce au début des années trente et il est complètement délaissé aujourd'hui.

Régis

Ce prénom très stable (issu du nom de saint Jean-François Régis) a été donné pendant 24 ans à un garçon sur 270, avec une petite pointe à un sur 200 en 1968-69. Ayant été plus particulièrement en faveur chez les agriculteurs, il se raréfie depuis peu.

1930-51 _____

1952-75 _____

1976-85 _____

depuis 86............

Rémi et Rémy

En conjuguant leurs forces, à peu près équivalentes, Rémi et Rémy formaient depuis soixante ans un attelage équilibré qui traçait le sillon régulier d'un prénom classique, distribué à un garçon sur 270 (davantage chez les cadres et bien plus encore chez les agriculteurs). Pourquoi donc cet attelage s'est-il emballé depuis peu (plus d'1 %) ? Parce qu'avec Rémy, j'ai rime à Jérémy.

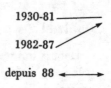

1930-81 _____

1982-87 /

depuis 88 ◄————

Renaud

Renaud fait partie de ces prénoms du répertoire médiéval qui reviennent. Mais il marque le pas, n'étant guère donné qu'à un garçon sur 300, et pourrait nous quitter.

1930-69............

depuis 70 _____

René

Le bon roi René, duc d'Anjou et de Lorraine, comte de Provence, termina ses jours

1930-31 ◄————►

à Aix-en-Provence. Comment ne pas l'évoquer à propos du destin du prénom René, longtemps typique de l'Anjou et qui prend son essor dans les terres de l'Ouest à la fin du XIXᵉ siècle? Voyons, en effet, la suite : René migre vers le Nord-Est où il s'épanouit, étant le premier prénom en Alsace de 1925 à 1937. Et c'est enfin dans le Sud-Est qu'il se réfugie en s'y maintenant le mieux dans sa phase crépusculaire. Sur l'ensemble de la France, René fut au zénith de son parcours dans les années vingt : il est alors le quatrième prénom, attribué à près d'un garçon sur 20.

Richard

Est-ce en raison de son origine anglaise ? Ce prénom stable, de type classique, attribué à un garçon sur 220 en moyenne pendant plus de trente ans (avec deux petites pointes en 1948-52 et 1968-72) n'a pas été très apprécié en milieu bourgeois. Les commerçants et artisans ont fait le meilleur accueil à Richard dont les deux provinces préférées ont été le Languedoc et la Provence.

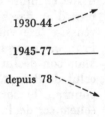

Robert

La carrière de Robert débute, comme celle de René, à la fin du siècle dernier, et c'est aussi au milieu des années vingt qu'il est à son apogée : un garçon sur 25 et la sixième place. Il obtient ses plus beaux succès dans la région parisienne et le Nord-Est. En Alsace, il est hyperconformiste (un garçon sur 18) au début des années quarante. Au même moment, il est encore fréquent dans le Sud-Est (près d'un garçon sur 30) où son essor avait été tardif.

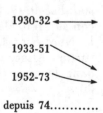

Robin

Purgatoire de Robert, triomphe de
Romain, un brin d'archaïsme, une touche
anglo-saxonne, une finale en *in*, tout concourt
à la percée récente de Robin.

1930-67............

depuis 87

Rodolphe, en revanche, a fait un faux
départ en 1968 et vient de nous quitter. Son
diminutif anglais **Rudy** progresse en milieu
populaire.

Roger

Roger est le frère de Robert et de René.
Tous trois sont contemporains, encore que
René ait pris son essor le premier. Roger
reste derrière René mais dépasse Robert
d'une encolure quand il est à son sommet :
près d'un garçon sur 20 en 1926-27. Et sa
réussite est encore plus nette en Ile-de-
France, Bourgogne et Basse-Normandie.
Mais son déclin est un peu plus rapide que
celui de Robert. Et l'on ne voit pas ce qui
pourrait le sortir, à courte ou moyenne
échéance, de la disgrâce où il est tombé.

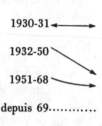

1930-31

1932-50

1951-68

depuis 69............

Roland

Disparu au XIXᵉ siècle, ce vieux prénom
d'origine germanique renaît en 1910 et se
stabilise de 1925 à 1948 au niveau d'un garçon sur 100. Mais il est plus abondant dans
le Nord-Est : Lorraine, Franche-Comté et
surtout Alsace où il connaît un vrai succès
dans les années quarante (un garçon sur
30).

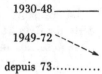

1930-48

1949-72

depuis 73............

Romain

Prénom inconnu au XIXᵉ siècle et confidentiel dans les années cinquante et soixante,

1930-70 ....

Romain émerge en 1971. Emblème des prénoms d'inspiration romaine, il est devenu un
des prétendants à la première place (plus
d'un garçon sur 40). Il est également réparti
dans tous les groupes sociaux. Ce triomphe a
réveillé **Romuald** et fait naître **Roman** et
Romaric.

1971-79

1980-86

depuis 87

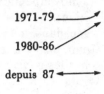

Samuel

Samuel a eu une carrière plus modeste
que David, qu'il suit, et que Benjamin, qu'il
précède. Il n'a pas prénommé plus d'un garçon sur 160 durant six ans.

1930-66

1967-75

1976-81

depuis 82

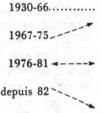

Sébastien

En l'automne 1965, le feuilleton télévisé
Belle et Sébastien fait pleurer dans les chau-
mières, et voici Sébastien lancé. On a rarement vu percée aussi rapide que celle de
ce prénom qui n'était pas inconnu au
XIXᵉ siècle, mais rarissime depuis des lustres.
Quatre ans après sa naissance, il dépasse
déjà 1 %. Sur sa lancée, il atteint le premier
rang (de 1976 à 1979), donné à un garçon
sur 18 à son sommet, en 1977. Sa diffusion
a été quasiment simultanée et uniforme sur
l'ensemble du territoire, ce qui explique que

1930-65

1966-68

1969-74

1975

1976-78

1979

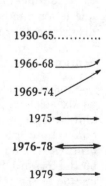

sa moyenne nationale ait été si élevée. A cela s'ajoute que son essor a également été simultané dans tous les groupes sociaux. A son sommet, il a obtenu ses meilleurs scores chez les ouvriers et les artisans et commerçants (6 % de 1976 à 1978). Les agriculteurs l'ont assez bien accueilli tandis qu'il soulevait moins d'enthousiasme chez les cadres. Sébastien régresse bien plus lentement qu'il n'avait monté.

depuis 80

pas de handicap ni de bonus pour la catégorie sociale

Serge

Dans l'ensemble de la France, Serge est à son meilleur niveau pendant les années cinquante. Mais cette moyenne nationale cache de grandes différences dans sa diffusion régionale. Dans un large Nord-Ouest, de la Champagne au Poitou (Bretagne exceptée), Serge est bien installé et parfois culmine au terme des années trente : un garçon sur 50 en Champagne-Ardenne, Picardie, Haute-Normandie ; c'est bien plus tard qu'il se propage dans le Sud-Est (un garçon sur 50 en Provence de 1950 à 1965). De là vient la lenteur de sa progression générale (depuis son émergence en 1915) et le score assez moyen qu'il obtient à son sommet : un garçon sur 55 en 1955. Dès que le tour de France est bouclé, la chute en disgrâce est forcément rapide.

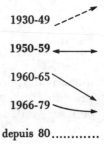

1930-49

1950-59

1960-65

1966-79

depuis 80............

Simon

Sans être inconnu, Simon était bien rare au XIXe siècle et jusque dans les années trente alors même que Simone était au pinacle. Son éclipse est totale à partir de 1945. Ses progrès récents, notamment chez les cadres où il dépasse 1 % dès 1985, laissent augurer une belle carrière pour peu qu'il séduise les ouvriers, encore réticents.

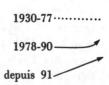

1930-77············

1978-90

depuis 91

Stéphane

Stephanus était courant au moyen âge, mais, depuis, c'était Étienne que l'on honorait en France, alors que les langues germaniques avaient conservé Stephan (allemand), Stephen ou Steven (anglais). Stéphane a donc tout l'attrait de la nouveauté quand il surgit dans les années cinquante. Et sa croissance, sans être des plus rapides, est très forte puisqu'elle l'amène à occuper le premier rang des prénoms de 1970 à 1975. Il prénomme près d'un garçon sur 18 en 1971-72, au faîte de sa gloire. Stéphane s'est imposé dans tous les groupes sociaux, sauf chez les agriculteurs où son succès a été atténué, et dans toutes les régions, avec une prime aux Bretons et malgré une certaine réticence des Bourguignons. Il a été accompagné de rares **Stéphan** ou **Stéfan**.

1930-50 ....
1951-61 ——→
1962-68 ⟋
1969 ⟷
1970-73 ⟺
1974-75 ⟷
1976-84 ⟍
depuis 85 ⟍

Stève et Stéven

En regroupant les diverses formes anglaises de Stéphane (ou d'Étienne) que sont **Stève**, **Stéven** (les plus fréquentes), **Steeve**, **Steeven** ainsi que de rares **Stéphen** ou **Stévens**, on constitue un prénom qui a pris de la consistance depuis peu (0,8 %). On peut penser qu'il n'ira pas au-delà.

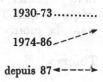

1930-73 ....
1974-86 ⤍
depuis 87 ◄----►

Sylvain

Ce très ancien prénom, qui a été important dans le Berry (sous la forme de **Silvain**), n'est pas inconnu au XIXᵉ siècle ni complètement absent dans les années trente et quarante. Au contraire de Sylvie, Sylvain est un prénom calme, qui, au terme d'une lente

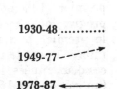

1930-48 ....
1949-77 ----→
1978-87 ⟷

progression, a plafonné dix ans au niveau d'un garçon sur 80. Il s'est très équitablement distribué dans tous les milieux sociaux, y compris dans sa phase ascendante, et s'est diffusé sur l'ensemble du territoire avec une préférence pour la Bourgogne, la Franche-Comté et la Normandie.

depuis 88 ╌╌►

Thibault et Thibaut

Hors d'usage, ou quasiment, depuis des siècles, ce prénom médiéval a grandi d'abord et surtout chez les cadres (1 % dès 1981), puis dans les couches moyennes. Il tarde à s'imposer chez les ouvriers et n'est sans doute pas loin de son plafond (un garçon sur 90). Même s'il faut compter avec lui, il ne connaîtra pas, trente ans plus tard, la fortune de Thierry. Thibault est un peu plus fréquent que Thibaut, la forme **Thibaud** étant la moins répandue.

1930-73............

1974-86————

1987-91

depuis 92 ◄——►

Thierry

Surgi du fond des âges, Thierry est quasiment tout neuf quand il émerge dans l'après-guerre. Sa diffusion sociale suit le schéma habituel, les cadres l'adoptant en premier (1 % dès 1947). Vers 1958-60 sa progression s'accélère si bien qu'il devient le premier prénom masculin en 1964-65, interrompant le règne de Philippe. Pendant ces deux années, il dépasse le niveau de 6 % (un garçon sur 16), et prénomme un garçon

1930-45............

1946-53————

1954-62

1963-66◄——►

1967-73

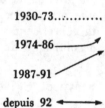

sur 13 parmi les employés. Cette catégorie
sociale est celle, avec les professions intermédiaires, qui lui a fait le meilleur accueil,
mais Thierry s'est imposé dans tous les
milieux, à un moment ou à un autre, et dans
toutes les régions à peu près en même
temps. Sa réussite, coïncidant avec celle du
feuilleton télévisé *Thierry la Fronde* (diffusé
de novembre 63 à janvier 66), a eu pour
contrepartie un recul rapide.

1974-91

depuis 92

Thomas

Pourquoi a-t-il fallu séparer Thomas de
Mathieu? Fâcheuse dichotomie qui a empêché l'épanouissement d'un immense prénom.
Thomas, qui signifie jumeau en araméen, est
comme le frère siamois de Mathieu : *ma*
commun et sonorité en écho, même patronage d'apôtres, même ancienneté et même
présence discrète au XIXe siècle, même ascension en milieu bourgeois, quasi-simultanéité
de leur carrière actuelle. Parti un peu moins
vite, Thomas a rattrapé et même dépassé
Mathieu. En tête chez les cadres et dans les
professions intermédiaires, il peut prétendre
au premier rang s'il s'impose mieux chez les
ouvriers. Il a fait naître quelques **Tom**, en
attendant les Tim provoqués par la percée
actuelle de **Timothée**.

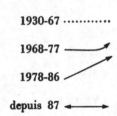

1930-67

1968-77

1978-86

depuis 87

Tony

Apparu en France avant Anthony, Tony
est loin de connaître le même sort. Depuis
1980, ce prénom à clientèle populaire et qui
a les faveurs des parents de nationalité portugaise (bien plus qu'**Antonio**) ne dépasse
pas le niveau d'un garçon sur 300.

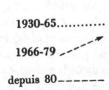

1930-65

1966-79

depuis 80

Tristan

Ce prénom celtique et légendaire, exceptionnel dans le passé, a frémi au moins dix
ans avant de naître. C'est chose faite et Tristan grandit dans tous les milieux. Mais où
trouvera-t-il son **Yseult, Iseut** ou **Isolde**
dont la voile n'apparaît pas à l'horizon ?

1930-85............

depuis 86 ⟶

Valentin

Valentin est de la famille des prénoms
terminés en *tin*, qui montent. Après des premiers pas modestes, il progresse très vite,
tandis que **Valentine** pour les filles est frei-
née par la peinture.

1930-82............

depuis 83 ⟶

Victor

Victor a eu un certain succès au XIXe siècle,
prénommant jusqu'à un garçon sur 65 dans
les années 1860. L'immense popularité de
Victor Hugo n'a pas empêché que s'entame,
de son vivant, le lent reflux de son prénom.
Victor est revenu cent ans après la mort du
grand poète, en même temps que naissait
Hugo. Il a dépassé 1 % chez les cadres en
1989.

1930-41 ⟍

1942-84............

depuis 85 ⟶

Vincent

·Toujours plus ou moins présent depuis le XIXᵉ siècle, Vincent n'échappe pas au mouvement de la mode, puisqu'il passe de moins d'un garçon sur 1 000 à plus d'un sur 60 pendant notre période. Mais c'est tout de même un prénom à tendance classique. En témoignent la lenteur de sa progression, son étonnante stabilité (autour de 1,7 %) lorsqu'il culmine et aussi son succès en milieu bourgeois, dès 1960. Il est au plus haut chez les cadres en 1976-77 (un garçon sur 30) et garde longtemps leur faveur.

1930-47 ············

1948-59 ------

1960-74 --→

1975-89 ———

depuis 90 --→

Wilfried et Wilfrid

Ce saint anglais a surtout patronné de petits Allemands. En France il est demeuré assez confidentiel, ne prénommant au mieux qu'un garçon sur 400 depuis 1972.

1930-67 ············

depuis 68 ------

William

Ce grand prénom anglais, qui a été le premier en Grande-Bretagne pendant des siècles et jusque vers 1925, a quelques adeptes en France où il oscille, depuis 1940, entre un garçon sur 900 et un garçon sur 300, étant plutôt en progrès ces dernières années. Quelques Willy l'ont toujours accompagné.

1930-39 ············

depuis 40 ------

Xavier

Un prénom de type classique, quoique d'existence récente. Le mouvement de mode qui l'a saisi n'a été que de faible ampleur puisque Xavier n'a pas franchi le seuil de 1 % à son sommet en 1973. Et son reflux est particulièrement lent. Le choix de Xavier est conformiste chez les cadres de 1970 à 1975 (un garçon sur 57). C'est que Xavier est un prénom bourgeois, bien vu dans les écoles de jésuites. On peut faire mieux, à cet égard, avec **François-Xavier** ou **Gonzague**, en attendant **Ignace**.

1930-46 ....

1947-57 ------

1958-69 ----→

1970-77 ◄----→

depuis 78 ----↘

Yann

Cette forme bretonne de Jean a démarré après son dérivé Yannick et a atteint exactement le même niveau : à peine un garçon sur 100 en 1978. Mais son succès a été naturellement bien plus précoce et plus massif en Bretagne (un garçon sur 55 dans les années soixante-dix). La forme **Yan** est rare.

1940-57 ....

1958-75 ----→

1976-79 ◄----→

depuis 80 ----↘

Yannick

C'est évidemment de Bretagne que s'élance Yannick, mais aussi des Pays de Loire. Dans ces deux régions, il franchit la barre de 1 % dès le début des années cinquante. Son meilleur score est obtenu en Bretagne (un garçon sur 50 de 1965 à 1969), mais les régions voisines, Basse-Normandie et Pays de Loire, se distinguent également. Sur l'ensemble du territoire, Yannick culmine cinq ans avant Yann, prénommant un peu moins d'un garçon sur 100 en 1973. La popularité de Yannick Noah n'a pas enrayé son lent reflux. C'est maintenant le grec **Yannis** qui surgit.

Yannick a aussi été un prénom féminin, peu courant, dans les années 40 et 50, au moment de la vogue d'Annick.

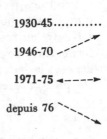

1930-45 ....
1946-70
1971-75
depuis 76

Yoann

C'est d'abord **Johan**, flanqué de **Johann** et du rare **Joan**, qui a vu le jour. Ces variantes archaïsantes et germaniques de Jean sont, en fait, d'usage récent en France, prénommant plus d'un garçon sur 200 depuis 1981. Le **J** initial a été très vite détrôné par le **Y** : Yoann est l'orthographe la plus répandue, devant **Yoan**, **Yohann** et **Yohan**, trois formes, de fréquence équivalente, de cet hybride mêlant Yann et Johan. Ce prénom tout neuf a progressé vite, malgré la réticence des cadres, atteignant le niveau d'un garçon sur 80. Il paraît légitime de l'assimiler à Johan qui se prononce généralement de la même manière. On obtient alors un prénom choisi pour un garçon sur 60 depuis 1982, mais qui semble s'essouffler. Il s'est

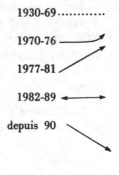

1930-69 ....
1970-76
1977-81
1982-89
depuis 90

implanté plus vite dans le Nord-Ouest et a
été plus fréquent en milieu populaire.

Profitons lâchement de ce prénom d'origine bizarre pour mentionner **Yvan**, intermédiaire entre **Yvon**, dérivé d'Yves, et **Ivan**,
forme slave de Jean. Yvan n'a que rarement
dépassé la barre de un sur 1 000 et Ivan a
été plus rare encore.

Yves

Jusqu'à l'aube du xxᵉ siècle, Yves est
confiné en Bretagne qui reste d'ailleurs son
fief lorsqu'il connaît un destin national.
Pendant une vingtaine d'années, ce prénom
se comporte comme un classique, oscillant
faiblement autour de 1,5 % (un garçon sur
65). Mais cette constance est trompeuse.
Yves commence à décliner dès 1935 en Bretagne où il avait prénommé jusqu'à un
garçon sur 20, et dès les années quarante
dans les autres régions qu'il avait d'abord
conquises : l'Ouest, de la Picardie à l'Aquitaine, mais aussi le Languedoc et Midi-
Pyrénées. C'est sa diffusion ultérieure vers
l'Est qui explique sa stabilité moyenne
jusqu'au milieu des années cinquante.

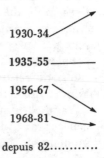

1930-34

1935-55

1956-67

1968-81

depuis 82

Yvon

Ce dérivé d'Yves n'a pas connu la fortune
d'Yvonne et a été plus tardif. Il n'a pas
dépassé le niveau d'un garçon sur 270 dans
l'ensemble de la France, tandis que les Bretons le choisissaient pour près d'un nouveau-né sur 70 dans les années quarante et
cinquante.

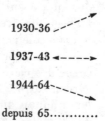

1930-36

1937-43

1944-64

depuis 65

LA COTE DES PRÉNOMS
FÉMININS

Adeline

Adeline est un dérivé d'**Adèle**, vieux prénom d'origine germanique qui a été assez courant au XIXe siècle, attribué à une fille sur 100 vers 1830. Adeline est aussi de grande ancienneté, mais s'était faite bien rare. Après des débuts prometteurs, elle plafonne dans les années 80, n'ayant pas prénommé plus d'une fille sur 140, et commence à fléchir. Un prénom sans profil social bien marqué hormis un meilleur accueil parmi les professions intermédiaires.

Adèle, pour sa part, semble impatiente de revenir, tout commé **Adélaïde** qui eut des adeptes aux XVIIIe et XIXe siècles − il est vrai que ce prénom était celui de deux princesses − et qu'on peut rattacher aussi à Alice dont elle est la forme savante. Adélaïde a déjà sa chanson, signe qu'elle revient au goût du jour.

1930-73 ············

1974-79 - - - - →

1980-88 ◄- - - - ►

depuis 89 - - - ↘

Agnès

Un des grands prénoms féminins du moyen âge qui a décliné durant le xɪvᵉ et le xvᵉ siècle, mais n'a, semble-t-il, jamais complètement disparu. Du début du siècle aux années quarante, Agnès ne prénomme qu'une fille sur 500. Quand elle culmine dans les années soixante, elle ne franchit même pas le seuil d'une fille sur 100. Agnès a été appréciée en milieu agricole, mais bien davantage encore en milieu bourgeois. Dès 1956 elle dépasse le niveau de 1 % chez les cadres qui la choisissent pour une de leurs filles sur 60 dans les années soixante, alors qu'elle obtient ses scores les plus médiocres chez les ouvriers. Ce prénom tranquille, de type classique, faute d'avoir complètement échappé au mouvement de la mode, est en passe de tomber au purgatoire.

1930-49 ------
1950-59 ------→
1960-69 ◄----►
1970-89 ~~
depuis 90 ....

Alexandra

Le xɪxᵉ siècle connaissait des **Alexandrine** mais point d'Alexandra. La situation s'est inversée aujourd'hui même si naissent de très rares Alexandrine. Alexandra a prénommé une fille sur 75 durant sa période conformiste. Sa percée n'avait pas été spectaculaire et son déclin actuel est loin d'être une déroute. Elle s'est répartie assez également dans les divers groupes sociaux, étant un peu plus fréquente chez les commerçants et les employés.

Alexia, que nous raccrochons un peu arbitrairement à Alexandra, a émergé vers 1980 et progresse vite (déjà une fille sur 300).

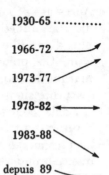

1930-65 ....
1966-72 ___→
1973-77 ___
1978-82 ◄----→
1983-88 ＼
depuis 89 ＼___→

Alice

Patronnée par sainte Adélaïde, Alice a eu son heure de gloire, sans faire vraiment de merveilles, à la Belle Époque, prénommant une fille sur 65 née entre 1900 et 1910. Son reflux est lent, mais elle se démode dans les années trente (une fille sur 150 vers 1930). Alice est de retour après une courte période de purgatoire pendant laquelle elle n'avait pas totalement disparu. Il est difficile d'augurer de sa future carrière car elle s'est affirmée surtout chez les cadres (une fille sur 80 aujourd'hui) puis dans les professions intermédiaires, pénétrant mal en milieu populaire où une nouvelle venue, **Alicia**, a le vent en poupe et la surclasse. Mentionnons aussi **Alix**, prénom ancien, de moins en moins discret en milieu bourgeois.

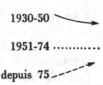

1930-50

1951-74

depuis 75

Aline

Contraction probable d'Adeline, Aline a été un prénom d'une étonnante stabilité à partir de 1920, donné à une fille sur 430 pendant plus d'un demi-siècle. Une poussée, contemporaine de la montée d'Adeline, l'amène au niveau modeste d'une fille sur 180. Il n'y a guère à dire de plus sur un prénom aussi ennemi de toute aventure qui s'est également réparti dans tous les groupes sociaux, à peine plus fréquent chez les agriculteurs.

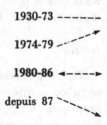

1930-73

1974-79

1980-86

depuis 87

Alison

Alison, écrit aussi Allison et Alisson, est un de ces prénoms anglais tout nouveaux en France qui nous viennent de feuilletons télévisés américains, ici *Peyton Place*. Un

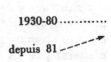

1930-80

depuis 81

démarrage assez rapide, mais ce ne sera peut-être qu'une éphémère toquade.

Amandine

Ce prénom, quasiment tout neuf, a percé rapidement et atteint la dixième place en 1986-87 (une fille sur 70). Son fléchissement s'annonce. Sa clientèle est à dominante populaire et il n'a guère fait recette chez les cadres. Il est accompagné de quelques **Amanda** et autres **Mandy**.

1930-75 ··········

1976-81

1982-85

depuis 86

Amélie

Au XIXᵉ siècle, les Amélie ont été moins nombreuses que les Émilie et sont nées plus tard. Amélie prénomme près d'une fille sur 160 dans les années 1900, quand Feydeau demande qu'on s'en occupe. Elle revient pourtant en même temps qu'Émilie et ses premiers pas sont tout aussi prometteurs. Mais elle a plafonné, sans dépasser le seuil d'une fille sur 100.

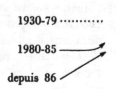

1930-73 ···········

1974-81

1982-88

depuis 89

Anaïs

Dérivé probable d'Anne, ce prénom était naguère confidentiel. Il grandit vite et se rapproche du peloton de tête (une fille sur 80). Les cadres sont la seule catégorie sociale qui soit un peu réticente face à cette poussée. **Anaëlle** apparaît dans son sillage.

1930-79 ··········

1980-85

depuis 86

Andrée

La carrière d'Andrée, féminisation d'André propre au XXᵉ siècle, est plus brève que celle de son homologue masculin et surtout n'atteint pas les mêmes sommets : à peine

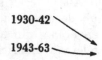

1930-42

1943-63

plus d'une fille sur 50 pendant les années
vingt. Le déclin s'amorce dès 1930, sauf
dans l'Est et le Sud où Andrée, arrivée plus
tard, s'épanouit encore (à noter sa rareté en
Alsace et en Bretagne). Ce prénom est désormais
complètement inexistant, alors que
naissent quelques **Andréa**.

depuis 64 ··········

Angélique

Angèle, qui prénommait une fille sur 120
vers 1900, s'éclipse au terme des années
quarante. Vingt ans après, voici que renaît
Angélique qui avait eu son moment de gloire
au XVIIIe et jusqu'au début du XIXe siècle. Une
poussée subite l'amène à son plus haut
niveau en 1975 (une fille sur 60), après quoi
elle se stabilise un peu plus bas (une fille sur
80). Angélique est un prénom de type populaire,
quasiment ignoré chez les cadres alors
que les ouvriers constituent le gros bataillon
de sa clientèle. Sa vogue a sans doute procédé
davantage du succès de *La Marquise
des Anges* que du souvenir de l'Abbesse de
Port-Royal ou d'un hommage à l'Angélique
du *Dialogue des carmélites*.

Aux côtés d'Angélique, **Angela**, **Angelina**
et **Angeline** (ou Angéline), cette dernière
étant ancienne et connue au XIXe siècle, sont
en train d'émerger.

1930-65 ··········
1966-72 ——
1973-74
1975-83 ◄——►
1984-89
depuis 90 ——

Anna

Anna qui l'emportait sur Anne au début
de ce siècle (une fille sur 120) est en train de
renaître. On l'écrit aussi **Hanna**. Signalons
l'échec d'**Annabelle** malgré ses débuts prometteurs
dans les années 1970 (une fille sur
400).

1930-40 ˙˙˙
1941-84 ··········
depuis 85 ———

Anne

Anne perce au XVIᵉ siècle, comme les autres noms de la famille du Christ, et devient, jusqu'au milieu du XIXᵉ, un très grand prénom que l'on trouve un peu partout dans le peloton de tête, en général entre la troisième et la cinquième place. Au terme d'une régression importante, Anne se stabilise, de 1915 à 1945, au niveau d'une fille sur 300, tout en restant bien plus répandue en Alsace et surtout en Bretagne. C'est alors qu'elle reprend du poil de la bête et s'installe, après une lente croissance, dans une nouvelle période classique pendant laquelle elle prénomme une fille sur 100. Ce classique est un prénom très bourgeois, six fois moins fréquent, depuis un demi-siècle, chez les ouvriers que chez les cadres. Dans cette dernière catégorie, Anne est conformiste de 1961 à 1971, choisie pour plus d'une fille sur 30, avec une pointe à une sur 20 en 1966-67.

1930-45 ————
1946-62 ------→
1963-79 ————
depuis 80 ------→

Anne est, comme Marie, un prénom qui se prête à composition. Depuis que Anne tout court décline à nouveau, apparaissent des composés dont les moins rares, en dehors d'Anne-Laure et Anne-Sophie traitées à part, sont : **Anne-Claire, Anne-Cécile, Anne-Charlotte, Anne-Lise**. Anne se marie encore avec Florence, Catherine ou Isabelle, ayant un penchant très accusé pour les prénoms de type classique et/ou de type bourgeois.

Enfin, n'oublions pas **Annette**, dont l'existence officielle n'a pas été négligeable dans les années 1935-50 : plus d'une fille sur 400.

Anne-Laure

Anne-Laure est, après Anne-Sophie, le composé d'Anne le plus fréquemment attribué aujourd'hui (près d'une fille sur 200). Il a plus de succès en milieu bourgeois et chez les agriculteurs, mais n'a guère pénétré chez les ouvriers.

1930-72 ....

1973-82

depuis 83

Anne-Marie

Prénom ancien, qui était donné, depuis la fin du siècle dernier, à une fille sur 120 environ, Anne-Marie est entraînée, dans les années trente, par la marée montante des composés de Jean et de Marie. Elle prénomme jusqu'à une fille sur 50 au milieu des années quarante et rencontre un accueil plus favorable encore dans ses deux zones de force : le Nord-Est (Lorraine et Franche-Comté) et le Sud-Ouest (Aquitaine et Midi-Pyrénées). Elle a été le prénom composé féminin le plus donné dans les années quarante.

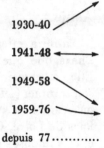

1930-40

1941-48

1949-58

1959-76

depuis 77 ....

Anne-Sophie

Le mariage de ces deux prénoms bourgeois s'est produit quand Sophie atteignait son sommet. Il a donné naissance au prénom composé le plus souvent choisi aujourd'hui. Il n'est pourtant pas donné à beaucoup plus d'une fille sur 200.

1930-67 ....

1968-79

depuis 80

Annick

Considérée sur l'ensemble de la France, la carrière d'Annick paraît bien calme. Elle prénomme pendant dix ans une fille sur 75 avec un petit sommet en 1947 (une sur 60). Cette stabilité résulte de la difficulté que

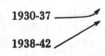

1930-37

1938-42

rencontre cette forme bretonne d'Anne à s'imposer partout. Son choix est conformiste, dès la fin des années trente en Bretagne et dans les provinces voisines (Anjou, Maine, Normandie). Annick est même le premier prénom en Bretagne vers 1940 (près d'une fille sur 20). Elle ne se diffuse que tardivement et avec un succès bien moindre hors de l'ouest de la France.

1943-52

1953-59

1960-73

depuis 74 ....

Annie

Annie a mieux réussi sur l'ensemble de l'hexagone que sa contemporaine Annick. Elle est choisie pour trois filles sur 100 à son sommet (1947-48). Annie est entravée là où Annick a pris son essor (Normandie, Pays de Loire, Centre), sauf en Bretagne où elle s'impose comme tout ce qui vient d'Anne. On peut aussi noter son succès précoce en Aquitaine et en Provence.

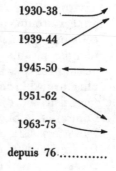

1930-38

1939-44

1945-50

1951-62

1963-75

depuis 76 ....

Antoinette

Grand prénom féminin aux XVII⁰ et XVIII⁰ siècles, surtout dans le Midi, Antoinette est encore présente au XIX⁰ (une fille sur 100). De 1890 à 1925, elle se maintient au niveau d'une fille sur 160. La lenteur de son déclin ultérieur vient sans doute de la vogue des terminaisons en *ette* dont elle ne peut pourtant tirer profit. Quant à **Marie-Antoinette**, rare depuis le début du siècle, elle termine sa carrière dans les années quarante.

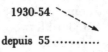

1930-54

depuis 55 ....

Arlette

Dérivant peut-être de **Charlette**, féminisation ancienne et rare de Charles, Arlette a aussi de l'ancienneté puisque la mère de Guillaume le Conquérant portait ce nom. Elle connaît une petite vogue dans la seconde moitié des années trente : elle est choisie pour une fille sur 90. On pourrait la prendre pour une Arlésienne puisqu'elle obtient son meilleur score en Provence (une fille sur 60).

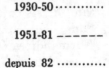

1930-34

1935-39

1940-45

1946-90

depuis 61 ....

Armelle

Inexistant ou presque jusqu'en 1950, ce prénom d'origine bretonne demeure constant dans la rareté (jamais plus d'une fille sur 400), étant encore plus discret en milieu populaire, et se raréfie aujourd'hui, alors que naît **Axelle** et que frémit **Arielle**.

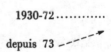

1930-50 ....

1951-81 – – – – – –

depuis 82 ....

Aude

Ce très ancien prénom, qui était bien oublié, prend un assez bon départ quand il resurgit, étant choisi pour une fille sur 100 chez les cadres vers 1980 ; mais il paraît s'essouffler, ne prénommant guère plus d'une fille sur 300.

1930-72 ....

depuis 73 – – –

Audrey

Tout à fait inconnu en France jusqu'aux années soixante, ce prénom anglais fait une percée rapide. Il est attribué à près d'une fille sur 45 à son sommet, ce qui le situe aux places d'honneur. Les employés sont la catégorie sociale qui lui fait le meilleur accueil. Audrey conquiert d'abord, la chose est peu

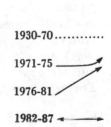

1930-70 ....

1971-75

1976-81

1982-87

banale, le Nord-Est (Alsace et Lorraine) et   depuis 88
le Sud-Est (Provence et Languedoc).

Aurélie

Dotée d'une sainte patronne assez obs-
cure, Aurélie était très rare au XIX⁰ siècle   1930-69 ....
et inexistante au XX⁰ jusqu'en 1966. C'est
donc un prénom pratiquement tout neuf   1970-76 ———
qui s'élance dans les années soixante-dix
jusqu'au sommet : il est en tête de 1981 à   1977-80
1986, donné à une fille sur 30, talonné de
près, il est vrai, par Émilie. Aurélie a   1981-86 ←———
conquis tous les groupes sociaux à peu
près en même temps. Mais les cadres l'ont   depuis 87
vite délaissée et ne l'ont jamais placée
dans leurs prénoms favoris. La Basse-
Normandie a été sa région de prédilection
à ses débuts.
Nous décomptons à part **Aurélia**, prénom
nervalien né dans le sillage d'Aurélie vers
1980, qui est attribué à une fille sur 400.

Aurore

Dépourvue de sainte patronne ou de saint   1930-70 ....
patron, Aurore a toujours été confidentielle
avant de se lever au début des années   1971-79 ———
soixante-dix, à la remorque d'Aurélie. Elle
n'a brillé de ses plus beaux feux (près d'une   1980-84
fille sur 80) que de manière éphémère et la
voilà qui vire au crépuscule. Aurore a été   1985-87 ←———
surtout appréciée en milieu populaire, où   depuis 88
l'on se lève tôt.

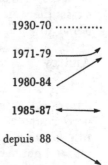

Barbara

On a tant voulu se rappeler Barbara qu'on
a failli l'oublier. Ni le poème mis en chanson, ni la chanteuse, ni même son usage
américain n'ont pu lancer ce prénom qui
végète, n'ayant jamais été choisi pour plus
d'une fille sur 300.

    1930-67............

    depuis 68 ------

Quant à **Barbe**, qui n'est pas rare au
XVIIᵉ siècle, il y a peu de chances qu'elle
repousse, même si les collégiens se sont
remis à l'honorer, à grand renfort de crème
à raser. Et l'on ne voit pas non plus poindre
l'ancienne **Barberine**, pas plus que Barbie
malgré la poupée.

Béatrice

Inconnue au XIXᵉ siècle, Béatrice revient
au goût du jour dans les années quarante et
sa carrière n'est pas spectaculaire mais
durable. A son sommet, en 1963-64, elle est
donnée à moins d'une fille sur 60, étant
donc assez loin du peloton de tête. Son profil social est peu marqué, encore qu'elle ait
été bien accueillie par les cadres (une fille
sur 65 en moyenne de 1954 à 1969) et avec
plus de faveur encore chez les agriculteurs
qui l'ont choisie pour une de leurs filles sur
40 de 1966 à 1973. Cette double préférence
est souvent le lot des prénoms tranquilles.
Béatrice s'est mieux épanouie dans l'ouest de

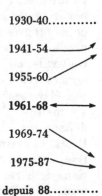

1930-40............

1941-54

1955-60

1961-68

1969-74

1975-87

depuis 88............

la France, de la Picardie à l'Aquitaine, tandis que ses zones de notable faiblesse étaient situées dans l'Est (Bourgogne, Franche-Comté, Provence).

Bénédicte

Un prénom discret et bourgeois, six fois plus choisi par les cadres que par les ouvriers, plus constant dans la rareté, et donc plus BCBG encore que Benoît. Bénédicte a été un peu plus courante dans les années soixante-dix, sans dépasser toutefois le niveau d'une fille sur 300 (en 1972-73). Son score a été évidemment bien plus élevé en haut de l'échelle sociale.

1930-55............

depuis 56------

Bernadette

Les rencontres de Bernadette Soubirous avec l'Immaculée Conception n'ont pas, malgré leur rapide retentissement, été fécondes de petites Bernadette, puisque ce prénom reste inexistant jusqu'au début du xxᵉ siècle. En revanche, la béatification (1925), puis la canonisation (1933) de la petite bergère ont pu favoriser l'essor de ce prénom porté aussi par la marée montante des prénoms en *ette* et les progrès de Bernard. C'est alors que se produit une sorte de miracle : alors que ses consœurs en *ette* plient bagage dans les années trente ou quarante, Bernadette, après son élévation au niveau d'une fille sur 90, s'y maintient pendant un quart de siècle, défiant les lois de la gravité sociologique. Hélas, ce miracle-là ne résiste pas à l'analyse. Cette stabilité dissimule les pérégrinations de Bernadette qui suit les mêmes chemins que Bernard, avec plus de lenteur encore. Elle arrive du Nord-Ouest (et non de

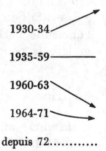

1930-34

1935-59

1960-63

1964-71

depuis 72............

Lourdes), ne s'attarde pas en Ile-de-France, s'implante bien dans un large Nord-Est (sauf l'Alsace où elle est tardive), prend son temps avant de franchir la Loire et ne parvient qu'exténuée en Provence. Une fois le voyage terminé, et donc l'illusion dissipée, la chute de ce faux classique est naturellement brutale, même si les agriculteurs lui restent longtemps fidèles.

Blandine

Le XIXᵉ siècle connaissait **Blanche** (prénom qui pourrait revenir) et non Blandine. Cette dernière ne s'est pas imposée et reste un prénom rare (moins d'une fille sur 400).

1930-60............

depuis 61_____

Brigitte

Non, ce n'est pas l'immense popularité de B.B. qui explique le succès de Brigitte. En 1956, quand sort sur les écrans *Et Dieu créa la femme*, ce prénom est déjà conformiste : il culmine en 1958-59, donné à une fille sur 22. Et, dès 1952, il était choisi par les cadres pour une de leurs filles sur 25. Au contraire, Brigitte a été victime du mythe Bardot (dont les parents avaient fait un choix pionnier) puisque sa chute est particulièrement rapide. Brigitte a atteint le premier rang des prénoms une seule année (1959), faisant intermède entre le règne de Martine et celui de Sylvie. Un prénom sans particularité sociale marquée (à peine plus répandu chez les cadres, les commerçants et les agriculteurs) et dont la diffusion régionale a été assez uniforme.

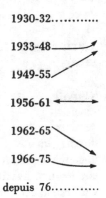

1930-32............

1933-48_____

1949-55_____

1956-61 ◄——►

1962-65_____

1966-75_____

depuis 76............

Camille

Ce prénom androgyne s'est fait rare au XIXᵉ siècle, pour les deux sexes. Il est désormais surtout féminin, même si des Camille garçons naissent de plus en plus nombreux depuis quelque temps. Camille au féminin, que nous considérons ici, a connu une toute petite vogue dans les années 1910-1930 et revient aujourd'hui avec plus de vigueur. C'est, pour l'instant en tout cas, un prénom de type bourgeois, en tête chez les cadres (une fille sur 35). Ce sera un grand prénom s'il parvient à mieux s'implanter chez les ouvriers où il est peu commun.

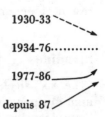

1930-33
1934-76
1977-86
depuis 87

Carine voir Karine

Carole

Carole, comme Caroline, provient de la forme latine de Charles. Mais, à la différence de Caroline, Carole était inconnue en France avant le milieu de ce siècle. Elle émerge quand triomphent Martine, le prénom, et Martine Carol, l'actrice, notamment dans *Caroline chérie*. Carole n'est pas donnée à plus d'une fille sur 80 lorsqu'elle culmine, se répartissant également dans les divers milieux sociaux. Mais elle a ouvert la voie non seulement à Caroline, mais aussi

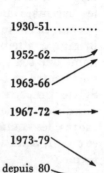

1930-51
1952-62
1963-66
1967-72
1973-79
depuis 80

peut-être à Carine ou Karine et anticipé le
retour de Charlotte.

Caroline

Caroline est connue sans être bien fréquente au XIXe siècle, et son retour est long à
se confirmer dans les années cinquante et
soixante. Ni le succès de *Caroline chérie*
(série romanesque inaugurée en 1946 et
portée à l'écran dans les années cinquante),
ni la naissance de Caroline de Monaco
(1957) ne la décident à s'élancer. Elle fait sa
coquette, reste en coulisse, attendant pour
entrer en scène que Carole, Corinne et
Carine aient bien chauffé la salle. Son
numéro n'est pourtant pas exceptionnel,
puisqu'elle n'arrive même pas, au mieux de
sa forme, à séduire un couple de parents sur
50. Mais elle sait se faire apprécier en
milieu bourgeois : dans les années 1975-79,
elle est en première position, à égalité avec
sa contemporaine Céline, chez les cadres
(une fille sur 30) ; et ces derniers lui restent
fidèles lors de son reflux qui s'annonce lent.
Caroline a été assez bien accueillie dans les
autres catégories sociales, sauf chez les
ouvriers dont elle n'a pas su s'attirer les
faveurs. En cela aussi elle rime avec Catherine et lui succède.

1930-53 ....

1954-71 ——————

1972-76 ————

1977-82 ◄————►

depuis 83 ＼

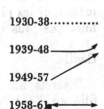

Catherine

Un très grand prénom féminin, dans les
tout premiers du XVe siècle jusqu'au début du
XIXe, et qui se raréfie progressivement, sans
être complètement absent dans les premières décennies du XXe siècle. Catherine
repart pendant la Seconde Guerre mondiale
et son essor est peut-être favorisé par la

1930-38 ....

1939-48 ————

1949-57 ————

1958-61 ◄————►

canonisation de Catherine Labouré (1947) qui ajoute une troisième fête de Catherine au calendrier. Elle est au second rang des prénoms sur l'ensemble de sa période conformiste (plus d'une fille sur 25) et atteint la zone de l'hyperconformisme (une sur 20) pendant deux ans. Dans sa nouvelle jeunesse, ce prénom ancien est avant tout bourgeois. Que l'on en juge : premier prénom chez les cadres de 1947 à 1963, il est choisi dans cette catégorie pour une fille sur 16 de 1950 à 1964, avec une pointe à une sur 12 en 1956. Les professions intermédiaires et indépendantes font également bon accueil à Catherine qui s'impose nettement moins chez les ouvriers et les agriculteurs. Ses régions préférées sont la Normandie, la Picardie et la Bretagne, alors qu'elle est moins répandue en Languedoc et Provence. Comme la plupart des prénoms bourgeois et anciens (par exemple Philippe son contemporain), Catherine se démode lentement et elle s'est perpétuée dans ses diminutifs ou dérivés.

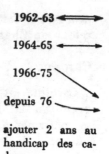

1962-63
1964-65
1966-75
depuis 76

ajouter 2 ans au handicap des cadres

Cathy

Sans compter son usage privé, ce diminutif de Catherine a eu une existence officielle non négligeable, puisqu'il a été donné à une fille sur 200 pendant six ans et que sa carrière est assez durable. Nous avons ajouté à Cathy les **Kathy**, **Katy** et autres **Cathie**, mais non les plus rares **Kathleen** ou **Kateline**, pas plus que Katia traitée à part.

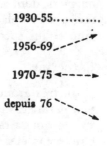

1930-55
1956-69
1970-75
depuis 76

Cécile

Discrète au XIXe, Cécile prénomme une fille sur 200 à l'aube du XXe. Elle décline très

1930-40

doucement jusqu'en 1940 et stagne alors au niveau d'une fille sur 500. Est-ce la chanson *Cécile ma fille* (1962), de Nougaro, qui réveille cette patronne des musiciens ? Sa progression est nette mais brève et Cécile se stabilise à nouveau, étant choisie pour une fille sur 80 durant quinze ans. Ce prénom de type classique est aussi typiquement un prénom bourgeois, trois fois plus fréquent chez les cadres que chez les ouvriers. Cécile est conformiste de 1970 à 1976 parmi les cadres (plus d'une fille sur 40) et garde leurs faveurs.

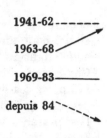

Alors que Cécile semble un peu en déclin, ses dérivés **Cécilia** et **Célia**, apparus vers 1980, progressent vite.

Céline

Ce diminutif de Marcelline, en usage au xixᵉ siècle, était devenu rarissime lorsque s'amorce, dans les années soixante, sa véritable carrière. La percée de Céline est rapide et l'amène au premier rang des prénoms féminins de 1978 à 1980, même si elle n'est pas donnée alors à plus d'une fille sur 28. Un peu moins répandue chez les cadres et les agriculteurs, Céline a reçu un accueil particulièrement favorable parmi les employés qui l'ont tôt adoptée et choisie pour une de leurs filles sur 20 de 1976 à 1978. Céline a perpétué la tradition des grands prénoms féminins en *ine*, la relève étant assurée par Pauline et Marine.

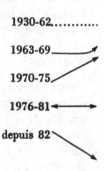

Chantal

Ce prénom issu d'un nom (celui de sainte Jeanne de Chantal) est une nouveauté des années trente. Il atteint le troisième rang

pendant sa période conformiste, étant alors
choisi pour une fille sur 30. C'est dans une
zone allant du Nord et de la Normandie à la
Champagne et la Bourgogne que Chantal
remporte ses premières victoires, ne se pro-
pageant que sur le tard dans le Midi (de
l'Aquitaine à la Provence) et en Alsace. Ce
dernier trait la distingue de Gérard avec qui
elle partage une fausse réputation de prénom bourgeois. Après une pointe à 4 % en
1950, les cadres l'ont vite abandonnée, la
chute étant spectaculaire en 1956, au
moment des histoires de Gérard et Marie-
Chantal. C'est dans les professions intermédiaires, qui l'ont tôt adoptée, que Chantal
a atteint, momentanément, son plus haut
niveau (une fille sur 20 en 1951) et c'est
plutôt parmi les employés et les agriculteurs
que sa réussite a été plus affirmée et plus
durable. Ce prénom est complètement hors
d'usage aujourd'hui.

1932-42

1943-49

1950-55

1956-65

1966-77

depuis 78

Charlène

Aux côtés de Charlotte, voici Charlène qui
s'élance vivement (déjà une fille sur 200),
ignorée des cadres, fidèles à Charlotte, mais
concurrente de cette dernière chez les
ouvriers. Et l'on voit aussi la très récente
Charline s'installer dans sa foulée.

1930-81

depuis 82

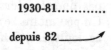

Charlotte

Attribuée à une fille sur 200 au début de
ce siècle, Charlotte régresse depuis, tout
doucement, pour disparaître, ou presque,
dans les années cinquante et soixante. Elle
revient, d'abord à petits pas, en milieu bourgeois, où elle est conformiste depuis 1987
(plus d'une fille sur 50). Il lui faut séduire

1930-50

1951-72

1973-84

depuis 85

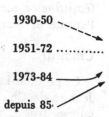

davantage les ouvriers pour prétendre aux toutes premières places.

Chloé

Connue pour ses liens avec Daphnis, Chloé était inusitée comme prénom en France. C'est peut-être le succès posthume de l'œuvre de Boris Vian (*L'Écume des jours*) qui l'a mise en piste et ses progrès sont rapides, sauf en milieu populaire où elle est encore méconnue.

1930-79............

1980-89 ———→

depuis 90 ——→

Christelle

Un prénom protéiforme qu'on peut écrire de multiples manières : avec ou sans h, avec un K initial, avec un y au lieu du i, terminé en el, èle ou elle. On voit toutes les combinaisons possibles. L'orthographe Christelle l'emporte malgré tout, et nettement, sur les Christel, Chrystelle ou autres Kristèle. En additionnant tout cela, on obtient un prénom tout nouveau et dont la carrière a été belle : il a été attribué à une fille sur 25 à son sommet, atteignant en 1973 le second rang des prénoms, dépassé de très peu par Sandrine. C'est surtout dans les milieux ouvrier et agricole que ce prénom a fait fureur.

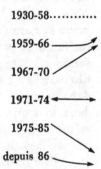

1930-58............

1959-66 ———→

1967-70 ——→

1971-74 ←——

1975-85 ——

depuis 86 ——→

Christiane

Invention du XXᵉ siècle, Christiane apparaît un peu avant Christian, vers 1905, et culmine plus tôt, mais à un niveau moindre : une fille sur 35 durant sa période conformiste dépourvue de sommet. Sa diffusion géographique est au départ assez banale : Christiane prend son essor dans le Nord-Ouest (Haute-Normandie, Picardie, Ile-de-

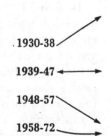

.1930-38.——→

1939-47 ←——→

1948-57 ——

1958-72 ——→

France) où elle culmine dès la fin des années trente. Mais elle obtient ses meilleurs scores, pendant les années quarante, dans l'Est, des Alpes à l'Alsace : dans cette dernière région elle est alors, et de loin, le premier prénom féminin.

depuis 73...........

Christine

Les Christine sont plus jeunes que les Christiane de vingt ans en moyenne. Et pourtant, à la différence de Christiane, Christine est un prénom ancien, qui remonte au moyen âge, richement doté en saintes patronnes. Mais, depuis le XIXᵉ, il a été très discret jusqu'aux années quarante où il s'ébranle. Il est attribué jusqu'à une fille sur 25 à son sommet, atteignant le troisième rang. Christine s'est répartie à peu près également dans tous les milieux, avec les décalages dans le temps habituels. On peut tout de même noter un accueil plus favorable dans les couches sociales moyennes et aisées, et une petite réticence chez les ouvriers qui lui préféreront sa remplaçante Christelle.

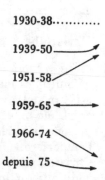

1930-38...........
1939-50
1951-58
1959-65
1966-74
depuis 75

Cindy

D'où vient Cindy ? D'Amérique, bien sûr, où ce diminutif de Cinderella (Cendrillon) a été en usage dans les années 60. Accompagné de quelques Cyndie et Sindy, ce prénom a fait, en France, une percée spectaculaire parmi les ouvriers, alors qu'il restait inconnu en milieu bourgeois. Il a été choisi à son sommet pour près d'une fille sur 80. La chute, déjà entamée, devrait être rapide.

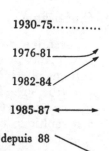

1930-75...........
1976-81
1982-84
1985-87
depuis 88

Claire

Claire est, depuis le XIXᵉ siècle, un prénom assez rare qui stagne de 1925 à
1959, au niveau bien modeste d'une fille
sur 600. Durant les seize ans qui suivent,
Claire acquiert le statut d'un classique à
part entière, prénommant une fille sur
250. Elle progresse depuis les années
soixante-dix, lentement mais sûrement, et
a déjà atteint le seuil de 1 %. Sa vogue
est actuellement plus nette en Grande-
Bretagne. On ne s'en étonnera pas, ce
classique est aussi un bourgeois. Chez les
cadres, il est choisi pour une fille sur 100
dès 1956 et sa croissance se précise à partir de 1972. Claire est conformiste dans
cette catégorie sociale depuis 1981, y étant
un des tout premiers prénoms. Par
contraste, elle n'a pas su, du moins
jusqu'à présent, s'implanter parmi les
ouvriers et les agriculteurs. Est-ce que
l'usine ou la ferme tueraient Claire?

Notons aussi la présence, à ses côtés, de
Clara et de l'ancienne **Clarisse**, toutes
deux de moins en moins discrètes.

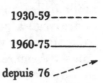

Claude

L'immense succès de Claude au masculin, dans les années trente, a eu pour
contrepartie une poussée de diverses fémi-
nisations de ce prénom. Mais, même addi-
tionnées, elles sont loin d'atteindre le
score de Claude chez les garçons. Claude
au féminin apparaît dans les années vingt
et sa réussite est bien modeste : guère plus
d'une fille sur 140 à son sommet.

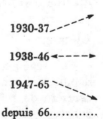

Claudette

Surgissant, comme Claude au féminin, au milieu des années vingt, Claudette atteint un niveau à peine plus élevé (une fille sur 125 au mieux en 1939-40) et sa carrière est plus éphémère.

1930-35

1936-43

1944-57

depuis 58..........

Claudie

La petite dernière des féminins de Claude, à un double titre : elle a été la dernière à démarrer et est celle qui a le moins bien réussi (moins d'une fille sur 300 dans les années cinquante). Depuis qu'elle a disparu, quelques **Claudia** sont nées.

1930-37..........

1938-68------

depuis 69..........

Claudine

Le plus traditionnel des féminins de Claude, originaire comme lui de Franche-Comté et dont l'importance n'est pas négligeable au XIX⁰ siècle (1 % vers 1830), est aussi celui qui s'est le mieux imposé au XX⁰. Claudine qui réapparaît vers 1925 (comme Claudette et Claude au féminin) est un prénom au succès moyen mais assez durable. Elle prénomme une fille sur 70 pendant une dizaine d'années.

1930-35

1936-44

1945-53

1954-61

1962-75

depuis 76..........

Clémence

En usage au XIX⁰ siècle, mais bien oubliée depuis, Clémence n'entame pas sa nouvelle carrière de manière fulgurante. Mais elle progresse et a des réserves : déjà bien installée chez les cadres et les professions inter-

1930-78 ....

depuis 79

médiaires, il lui faut séduire les ouvriers chez qui elle est encore rare.

Elle peut se heurter à la concurrence de **Clémentine**, comme elle connue au xixᵉ siècle, de même profil social, qui est, pour l'instant, deux fois moins répandue.

Colette

Apparue peu avant 1920, Colette devance de quelques années Nicole dont elle dérive. Elle est donnée à plus d'une fille sur 50 durant sa période conformiste, atteignant le cinquième rang des prénoms vers 1937-38. Colette a eu une région de prédilection, la Franche-Comté, où s'illustra sainte Colette. Elle y est en deuxième position de 1935 à 1939, attribuée à une fille sur 25. Elle s'est bien implantée en Bourgogne, dans le Centre et en Haute-Normandie, difficilement en Alsace, Bretagne et Provence et tardivement au sud de la Loire.

Colette a complètement disparu, mais **Coline** montre le bout du nez.

1930-34
1935-41
1942-53
1954-65
depuis 66............

Coralie

Coralie a vu le jour quand Corinne se démodait. Ses progrès sont réguliers mais assez lents si bien qu'elle semble plafonner sans avoir atteint le seuil de 1 %. Et l'on voit apparaître **Coraline** (à ne pas confondre avec Caroline).

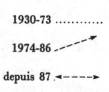

1930-73 ....
1974-86
depuis 87

Corinne

Corinne, au patronage aussi incertain que Coralie, est un prénom nouveau qui se hisse assez vite à un niveau élevé, prénommant plus d'une fille sur 35 pendant huit ans, avec un sommet à une sur 27 en

1930-50 ....
1951-57
1958-61

1966. Cela suffirait aujourd'hui pour être au premier rang ; mais Corinne n'a pu rivaliser avec les grands succès de l'époque et s'est contentée de la sixième place. Corinne a eu surtout les faveurs des classes moyennes, moins bien accueillie chez les cadres et les agriculteurs.

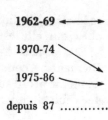

Cynthia

Ce prénom qui vient d'Amérique, malgré son origine grecque, est une bête curieuse chez les cadres qui l'ignorent. Il progresse pourtant, sans trop de hâte. Aphrodite étant originaire de l'île de Cynthos, dira-t-on que Cynthia est la Diane du pauvre ?

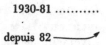

Cyrielle

Un prénom tout neuf, féminisation de Cyrille, qui se fait sa place, encore modeste, dans tous les milieux.

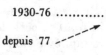

Danielle et Danièle

Ce féminin de Daniel – l'orthographe Danielle l'emportant sur Danièle – est une nouveauté des années trente. Sa percée soudaine est impressionnante et l'amène jusqu'au premier rang des prénoms féminins de 1944 à 1947, détrônant Monique (plus d'une fille sur 20 en 1944-45). Danielle est en tête, à un moment ou à un autre, dans tous les groupes sociaux, sauf chez les agri-

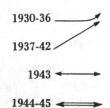

culteurs où elle ne parvient pas à supplanter Monique. Ses scores les plus élevés sont obtenus parmi les professions intermédiaires (une fille sur 12 en 1942-43), les artisans et commerçants (une sur 15 en 1943-44) et les employés (une sur 13 en 1944-46). Danielle s'est bien diffusée sur l'ensemble du territoire, mais s'est épanouie un peu mieux et un peu plus tôt qu'ailleurs en région parisienne, mais aussi, ce qui est moins courant, en Provence et Rhône-Alpes. Sa réussite a été plus spectaculaire que celle de Daniel, mais sa chute a été plus rapide.

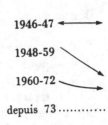

Déborah

La progression, d'abord timide, de ce prénom biblique et anglo-saxon se confirme depuis quelques années. Déborah prénomme déjà près d'une fille sur 200, plus appréciée en milieu populaire.

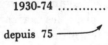

Delphine

Rare au XIXᵉ siècle, ce prénom était tombé dans un oubli total lorsqu'il surgit au milieu des années soixante. Sa montée est rapide et pourtant Delphine n'atteint pas les toutes premières places, se contentant d'un niveau assez honorable : elle prénomme plus d'une fille sur 50 pendant six ans. Elle s'est diffusée très équitablement, et presque simultanément, dans les divers groupes sociaux. Quoique la bienheureuse Delphine (ou **Dauphine**) de Sabran, qui la patronne, ait vécu dans le Vaucluse, elle a eu de la peine à s'implanter en Provence, ses zones de force étant situées dans le Nord-Ouest.

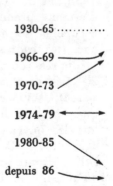

Denise

A son sommet (1924-1932), Denise est choisie pour trois filles sur 100, ce qui la situe au cinquième rang des prénoms. Elle a triomphé en Haute-Normandie où elle a occupé la première place (une fille sur 20), s'est bien implantée en Franche-Comté, Bourgogne et Ile-de-France, mais n'a que médiocrement réussi dans le Midi (de l'Aquitaine à la Provence). Son reflux, d'abord modéré, a été rapide dans les années quarante.

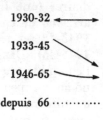

Dominique

Ayant émergé plus tard que Dominique chez les garçons, Dominique au féminin culmine avant lui et à moindre niveau : ce prénom est choisi pour plus d'une fille sur 40 dans sa période conformiste, sans sommet bien marqué (une sur 36 en 1955), et ne dépasse pas le septième rang. C'est un prénom de type bourgeois qui occupe la seconde place de 1950 à 1955 chez les cadres et les professions inter-médiaires, donné à près d'une fille sur 20. Ces deux catégories sociales le choi-sissent, sur l'ensemble des années cin-quante, deux fois et demie plus souvent que les ouvriers et six fois plus que les agriculteurs. Comme son homologue mas-culin, Dominique a été plus répandue qu'ailleurs en Corse, en Poitou-Charentes et dans le Centre, mais aussi en Bour-gogne.

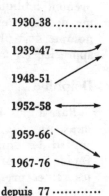

Dorothée

Dorothée a piétiné une vingtaine d'années sans avoir jamais prénommé plus d'une fille sur 300 (en 1980-81), tandis que l'on voit naître quelques **Dorine** ou **Doriane** qui se rattachent en fait à **Théodore**.

1930-67 ....

1968-87 ------

depuis 88 ....

Édith

Pas de carrière triomphale en France pour ce prénom d'origine anglaise. Il n'est pas donné à plus d'une fille sur 250 alors même que Piaf atteint la gloire.

Edwige, qui n'a d'autre rapport avec Édith qu'une étymologie voisine, n'a pas percé, oscillant autour du niveau d'une fille sur 1 000 depuis les années quarante.

1930-47 ---➚

1948-55 ◄----➤

1956-71 ---➘

depuis 72 ....

Éliane

Faut-il rattacher **Éliane** à **Élie** ou **Élisabeth** ? En tout cas c'est un prénom tout neuf qui apparaît vers 1915, s'inscrivant dans la vogue des prénoms en *iane* (Christiane, Liliane, Josiane). Son parcours est peu mouvementé. Éliane tourne pendant dix ans autour de la barre de 1 % et son déclin est peu sensible jusqu'en 1959. Elle a été un peu plus précoce dans le Nord-Ouest, un peu plus tardive dans le Midi, à une notable exception près : les Provençaux lui réservent un accueil très favorable, la choisissant pour

1930-34 ➚

1936-45 ◄----

1946-55 ➘

1956-65 ➘

depuis 66 ....

près d'une de leurs filles sur 50. De rares
Éliette l'ont accompagnée.

Élisabeth

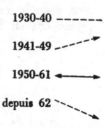

Élisabeth a été un des premiers prénoms
féminins d'origine néo-testamentaire à se
répandre au moyen âge. C'est un prénom
d'usage courant pendant des siècles mais qui
occupe rarement les toutes premières places,
d'autant qu'il est concurrencé par son
dérivé Isabelle. Il recule au cours du
XIXe siècle et stagne de 1880 à 1940 au
niveau d'une fille sur 400. Sa nouvelle carrière est calme et peu spectaculaire. Élisabeth prénomme un peu plus d'une fille
sur 100 pendant douze ans. Le mariage
(1947) puis le couronnement (1952) d'Élisabeth II n'ont pas sensiblement affecté son
parcours, malgré leur retentissement. Sans
avoir un profil social bien marqué, Élisabeth a été moins souvent choisie en milieu
ouvrier que parmi les cadres et les agriculteurs.

Élisabeth a donné naissance à de nombreux diminutifs. **Lise** a rarement franchi le
seuil de un sur 1 000 mais sa présence se
confirme, comme celle de **Lisa**, fréquente
aux États-Unis et en Grande-Bretagne. On
voit aussi naître **Betty**.

Élise

Depuis l'aube du siècle, où elle prénommait une fille sur 160, Élise, dérivé d'Élisabeth, est descendue doucement jusqu'au
purgatoire dont elle franchit la porte dans
les années quarante. Son retour, d'abord
bien amorcé, tarde à se confirmer (une fille
sur 200). **Élisa** née voilà quinze ans est
encore très discrète.

1930-41

1942-74

depuis 75

Élodie

Élodie semble vierge de toute carrière passée lorsqu'elle apparaît au début des années 70. Pourtant la voici installée, depuis 1988, au premier rang des prénoms féminins, choisie pour une fille sur 32. Belle performance pour un prénom qui ne figure pas dans les calendriers usuels! Élodie s'est répandue à peu près uniformément dans toutes les régions et dans les divers groupes sociaux, sauf chez les cadres qui l'ont vite boudée.

1930-70 ....
1971-79 ⟋
1980-85 ⟋
depuis 86 ⟷

Éloïse et Héloïse

Un prénom de grande ancienneté mais rare depuis des siècles. La nouvelle Héloïse, ou Éloïse – les deux orthographes sont de fréquence équivalente –, n'en est encore qu'à ses premiers pas et tarde à s'affirmer.

1930-79 ....
depuis 80 ⟋

Elsa

Un des nombreux diminutifs d'Élisabeth qui progresse sans fracas, mais sûrement, dans tous les milieux, choisi déjà pour une fille sur 250.

1930-78 ....
depuis 79 ⟋

Émeline

Émeline est indépendante d'Émilie, puisqu'elle a sa propre sainte patronne. Mais le succès d'Émilie n'a pas été étranger à l'émergence de ce prénom nouveau qui grandit doucement (une fille sur 250).

1930-77 ....
depuis 78 ⟋

Émilie

Sans être en vedette, Émilie est connue au XIXᵉ siècle, notamment entre 1840 et 1890

1930-72 ....

quand elle est attribuée à plus d'une fille sur 150. Ses deux saintes patronnes les plus illustres, Émilie de Rodat et Émilie de Vialar, meurent respectivement en 1852 et 1856. Émilie s'éclipse dans les années 1920, mais Émilienne, qui avait eu une petite vogue entre 1910 et 1920 (une fille sur 150), est encore donnée dans les années quarante à quelques rares filles d'ouvriers et d'agriculteurs. Quand Émilie renaît, dans les années soixante-dix, elle reçoit un très bon accueil et son essor rapide, favorisé, ou reflété, par des chansons (*Émilie jolie*, 1980) et des livres pour enfants, l'amène à prénommer trois filles sur 100 et à disputer la première place à Aurélie. Elle l'a emporté sur sa rivale parmi les cadres et pourtant elle recule plus vite.

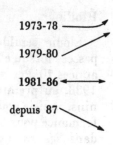

Emmanuelle

Le parcours de ce prénom ne se dessine pas de manière très nette. Emmanuelle (rarement orthographiée Emmanuèle), apparaît vers 1960, mais sa progression s'arrête vite. Pendant une quinzaine d'années elle fluctue autour du niveau d'une fille sur 140, ce qui autorise à considérer alors comme classique ce prénom pourtant tout récent. Emmanuelle s'apparente aussi à un classique par la faveur toute particulière dont elle jouit en milieu bourgeois. Ce prénom biblique et rendu illustre par livres et films érotiques n'a pas été jugé sulfureux par les cadres qui l'ont choisi pour une de leurs filles sur 50 de 1968 à 1973. Emmanuelle a su aussi séduire les professions intermédiaires mais elle a laissé de glace les ouvriers et les agriculteurs.

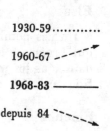

Emma, qui a sa propre sainte patronne, connue mais rare au XIXᵉ siècle, semble vouloir percer.

Estelle

Estelle a la carrière type d'un prénom mode, à ceci près qu'elle culmine à un niveau très modeste (une fille sur 140). Son choix est « pionnier » de 1965 à 1971 et « dans le vent » en 1972-73. Ce prénom de type bourgeois (meilleurs scores chez les cadres et les professions intermédiaires) a eu davantage de succès dans le Nord-Est, particulièrement en Alsace. On a peut-être moins pensé, en choisissant Estelle, à la martyre saintongeaise, patronne du félibrige, qu'à une forme adoucie d'Esther.

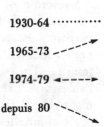

1930-64
1965-73
1974-79
depuis 80

Évelyne

Évelyne est à peu près contemporaine de Jocelyne; mais son succès est plus net, surtout à son sommet : une fille sur 55 pendant cinq ans, en y ajoutant les quelques Éveline. C'est un prénom de type populaire, bien plus répandu chez les employés et les agriculteurs que parmi les cadres et qui s'est bien implanté dans un large Nord-Est (sauf en Alsace où son score est médiocre).

Ève et surtout Éva, longtemps végétatives, se réveillent avec la venue de la tahitienne Maéva, qui grandit vite.

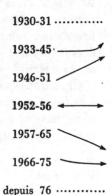

1930-31
1933-45
1946-51
1952-56
1957-65
1966-75
depuis 76

Fabienne

Fabienne est un prénom sans passé quand elle surgit à la fin des années quarante. Son parcours est celui, tout normal, d'un prénom mode culminant à un niveau moyen (moins d'une fille sur 60 en 1965-66). Fabienne se répartit tout à fait équitablement dans les diverses catégories socioprofessionnelles. Une seule particularité peut être relevée : sa meilleure réussite dans le Nord-Est (Lorraine, Alsace et Franche-Comté).

1930-47 ············

1948-59 ⟶

1960-63 ⟶

1964-68 ⟷

1969-73 ⟶

1974-85 ⟶

depuis 86 ············

Fanny

Fanny naît en France au début du XIXᵉ siècle, mais reste confidentielle jusqu'aux années récentes. C'est plutôt un diminutif de Françoise, importé d'Angleterre, qu'un dérivé de Stéphanie. Pourtant Fanny entame sa carrière à la remorque de Stéphanie, mais tandis que celle-ci se fane, Fanny se fortifie. Ce prénom qui fleure son Pagnol n'est pas venu de Provence et y est plutôt moins répandu qu'ailleurs.

1930-69 ············

1970-84 ⟶

depuis 85 ⟶

Florence

Quelques Florence sont nées au XIXᵉ siècle, mais en tout petit nombre, sans commune mesure avec la vogue de ce prénom en Grande-Bretagne où il occupe la première

1930-47 ············

1948-59 ⟶

place en 1900. En France, Florence ne perce pas avant la fin des années quarante et prénomme à peine, pendant huit ans, une fille sur 50. C'est qu'elle s'épanouit surtout en milieu bourgeois (trois filles sur 100 chez les cadres dans les années soixante), étant bien moins en faveur chez les employés et surtout les ouvriers. Son déclin, d'abord lent, se confirme tandis que **Fleur**, **Flore** et leurs dérivés éparpillent leurs forces.

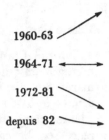

1960-63

1964-71

1972-81

depuis 82

Floriane

Floriane, ou **Florianne**, est, de toutes les **Fleur**, **Flore**, **Flora**, **Florie** et autres **Florine** qui tentent de percer depuis quelques années, celle dont la poussée est la plus nette (près d'une fille sur 300). Elle a sans doute été favorisée par la montée de Florian chez les garçons. Le bouquet formé de toutes ces fleurs nouvelles grossit d'année en année.

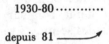

1930-80

depuis 81

Francine

Francine est un prénom calme dont le parcours modeste n'a pas été très sensible au mouvement de la mode. Elle progresse doucement depuis le début du siècle, connaît une première petite vogue dans le Sud-Est, et, entraînée par l'ascension de Françoise, atteint le niveau d'une fille sur 160 de 1940 à 1945. Elle est alors nettement plus fréquente dans le Nord-Pas-de-Calais et en Picardie.

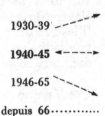

1930-39

1940-45

1946-65

depuis 66

Les deux autres dérivés de Françoise, **France** (depuis le début du siècle) et **Francette** (dans les années 1935-1950), ont eu une existence officielle à peu près négligeable, ne dépassant pas la barre d'une fille sur 1 000.

Françoise

Comme François, Françoise est un prénom ancien qui figure généralement au palmarès des dix premiers prénoms féminins
depuis le xvii⁰ siècle et qui occupe le quatrième rang au début du xix⁰ avant de
régresser. Sa carrière récente est bien différente de celle de François. Françoise est au
creux de la vague, sans avoir disparu, dans
les premières décennies du xx⁰ siècle et sa
nouvelle crue date des années trente. Régulière et puissante, elle l'amène jusqu'au premier rang des prénoms de 1948 à 1950 (plus
d'une fille sur 25). Françoise n'atteint pas
des sommets vertigineux mais sa réussite est
durable (une fille sur 27 pendant dix ans) et
elle se replie sans hâte. C'est souvent le lot
des prénoms bourgeois comme l'est Françoise qui a été tôt accueillie et avec une
bienveillance particulière parmi les cadres
suivis des professions intermédiaires. Son
succès a été plus précoce, et aussi plus massif, dans le Bassin parisien (surtout en
Haute-Normandie où elle prénomme six
filles sur 100 au début des années quarante),
tandis qu'elle s'est propagée tardivement
dans un large Sud-Est.

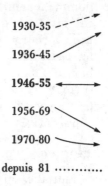

1930-35
1936-45
1946-55
1956-69
1970-80
depuis 81

Frédérique

Innovation de ce siècle, cette féminisation
de Frédéric ne s'est pas imposée. Son parcours épouse celui de Frédéric mais à un
niveau très inférieur : guère plus d'une fille
sur 200 durant dix ans. Mais Frédérique,
prénom typiquement bourgeois, a eu bien
plus de succès chez les cadres qui l'ont choisie trois à quatre fois plus souvent que les
ouvriers ou agriculteurs.

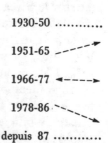

1930-50
1951-65
1966-77
1978-86
depuis 87

Gabrielle

Gabrielle a connu une petite vogue dans les années 1900 à 1920 quand elle était choisie pour une fille sur 130. On dirait qu'elle se prépare à reprendre du service, bien timidement tout de même, car son heure n'est sans doute pas venue.

1930-53

depuis 54 ....

Gaëlle

Gaëlle a mieux réussi que Gaël chez les garçons. Mais ce prénom breton marque le pas depuis 1980, attribué au mieux à une fille sur 130, et donne même des signes de fatigue. Gaëlle a naturellement été plus précoce et bien plus répandue en Bretagne.

1930-65 ....

1966-79

depuis 80

Geneviève

Ce prénom ancien, assez courant au XVIIIe siècle, n'a jamais joué les premiers rôles. Geneviève progresse au début de ce siècle et se stabilise à partir de 1920, prénommant une fille sur 85 pendant trente ans. La flambée de Ginette ne la fait pas dévier de sa trajectoire rectiligne. Cette remarquable constance sur l'ensemble de la France recouvre des diffusions régionales inégales et décalées dans le temps. La patronne de Paris a son succès le plus précoce, le plus massif et le plus durable en Ile-de-France, se propage tôt et bien dans toutes

1930-49

1950-56

1957-72

depuis 73 ....

les régions limitrophes ainsi qu'en Lorraine et Franche-Comté. En revanche, elle ne franchit le seuil de 1 % dans le Sud-Est que vers 1940 et ne s'y impose guère.

Georgette

Georgette a suivi Georges avec un certain retard et sans avoir la même réussite. Elle prénomme une fille sur 70 de 1905 à 1930, avec une pointe à une fille sur 60 vers 1920. Elle se démode vite dans les années trente, se maintenant mieux dans les régions Rhône-Alpes et Midi-Pyrénées. On peut noter sa rareté en Bretagne et Poitou.

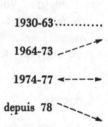

1930-34
1935-53
depuis 54 ....

Géraldine

Tout nouveau en France, ce prénom connaît quelques frémissements dans les années cinquante avant de démarrer en 1964. Il n'est pas attribué à plus d'une fille sur 160 dans ses meilleures années, mais a un peu mieux réussi dans les couches sociales moyennes et aisées.

1930-63 ....
1964-73
1974-77
depuis 78

Germaine

C'est dans les premières années de ce siècle que Germaine est à son apogée, prénommant une fille sur 27, ce qui la situe au quatrième rang des prénoms féminins. Elle passe sous la barre de 1 % en 1930. Germaine est bien oubliée aujourd'hui et son retour n'est pas en vue, alors que celui de **Germain**, qui a toujours été discret, s'amorce.

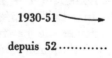

1930-51
depuis 52 ....

Ghislaine

Ghislaine est aujourd'hui l'orthographe la plus courante de ce très ancien prénom issu du stock germanique; mais on trouve aussi des Guylaine, des Gislaine et d'autres formes plus rares comme Ghylaine. C'est peut-être le succès de sa forme dérivée, Gisèle, qui réveille ce prénom tombé dans l'oubli le plus total. Au terme d'une lente progression, il atteint pendant quatre ans le niveau d'une fille sur 120. Il a été un peu plus répandu chez les ouvriers, les employés et les agriculteurs, sans toutefois avoir un profil social très caractéristique.

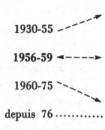

1930-55

1956-59

1960-75

depuis 76

Gilberte

Gilberte culmine avant Gilbert, mais à un niveau bien moindre : à peine une fille sur 140 de 1924 à 1929, avec un peu plus de succès en Bourgogne, dans le Centre et en Lorraine. Elle a disparu dans les années cinquante, pour longtemps sans doute.

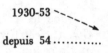

1930-53

depuis 54

Ginette

Surgissant peu avant 1920, Ginette atteint très vite son sommet (1930-32) où elle n'est pas loin de prénommer une fille sur 40. Son parcours ne ressemble guère à celui de Geneviève dont elle est le diminutif : il est bien plus éphémère et sa clientèle est plus populaire. Champagne-Ardenne et Poitou-Charentes sont les deux premières conquêtes de Ginette suivies de la Picardie et du Centre. Dans cette dernière région, ainsi qu'en Haute-Normandie, elle obtient des résultats flatteurs jusqu'à la fin des années trente. En définitive, Ginette se propage un

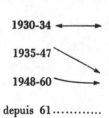

1930-34

1935-47

1948-60

depuis 61

peu partout, même si elle est moins fréquente en Provence et rare en Alsace et en
Bretagne.

Gisèle

Prénom d'origine germanique, dérivé de
Ghislaine, ancien mais inexistant au
XIXe siècle, Gisèle tient compagnie à Ginette.
Elle culmine au même moment, à un niveau
moindre (une fille sur 65 en 1930-32), mais
sa carrière est plus étalée dans le temps et
son profil social moins populaire. Gisèle
s'est développée dans le Nord-Ouest, ainsi
qu'en Poitou-Charentes, et n'a atteint que
sur le tard le Midi, notamment la Provence,
quand son attrait était déjà émoussé.

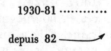

1930-35
1936-49
1950-68
depuis 69 ....

Gwendoline

Dans les prénoms de la famille celtique
Gwen, c'est Gwendoline, forte de son usage
anglo-saxon, qui paraît se détacher. Elle a
dépassé la bretonne **Gwenaëlle** (plus rarement Gwennaëlle) dont le destin national
est modeste : une fille sur 400 depuis 1970.

1930-81 ....
depuis 82 ────✎

Hélène

Depuis un siècle, Hélène est le plus classique des prénoms féminins, en ce sens qu'il
est le plus stable. Ce prénom ancien, mais
discret, progresse durant le XIXe siècle et, de
1890 à 1925, est attribué à près d'une fille

1930-36 ⟍⟍
depuis 37 ──────

sur 75. Hélène fléchit alors pendant une dizaine d'années (sauf dans le Sud-Est où elle prénomme une fille sur 80 jusqu'en 1945) et se stabilise à nouveau. Depuis un demi-siècle elle oscille faiblement autour du niveau d'une fille sur 140. En bonne classique, Hélène est, comme il se doit, un prénom bourgeois. Sa beauté a eu bien moins d'attraits aux yeux des ouvriers qu'à ceux des cadres : ces derniers l'ont choisie pour une de leurs filles sur 60 depuis une cinquantaine d'années et restent aujourd'hui ses plus fidèles adeptes. Quelques **Héléna** ou **Éléna** voient le jour.

Héloïse voir Éloïse

Henriette

En 1930, Henriette vient de se démoder, ne prénommant plus qu'une fille sur 140. Elle avait fait un petit tour de piste vers 1830 mais sa véritable carrière s'est amorcée à la fin du XIXe. Elle est au zénith de son parcours un peu après Henri et à un niveau moindre : une fille sur 60 de 1910 à 1919. Elle a anticipé la grande vogue des prénoms en *ette*.

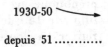

1930-50

depuis 51 ....

Huguette

Au contraire d'Hugues, Huguette est un prénom mode, bien daté, qui apparaît peu avant 1920 et culmine dans les années 1928-1935, donné à une fille sur 80. Il a été plus répandu en Ile-de-France, Haute-Normandie et Champagne-Ardenne, et aussi, plus tardivement, en Lorraine et Midi-Pyrénées.

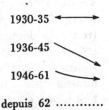

1930-35

1936-45

1946-61

depuis 62 ....

Ingrid

Ce prénom suédois a fait un petit tour de
piste en France. Démarrant bien, il plafonne
assez vite sans atteindre le niveau d'une fille
sur 200 et est plutôt en déclin depuis 1981.
Ingrid s'impose mieux dans le Nord-Ouest,
en Picardie et Haute-Normandie notamment.

1930-69 ....

1970-74 --‑--➚

1975-80 ◄-----►

depuis 81 ➘

Irène

On ne s'étonnera pas qu'Irène ait eu un
parcours paisible. Née avec le siècle, elle
prénomme avec une grande constance une
fille sur 140 de 1915 à 1934, avant de se
retirer en douceur.

1930-34 ——

1935-66 ➘

depuis 67 ....

Isabelle

Isabelle est, à l'origine, une forme populaire d'Élisabeth venue d'Espagne. Elle a tôt
concurrencé Élisabeth avec succès, sans
qu'aucune d'elles n'atteigne des sommets.
Cependant, depuis le XIXe siècle, Isabelle
s'était raréfiée, même si elle frôlait encore la
barre de une sur 1 000 dans les années
trente. Le démarrage de sa nouvelle carrière
est assez lent, mais l'envol ultérieur impressionnant. Pendant six ans, Isabelle prénomme une fille sur 18. Et pourtant elle
n'occupe à aucun moment la première place,
ne parvenant pas à s'intercaler entre Sylvie

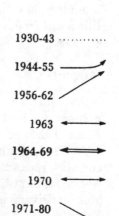

1930-43 ....

1944-55 ➚

1956-62 ➚

1963 ◄——►

1964-69 ◄═══►

1970 ◄——

1971-80 ➘

et sa presque contemporaine Nathalie. Elle arrive tout de même au premier rang parmi les agriculteurs (de 1970 à 1973) et surtout parmi les cadres (de 1966 à 1969). Le choix d'Isabelle est hyperconformiste (plus d'une fille sur 20) chez les cadres de 1959 à 1969, avec un sommet à une fille sur 15 de 1964 à 1967. C'est donc un prénom mode et bourgeois tout à la fois, répandu également chez les indépendants et les professions intermédiaires (avec une pointe à une fille sur 13 dans cette catégorie en 1964-65), moins bien accueilli par les employés et les ouvriers. On peut aussi noter son relatif échec en Languedoc et Provence.

depuis 81

Jacqueline

Cette féminisation de Jacques, d'usage ancien, est assez courante aux XVIe et XVIIe, mais très rare durant le XIXe siècle. Jacqueline renaît vers 1910, au moment même où Jacques prend son nouvel essor. Elle suit pas à pas son compère masculin, culminant même un peu avant lui et à un niveau analogue : une fille sur 27 pendant dix ans, une sur 24 à son sommet, vers 1935, quand elle occupe le second rang des prénoms féminins. Ses zones de force et de faiblesse sont aussi presque les mêmes que celles de Jacques. Jacqueline a eu pour premières et plus belles conquêtes les régions Ile-de-France, Haute-Normandie, Centre, Picardie

1930-39

1940-57

1958-70

depuis 71............

et Poitou-Charentes, y dépassant, et assez nettement, le niveau d'une fille sur 20. En revanche, elle a pénétré tardivement et difficilement dans l'est de la France (notamment en Alsace et Rhône-Alpes) ainsi qu'en Bretagne. Comme Jacques, encore, elle a été, au début de sa carrière, très prisée en milieu bourgeois, de 1925 à 1935.

Jeanne

Un grand prénom, au prestigieux passé, qui n'a été surpassé que par Marie. Jeanne succède comme premier prénom aux féminins de Pierre (Pétronille, Peyronnelle ou Peyronne) au xvᵉ siècle, avant d'être détrônée par Marie, mais elle demeure sa rivale la plus constante et lui tient souvent la dragée haute. Elle est en seconde position durant le xixᵉ siècle et le reste jusqu'en 1915, date où elle prend la tête pour dix ans, profitant du recul de Marie, alors qu'elle-même commence à fléchir. Jeanne prénommait une fille sur 17 de 1895 à 1915 alors qu'elle n'était que seconde ; elle est donnée à peine à une sur 20 lorsqu'elle est la première. Après cette constance séculaire dans les sommets, sa chute apparaît d'autant plus spectaculaire : elle passe en vingt ans (1920-1940) de 5 % à 1 %. Mais Jeanne, qui n'avait pas tout à fait disparu durant son purgatoire, est en train de revenir, d'abord en milieu bourgeois.

1930-42

1943-65

1966-87 ············

depuis 88

Jeannine, Janine et Jeanine

Nous avons évidemment considéré comme un seul prénom ces trois dérivés de Jeanne qui marchent de concert et naissent au xxᵉ siècle, Jeannine étant l'orthographe la

1930-31

1932-33

plus fréquente. Jeannine, écrivons-la donc
ainsi, connaît au début des années vingt une   1934-36
brusque et irrésistible poussée qui se nour-
rit du reflux de Jeanne et accompagne la   1937-49
nouvelle vigueur de Jean. Et la voici, dès
1927, au premier rang des prénoms fémi-   1950-64
nins ; elle y reste jusqu'en 1935, dépassant à
son sommet le niveau d'une fille sur 20.   depuis 65 ....
Jeannine n'a pu s'imposer aussi rapidement
dans toute la France. Partie du Nord-Ouest,
avec un succès particulièrement précoce en
région parisienne, elle s'implante plus tardivement dans l'Est et le Sud.

Par contraste avec Jeannine, **Jeannette**
est restée rare, ne prénommant guère plus
d'une fille sur 500 dans les années trente.

Jennifer

Comme dans la série télévisée américaine
Pour l'amour du risque (première diffusion   1960-75 ....
en France en 1981), Jennifer est la
cómpagne de Jonathan. Elle naît avec lui,   1976-81
culmine au même niveau (une fille sur 50)
et est aussi éphémère. Premier prénom   1982-83
féminin aux États-Unis de 1972 à 1985, elle
est d'importation récente et sa percée a été   1984-86
impressionnante puisqu'elle a atteint en peu
d'années le peloton de tête. Jennifer a fait   1987-90
fureur chez les employés et surtout les
ouvriers alors qu'elle fut boudée par les   depuis 91
cadres, sauf à ses débuts.

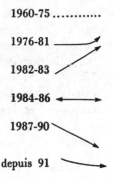

Notons la présence de quelques **Jenny** et
de la très récente **Jenna**.

Jessica

Concurrente aux États-Unis de Jennifer
qu'elle supplante à la première place en   1970-73 ....

1987, Jessica marche aussi avec sa rivale en
France. Elle démarre un peu avant Jennifer,
mais cette dernière la distance en 1984. Jessica n'est en effet pas donnée à plus d'une
fille sur 70, étant, comme Jennifer, surtout
répandue chez les ouvriers et les employés.
Les **Jessie** qui naissent depuis peu sont plus
rares que les **Jessy** qui sont, pour la plupart,
des garçons.

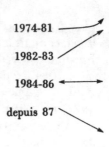

Jocelyne

Prénom du xxᵉ siècle, Jocelyne (à laquelle
nous ajoutons les rares **Joceline** ou **Josse-
line**) a pour patron saint Josse, prince breton du viiᵉ siècle s'étant fait ermite, qui a
donné son nom à un village du Pas-de-
Calais, lieu présumé de sa mort, et qui est
également honoré en Belgique. Et c'est bien
en Nord-Pas-de-Calais et en Picardie que
démarre Jocelyne; elle s'implante également dans l'Est mais sera plus rare dans le
Midi. Cette pérégrination explique la longueur de sa période conformiste, pendant
laquelle Jocelyne prénomme une fille sur
75. Prénom de type populaire, elle a été
mieux accueillie parmi les ouvriers, les
employés et·les agriculteurs.

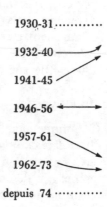

Joëlle

Joëlle a eu la même carrière que Joël et
au même moment, prénommant à peine une
fille sur 70 dans ses quatre meilleures
années. Elle a été appréciée en milieu agricole, mais à un moindre degré que Joël.
Quoique prénom biblique et non pas breton,
Joëlle s'est développée assez tôt en Bretagne.
Cependant, à la différence de Joël, ce n'est
pas dans les terres de l'Ouest qu'elle s'est le

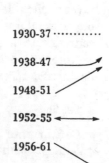

mieux implantée mais dans le sud de la
France et particulièrement dans le Sud-Est.

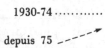

1962-77 ⟶

depuis 78 ....

Johanna

Forme très ancienne de Jeanne qui avait
quitté la France depuis des siècles, **Johanna**,
écrite encore **Joanna**, nous revient comme
un produit d'importation, un peu après
Johan. Sa progression est lente, mais continue (une fille sur 200). Les **Johanne** ou
Joanne sont bien plus rares.

1930-74 ....

depuis 75 ⟶

Josette

Durant ses neuf années de période conformiste, Josette a prénommé une fille sur 50,
un peu plus à son sommet en 1939-40. Mais
c'est une moyenne nationale. Or la diffusion
de Josette a été originale. Elle vient du Sud,
et même du Sud-Est, la Provence étant à la
pointe de la mode, une fois n'est pas coutume. Au sud de la Loire elle fait partie des
tout premiers prénoms au milieu des années
trente, attribuée à plus d'une fille sur 30.
Josette atteint même la première place, de
1935 à 1939, en Languedoc-Roussillon et
Midi-Pyrénées (une fille sur 25). Et c'est
dans le Nord-Ouest que ce prénom mode
sera le plus rare.

Josette a surgi vers 1910 quand Joséphine
vient de se démoder. **Joséphine** a eu son
heure de gloire entre 1850 et 1890 lorsqu'elle prénommait près d'une fille sur 40
et figurait à la cinquième place. En 1930,
elle est attribuée à moins d'une fille sur 300
et s'éclipse vers 1940. On ne verra pas de
sitôt Josette, tandis que Joséphine, encore
discrète, pose les jalons de son retour
imminent.

1930-35 ⟶

1936-44 ⟷

1945-53 ⟶

1954-63 ⟶

depuis 64 ....

Josiane

Josiane, qui paraît relayer Josette, est tout à l'opposé dans sa diffusion régionale. Elle vient du Nord, comme Jocelyne, culminant dès la fin des années trente dans le Nord-Pas-de-Calais et en Picardie (une fille sur 50). Elle a aussi du succès, mais plus tard, dans le Nord-Est (Alsace et Lorraine) ainsi que dans le Sud-Ouest (Aquitaine et Midi-Pyrénées). Sur l'ensemble de la France, ce prénom de type populaire (assez rare chez les cadres), réussit un peu moins bien que ne l'avait fait Josette : à peine une fille sur 60 pendant sept ans.

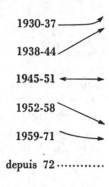

Julie

Ce prénom ancien a été assez en vogue au milieu du XIXe siècle, donné à une fille sur 70. Julie disparaît dès l'aube du XXe siècle, supplantée par Juliette. Lors de sa nouvelle carrière elle progresse sans hâte mais avec une telle constance qu'elle passe en tête des prénoms féminins en 1987, entre le règne d'Aurélie et celui d'Élodie. Lancée, comme son frère Julien, chez les cadres qui l'ont choisie pour une de leurs filles sur 40 dès 1980, elle s'est imposée finalement dans tous les milieux, tout en gardant un profil plus bourgeois que ses rivales Élodie et Audrey.

Quelques **Julia** accompagnèrent les Julie du XIXe siècle. Le même phénomène se reproduit depuis 1981. Les Julia ne sont pas encore légion (moins d'une fille sur 300).

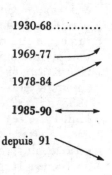

Juliette

Quoique aussi ancienne que Julie, Juliette paraît lui succéder dans le cycle de la mode. Les années 1890-1915 ont été celles de la prospérité de Juliette, alors donnée à plus d'une fille sur 80. Démodée dans les années trente, Juliette éprouve quelque difficulté depuis son retour à décoller vraiment (à peine une fille sur 300). C'est que la Juliette de la belle époque anticipait la vogue des prénoms en *ette* des années vingt et trente. Le caractère désuet de cette terminaison contrarie ses progrès. Si cet obstacle se lève, Juliette saura profiter du déclin de Julie.

1930-45
1946-75
depuis 76

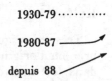

Justine

Partie après sa sœur Juliette, la vertueuse et infortunée Justine était bien décidée à la dépasser. La chose fut facile et, depuis, Justine s'envole vers les sommets en séduisant toutes les catégories sociales, malgré une petite réticence des cadres.

1930-79
1980-87
depuis 88

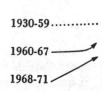

Karine et Carine

Karine est un diminutif de Catherine, mais il y a aussi une sainte Carine, assez obscure. Nous traitons comme un seul ces deux prénoms contemporains, les Karine étant presque trois fois plus nombreuses. Ce prénom nouveau fait une percée rapide et se hisse jusqu'au quatrième rang à son som-

1930-59
1960-67
1968-71

met : une fille sur 25 en 1973. Mais cette réussite est éphémère. Les professions intermédiaires et les employés lui ont fait le meilleur accueil tandis qu'il a été moins en faveur chez les cadres, surtout sous la forme Karine.

1972-75

1976-82

depuis 83

Karen ou **Karène** n'a pas fait mieux qu'une fille sur 400 dans les années 1970-75.

Katia

Katia a connu à peu près le même sort que Cathy, se nourrissant, comme elle, du déclin de Catherine. Elle a culminé au même moment, à un niveau à peine plus élevé (une fille sur 180) mais un peu moins longtemps.

1930-61

1962-69

1970-73

depuis 74

Kelly

Très en vogue en Grande-Bretagne, ce prénom d'origine irlandaise (que l'on trouve dans le feuilleton Santa Barbara) fait une brusque percée en France. Un nombre croissant de parents trouvent plus de grâce que de gêne à Kelly.

1930-79

depuis 80

Laetitia

Laetitia était un prénom inusité lorsque Serge Gainsbourg l'épela en chanson (1964). Si quelques Laetitia sont nées entre 1962 et 1967, c'est en 1968 que ce prénom fait sa

1930-67

1968-72

percée et son ascension est alors rapide. Laetitia atteint le sixième rang des prénoms en   1973-77
1979, se stabilisant à un niveau un peu
supérieur à une fille sur 50. Quoiqu'elle ait   1978-84
fait ses premiers pas en milieu bourgeois,
Laetitia est devenue un prénom de type   1985-90
populaire bien moins répandu chez les
cadres (une fille sur 120 au mieux de 1974 à   depuis 91
1977) que parmi les ouvriers.

Laura

Forme internationale de Laure, appréciée
dans les pays anglo-saxons mais toute   1930-78
récente en France, Laura s'y est très vite
imposée. Une forte poussée, en 1988, la   1979-84
conduit au deuxième rang et elle devient
menaçante pour Élodie. On la trouve par-   1985-87
tout, mais elle est moins envahissante chez
les cadres et dans les professions inter-   depuis 88
médiaires.

Laure

Prénom ancien, présent mais très rare
depuis le début du siècle, Laure entame son   1930-64
parcours à pas comptés dans les années
soixante, entraînée sans doute par Laurent   depuis 65
et Laurence. Longtemps confinée en milieu
bourgeois elle commence à se répandre dans
tous les groupes sociaux (une fille sur 150 en
moyenne). Mais elle souffre de la concurrence de Laura et de ses autres rejetons
(**Lauriane, Laurie,** etc.).

Laurence

Laurence est la contemporaine de Laurent.
Connue mais rare au xixe siècle et dans la   1930-46
première moitié du xxe, elle est, comme
Laurent, longue à prendre son élan, mais   1947-59

finit par prénommer près d'une fille sur 35 durant sa période conformiste, ce qui la place au huitième rang. Les cadres, puis les professions intermédiaires dès le début des années soixante, sont les catégories socio-professionnelles qui lui font le meilleur accueil, alors que les ouvriers ont moins souvent choisi ce prénom de type bour-geois. Laurence est en train de disparaître, laissant la place aux nouveaux dérivés de Laure.

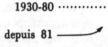

1960-65

1966-71

1972-77

1978-89

depuis 90 ············

Lauriane

Lauriane écrite encore **Laurianne** (rare-ment **Loriane**) commence à marquer des points, tandis que les **Laurane** ou **Lauranne** sont encore rares. On voit aussi apparaître depuis 1980 le prénom **Laurène** qui s'écrit encore **Lauren, Laureen, Lorène** ou **Lor-raine**. Ajoutons-y quelques **Laurette**.

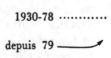

1930-80 ············

depuis 81 ———

Laurie

Dans cette floraison récente de dérivés de Laure, Laurie tire bien son épingle du jeu (plus d'une fille sur 200), quoique boudée par les cadres. **Laurine** s'installe dans sa foulée, entraînant **Laureline** et peut-être la sirène **Lorelei**.

1930-78 ············

depuis 79 ———

Léa

Léa a connu une petite vogue autour de 1900. Chère à Colette comme à Régine Deforges, elle revient en pleine forme (plus de 1 % chez les cadres), portée par sa double ascendance : lionne romaine et vache hébraïque.

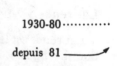

1930-80 ············

depuis 81 ———

Leslie

Ce prénom qui fut masculin en Grande-Bretagne s'est féminisé en France où il grandit sans hâte. D'origine écossaise, il n'a rien à voir avec Élisabeth.

1930-77 ············

depuis 78

Liliane

Un des nombreux dérivés d'Élisabeth qui fait son apparition dans les années vingt. Liliane rattrape Éliane partie avant elle et la surpasse : une fille sur 80 sur l'ensemble de sa période conformiste, une sur 65 en 1942. Elle est plus répandue dans le nord de la France, particulièrement en Haute-Normandie et Ile-de-France où son succès est précoce : une fille sur 40 de 1935 à 1940.

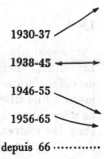

1930-37

1938-45

1946-55

1956-65

depuis 66 ············

Linda

Prénom de nombreuses actrices américaines, Linda est née en France dans les milieux populaires. Elle a vite plafonné et va bientôt disparaître.

1930-71 ············

depuis 72 ------

Louise

Fréquente dans le Bassin parisien dès le XVIᵉ siècle, Louise est à son zénith dans la seconde moitié du XIXᵉ, donnée à plus d'une fille sur 30 et oscillant entre le deuxième et le quatrième rang. Son reflux s'amorce dès le début de ce siècle, mais elle prénomme encore une fille sur 140 en 1930. Louise n'a pas été complètement oubliée durant sa période de purgatoire qui préludait à son nouveau départ bien amorcé chez les cadres. Louisette a été rare dans les années trente (une fille sur 500).

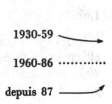

1930-59

1960-86 ············

depuis 87

Lucette

Lucette entame dans les années 1910-1915 une carrière typique d'un prénom mode tout en n'atteignant qu'un niveau modeste : à peine une fille sur 100 à son sommet en 1932. Elle a eu plus de succès dans le Sud-Ouest.

1930-35 ◄----►

1936-58 `-.-.`

depuis 59............

Lucie

Prénom plus traditionnel que Lucette ou Lucienne, Lucie a été en vogue dans les dernières années du XIXᵉ siècle, attribuée jusqu'à une fille sur 75. Après trente années de purgatoire, la voici de retour ; démarrant chez les cadres, elle progresse maintenant dans tous les groupes sociaux.

1930-45

1946-75............

1976-85

depuis 86

Lucienne

Lucienne s'élance quand Lucie culmine, au terme du XIXᵉ siècle. Son apogée date des années 1910-1924 pendant lesquelles elle prénomme une fille sur 50. Son sommeil actuel n'est nullement troublé par le bruit que font ses voisines.

1930-34

1935-59

depuis 60............

Lucile

Voici que Lucile, ou **Lucille**, commence à affirmer sa présence (plus d'une fille sur 200). Née dans le sillage de Lucie, ira-t-elle jusqu'à lui porter ombrage ?

1930-80............

depuis 81

Ludivine

Ludivine est le prénom de l'héroïne des *Gens de Mogador*, livre, mais surtout feuilleton télévisé à succès diffusé pour la première fois en 1972. Et voici que surgit ce

1930-72............

1973-83 `---►`

prénom, hors d'usage auparavant. Il est rarissime qu'on puisse ainsi repérer l'événement qui a lancé un prénom, même si Ludovic lui a peut-être préparé le terrain. Ludivine apparaît en même temps en toutes régions et dans toutes les catégories sociales, mais se développe mieux en milieu populaire. Elle plafonne actuellement sans avoir approché le seuil de 1 %.

depuis 84 ◄----►

Lydie

Inconnue, ou presque, au XIXe siècle, Lydie est restée rare et a fait preuve d'une grande stabilité. Elle est un peu plus fréquente de 1958 à 1974, atteignant tout juste le niveau minimum pour être classique (une fille sur 300). Mais, chose singulière, ce prénom si constant n'a rien de bourgeois. Il a été choisi trois fois plus souvent par les ouvriers que par les cadres.

Lydia, prénom présent mais rare depuis 1958, a été donné au plus à une fille sur 400 de 1969 à 1972.

1930-57 _____

1958-74 _____

1975-88 _____

depuis 89

Madeleine

Ce prénom ancien, très en faveur au XVIIIe siècle, au moins dans la moitié nord de la France, se retrouve encore dans les dix premiers au début du XIXe, avant de se tasser puis de repartir de plus belle vers 1890. Madeleine atteint son sommet pendant la Première Guerre mondiale (la Madelon des

1930-41 ↘

1942-59 ↘

depuis 60............

poilus) figurant à la troisième place et choisie pour une fille sur 27. Elle prénomme encore une fille sur 50 en 1930. Sa réussite a été bien plus nette dans le Nord que dans le Sud. La carrière de Madeleine est en principe trop récente pour qu'elle sorte de la disgrâce où elle est tombée. Mais Sophie et Camille sont déjà revenues, Marguerite s'y prépare, alors pourquoi pas Madeleine, la plus discrète des petites filles modèles?

Magali

Un prénom qui a été lancé (mais non créé comme Mireille) par Mistral. Magali est une forme hébraïque de Marguerite, à moins qu'elle ne dérive de Magal, ancien surnom du travailleur rural dans le Sud-Est. En tout cas, ce prénom qui sent le soleil vient de Provence. Son récent destin national a été honorable puisqu'il a été donné à une fille sur 70 pendant six ans, restant plus fréquent dans le Midi méditerranéen. Il s'est propagé également dans toutes les catégories sociales, à l'exception des cadres qui l'ont moins volontiers choisi. Depuis quelque temps on l'écrit aussi **Magalie**.

1930-60 ....

1961-69 _____

1970-75 ____

1976-81 ←——→

1982-85 ＼

depuis 86 ＼

Manon

Généralement tenue pour un diminutif de Marianne ou Marie-Anne, cette méridionale fait actuellement une percée spectaculaire dans tous les milieux, notamment les couches moyennes. Elle prend sa source dans le succès de Marion et la gloire de Pagnol.

1930-83 ....

1984-89 _____

depuis 90 ____

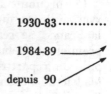

Marcelle

Marcelle naît à la fin du XIXe siècle, dans le sillage de Marcel. Sans atteindre les mêmes sommets que lui, elle est tout de même donnée à plus d'une fille sur 45 pendant vingt ans (1905-1924), son sommet se situant entre 1915 et 1919 (une sur 38). En 1930, son déclin est déjà bien entamé (une fille sur 65). Un prénom que l'on ne reverra pas de sitôt, mais qui a engendré Céline, en attendant peut-être **Marcelline**.

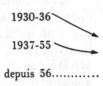

Margaux et Margot

Margot, diminutif ancien de Marguerite, cède le pas à Margaux (2,5 fois plus fréquente), orthographe choisie pour sa fille par Hemingway en hommage au grand cru du Médoc. Un prénom encore peu connu en milieu populaire, mais largement adopté par les cadres et les couches moyennes.

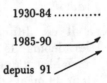

Marguerite

La martyre sainte Marguerite, si populaire depuis le moyen âge, a été rayée du calendrier romain en 1969. Mais il y a d'autres saintes pour patronner ce prénom au prestigieux passé. Depuis le XVe siècle, on le trouve régulièrement et un peu partout aux toutes premières places. Marguerite s'épanouit dans les années 1890-1905, figurant au troisième rang (une fille sur 25). Elle ne prénomme plus qu'une fille sur 100 en 1930 et son déclin est alors irrésistible, même s'il met du temps à arriver à son terme. On ne s'étonnerait pas du retour imminent de Marguerite, toute ragaillardie par trente ans de purgatoire.

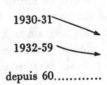

Marianne

Marie-Anne, mais aussi **Marianne,** furent courantes aux xviie et xviiie siècles, entraînées par **Anne. Marianne** s'est raréfiée depuis qu'elle a donné son nom à la représentation symbolique de la République, sans jamais disparaître tout à fait. Elle émerge tout doucement dans les années quarante et reste assez discrète.

Quant à **Ariane,** on la sent depuis quelques années prête à partir, mais son décollage se fait attendre.

1930-44 ....

1945-79 -------

depuis 80 -----▸

Marie

Il est difficile de dater avec précision les débuts de la prééminence de **Marie,** variables d'une région à l'autre. On peut tout de même dire que, depuis le xviie siècle, qui voit une forte poussée de dévotion mariale, **Marie** est le prénom féminin prédominant, celui que l'on trouve le plus souvent en tête, même sans tenir compte des **Marie** en composition, et cela jusqu'au début du xxe siècle : **Marie** tout court est encore donnée alors à une fille sur 10, mais son déclin s'amorce. Et voici que **Jeanne,** sa rivale séculaire, la supplante à la première place vers 1915. La chute de **Marie** se poursuit de manière spectaculaire : elle passe sous la barre de 1 % en 1940 et frôle le purgatoire dans les années soixante (à peine une fille sur 500). Son nouvel essor est rapide, singulièrement chez les cadres où elle est un des prénoms les plus choisis depuis 1980, mais aussi parmi les professions intermédiaires et les agriculteurs. Depuis 1981, elle progresse de manière plus hésitante,

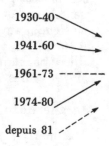

1930-40

1941-60

1961-73 -------

1974-80

depuis 81

mais une nouvelle ascension vers le firmament n'est pas à exclure si Marie parvient à mieux s'attirer les bonnes grâces des ouvriers.

Parmi les dérivés de Marie, trop rares depuis 1930 pour avoir droit à une notice, il faut citer d'abord **Maria**, prénom en vogue dans les dernières années du XIXᵉ siècle (une fille sur 50 de 1895 à 1900), qui se démode très vite (une sur 500 en 1930), mais ne disparaît pas complètement. **Marielle** n'est guère donnée à plus d'une fille sur 1 000 dans les années 1960-1980, tout comme **Mariette** dans les années vingt et trente.

Marie-Claire

Marie-Claire a emprunté à Claire son calme, sa discrétion et son allure classique. Née dans les années trente, elle n'a pas été choisie pour plus d'une fille sur 200 dans les années quarante. Elle ne s'est retirée que très doucement et n'est pas complètement absente aujourd'hui.

1930-39

1940-50

1951-78

depuis 79...........

Marie-Claude

Apparue comme Marie-Claire au début des années trente, Marie-Claude est loin d'avoir connu la fortune de Jean-Claude. Mais, comparée aux autres composés de Marie, sa réussite est honorable : elle prénomme une fille sur 70 pendant sept ans, faisant mieux que sa contemporaine Marie-France si l'on isole cette dernière de Marie-Françoise. En contrepartie, elle se démode assez vite.

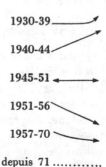

1930-39

1940-44

1945-51

1951-56

1957-70

depuis 71 ....

Marie-Christine

Le succès de Christine a entraîné celui, un peu plus tardif, de Marie-Christine, la dernière Marie-quelque chose à avoir atteint un niveau relativement élevé : une fille sur 70 à la fin des années cinquante. Sa carrière semble reproduire celle de Marie-Claude avec dix ans de décalage.

1930-41...........

1942-49

1950-54

1955-61

1962-67

1968-77

depuis 78...........

Marie-France et Marie-Françoise

Assimiler Marie-France et Marie-Françoise est une opération discutable. Marie-Françoise est un prénom ancien qui progresse doucement dans les années trente, tandis que Marie-France surgit en 1940 et s'envole sous l'occupation. Cependant toutes deux culminent au même moment, prénommant à elles deux une fille sur 60 (Marie-France est alors presque trois fois plus fréquente que Marie-Françoise). Et les deux prénoms ont été souvent utilisés par leurs porteuses de manière interchangeable.

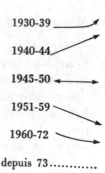

1930-39

1940-44

1945-50

1951-59

1960-72

depuis 73...........

Marie-Hélène

Un prénom d'allure classique, moins toutefois qu'Hélène, qui a été attribué à une fille sur 170 pendant neuf ans.

Mylène, forme contractée de Marie-Hélène, émerge timidement dans les années soixante et prend, depuis une douzaine d'années, de plus en plus d'ampleur (une fille sur 300). **Marlène** qui vient aussi de

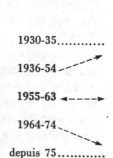

1930-35...........

1936-54

1955-63

1964-74

depuis 75...........

Marie-Hélène, ou de Marie-Madeleine, a longtemps oscillé autour du seuil de un sur 1 000. Elle se décide à venir au jour vers 1978 et gagne du terrain, un peu en retrait sur Mylène.

Marie-José

Marie-Joseph ou Marie-Josèphe étaient connues dans les siècles précédents et même fréquentes à certaines périodes. On en trouve, en petit nombre, dans les années trente et quarante. Mais c'est Marie-José ou Marie-Josée qui perce alors et va s'imposer, sans toutefois prénommer plus d'une fille sur 100 pendant une dizaine d'années.

1930-45
1946-55
1956-74
depuis 75

Marie-Laure

Le petit dernier des composés de Marie à avoir eu une certaine importance. Son apparition, puis son succès modeste mais durable, sont surprenants puisque à l'époque Laure était dans les limbes. Marie-Laure est choisie pour plus d'une fille sur 300 pendant quinze ans, juste ce qu'il faut pour être considérée comme classique, puis se maintient longtemps au niveau d'une fille sur 400.

1930-46
1947-59
1960-74
1975-87
depuis 88

Marie-Louise

Est-ce en souvenir de l'impératrice, ou en raison du succès de Louise ? Marie-Louise est très répandue au XIXᵉ siècle, de loin le plus fréquent des composés de Marie. De 1890 à 1915, Marie-Louise dépasse Louise et se situe au troisième ou quatrième rang (plus d'une fille sur 30). Au début des années trente, elle ne prénomme plus

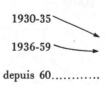

1930-35
1936-59
depuis 60

qu'une fille sur 80 et son recul rapide contraste avec l'ascension de ses consœurs issues de Marie.

Marie-Noëlle

Carrière bien modeste que celle de Marie-Noëlle qui a prénommé au mieux une fille sur 350 dans les années cinquante.

1930-40 ....

1941-73 _ _ _ _ _ _

depuis 74 ....

Marie-Paule

Alors que Paule est en disgrâce, Marie-Paule apparaît dans la nouvelle vague montante des prénoms composés. Mais elle ne dépasse pas le niveau d'une fille sur 200 à son sommet, en 1950.

1930-34 ....

1935-46 _ _ _ ⟋➚

1947-53 ◄ _ _ _ ►

1954-71 ➘

depuis 72 ....

Marie-Pierre

Cas rarissime d'utilisation récente d'un prénom masculin pour un prénom composé féminin, Marie-Pierre succède à Marie-Paule et sa carrière est identique, avec le même score à son sommet (une fille sur 200).

1930-45 ....

1946-59 _ _ _ ➚

1960-68 ◄ _ _ _ ►

1969-78 ➘

depuis 79 ....

Marie-Thérèse

Comme Thérèse, Marie-Thérèse est loin d'être un prénom nouveau. Mais elle progresse depuis le début du siècle et culmine dans les années trente à un niveau supérieur à celui de Thérèse : plus d'une fille sur 45 pendant ses dix ans de conformisme. Elle décline dans les années quarante, tout en restant le composé de Marie le plus répandu. Il faut noter la fortune exceptionnelle de Marie-Thérèse en Bretagne où elle est hyperconformiste (plus de 5 %) et premier prénom de 1934 à 1940.

1930-39 ←—→
1940-52
1953-69 —→
depuis 70...........

Marilyne et Maryline

Curieuse carrière que celle de ce prénom aux orthographes variées : Marilyne et Maryline dominent mais on supprime quelquefois leur e final (nous ne comptons pas ici les rares Marie-Line). Ce prénom est au plus haut en 1958-59, au niveau modeste d'une fille sur 110. C'est aussi le moment où Marilyn Monroe atteint la gloire. Mais pourquoi fléchit-il un peu avant la mort de la célèbre actrice (1962) ? Est-ce en hommage à sa mémoire qu'il tarde à décliner ? Ce prénom a été apprécié chez les employés et les ouvriers.

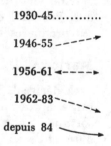

1930-45...........
1946-55 - - - →
1956-61 ←- - - →
1962-83 - - -→
depuis 84 —→

Marine

Alors que Marina végétait depuis plus de trente ans, dépassant de peu le seuil d'une fille sur 1 000, et que Marinette était rarissime, Marine apparaît dans les années soixante-dix. Sa progression d'abord timide s'amplifie et la propulse aux places d'honneur où elle se trouve déjà. Elle pourrait

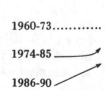

1960-73...........
1974-85 —→
1986-90 —→

faire mieux et guigner les tout premiers
rangs. Du coup **Marina** se réveille (plus
d'une fille sur 300).

depuis 91 ⟵⟶

Marion

Émergeant un peu avant Marine, Marion
a eu, elle aussi, des premiers pas assez dis-
crets. Mais sa croissance s'accélère à partir
de 1980, date où elle atteint le niveau de
1 % chez les cadres. En 1985, Marion est
déjà le prénom le plus choisi par ces mêmes
cadres. La voici dans le peloton de tête (plus
d'une fille sur 50). Un petit effort supplémentaire, surtout auprès des ouvriers, lui
permettrait de devenir le premier prénom
féminin. Dérivé très ancien de Marie,
Marion vient du Sud-Est : c'est en Languedoc, Provence et Rhône-Alpes qu'elle a fait
ses premières conquêtes.

1930-70 ....

1971-83 ⟋

1984-89 ⟋

depuis 90 ⟵⟶

Marjorie

Ce dérivé de Marguerite, à la mode américaine, après un bon départ dans les années
soixante-dix, a vite plafonné (un peu plus
d'une fille sur 300). Quelques **Marjolaine**
l'accompagnent dans son parcours.

1930-71...........

1972-77 ⟍⟋ ⟶

depuis 78 ⟵- - -⟶

Marlène voir Marie-Hélène

Marthe

L'âge d'or de Marthe se situe dans les
années 1890-1915 : elle prénomme alors
près d'une fille sur 60. En 1930, elle n'est
plus donnée qu'à une fille sur 200, mais elle
se démode moins vite que **Berthe** au même
niveau qu'elle à la fin du xixᵉ siècle.

1930-1950 ⟍⟶

depuis 51...........

Martine

Martine a été le grand prénom féminin des années cinquante. Apparu à la fin des années trente, son essor est impressionnant dans l'après-guerre. Martine se hisse très vite à la première place, qu'elle occupe de 1951 à 1958, prénommant plus d'une fille sur 20 pendant six ans et jusqu'à une sur 18 en 1954. Cette prééminence se retrouve à un moment ou à un autre dans toutes les catégories sociales, sauf chez les cadres où son succès est plus modeste. Ce sont les professions indépendantes (commerçants, artisans) qui font le meilleur accueil à Martine, l'adoptant vite et la choisissant pour une fille sur 15 de 1950 à 1957.

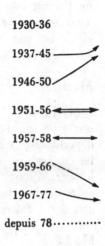

1930-36

1937-45

1946-50

1951-56

1957-58

1959-66

1967-77

depuis 78............

Maryse

Maryse apparaît à la fin des années vingt, quand Marie-Louise décline, piétine assez longtemps et ne prénomme guère plus d'une fille sur 100 pendant ses huit ans de période conformiste. Cette moyenne nationale cache le succès bien plus net de Maryse dans ses terres de prédilection du Sud-Ouest (Aquitaine, Midi-Pyrénées, Limousin) et sa diffusion inégale sur l'ensemble du territoire : elle est rare en Ile-de-France et presque inexistante en Alsace. Très bien accueillie chez les agriculteurs, elle est moins prisée chez les cadres.

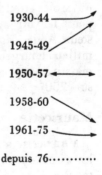

1930-44

1945-49

1950-57

1958-60

1961-75

depuis 76............

Maryvonne

Maryvonne a été un prénom de l'Ouest. Elle s'est implantée en Picardie, Normandie, Pays de Loire et surtout, comme tout ce qui vient d'Yves, en Bretagne où elle a été don-

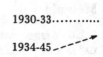

1930-33............

1934-45

née jusqu'à une fille sur 50. Dans l'ensemble
de l'hexagone sa carrière, entamée quand
Yvonne se démode, est bien plus modeste :
elle n'est pas choisie pour plus d'une fille
sur 200 de 1946 à 1953.

1946-53 ◄----►

1954-63

depuis 64 ....

Mathilde

Mathilde est revenue! Elle prénommait
une fille sur 160 à l'aube de ce siècle et a
déjà dépassé ce niveau. Très bien placée chez
les cadres, les professions intermédiaires et
les agriculteurs (une fille sur 60), il lui faut
se répandre dans les autres milieux pour
grandir encore. En aura-t-elle le goût ?

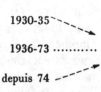

1930-35

1936-73 ....

depuis 74 ----

Maud

Comme **Mahaut**, Maud est un dérivé
ancien de Mathilde. Il y a eu quelques Maud
dans les années quarante et cinquante, mais
on doit attendre les années soixante-dix
pour la voir sortir de sa nuit. Comme sa
sœur Aude, Maud se développe d'abord en
milieu bourgeois. Elle s'est démocratisée,
mais paraît proche de son plafond (une fille
sur 250).

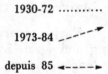

1930-72 ....

1973-84 ----

depuis 85 ◄----►

Mauricette

Mauricette a connu une petite vogue dans
les années trente (une fille sur 160) qui a
touché surtout la moitié nord de la France
(Picardie et Nord-Pas-de-Calais en particulier).

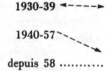

1930-39 ◄----►

1940-57

depuis 58 ....

Mélanie

En usage, sans être bien fréquente, au
XIXe siècle, Mélanie était retombée dans la

1930-71 ....

plus noire des nuits quand elle réapparaît
dans les années soixante-dix. Au terme
d'une ascension régulière, elle a atteint le
peloton de tête des prénoms féminins, attribuée à une fille sur 50. Mélanie s'est répartie assez également dans les divers milieux
malgré un moindre enthousiasme chez les
cadres. Son succès a été plus précoce dans
l'Ouest, de la Picardie à l'Aquitaine.

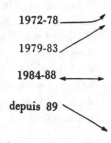

Mélissa

Ce prénom en vogue aux États-Unis pro-
gresse vite depuis son apparition en France.
La chanson à succès de Julien Clerc (1984),
reflet de cette faveur croissante, a pu aussi
l'amplifier. Mélissa qui entraîne **Mélinda** et
Mélina pourrait redonner vie à l'ancienne
Mélisande et faire naître la toute neuve
Méline qui devrait plaire aux agriculteurs.

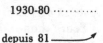

Mélodie

C'est le triomphe d'Élodie, plus que la
chanson de Gainsbourg, qui a fait naître en
France ce prénom connu aux États-Unis. D'où
vient qu'on l'écrit aussi **Mélody**. **Harmonie**
(y) est plus rare, mais ne cesse de s'enrichir.

Michèle et Michelle

Contrairement à ce qui s'est passé pour
Danielle, l'orthographe Michèle l'a emporté
nettement sur Michelle. Cette féminisation
moderne de Michel, émergeant dans les
années vingt, n'a pas connu une réussite
aussi formidable que le prénom masculin.
Elle a tout de même été choisie pour près
d'une fille sur 25 pendant huit ans, et
davantage à son sommet en 1945-46. Mais
elle n'a pu dépasser sa contemporaine

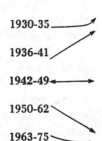

Danielle et s'imposer au premier rang. Sa
diffusion géographique a été plus uniforme
et simultanée que celle de Michel. Tout au
plus peut-on relever le retard, assez banal,
de l'Alsace et de la Bretagne, ainsi qu'une
prime en Ile-de-France et dans la région
Rhône-Alpes. De même sa diffusion sociale a
été normale.

depuis 76 ....

Micheline

C'est au début de notre période, dans les
années 1930-35, que Micheline est au faîte
de sa carrière, prénommant une fille sur 60.
Score honorable, mais modeste si on le
compare à ceux qu'obtiennent au même
moment Jacqueline et Jeannine. C'est que
Micheline n'a pas su s'épanouir également
dans toute la France. Sa zone de force
s'étend du Poitou au Nord (Picardie et Ile-
de-France notamment). La venue de Michèle
a accéléré sa chute.

1930-35 ←——→
1936-45 ↘
1946-56 ——→
depuis 57 ....

Mireille

Le seul prénom dont on connaisse la date
exacte de naissance. Son inventeur, Mistral,
fut le parrain de la première Mireille baptisée en 1861. Comme c'est le cas pour les prénoms régionaux quand ils se diffusent hors
de leur terre d'origine, sa progression est
lente et sa période conformiste étale : plus
d'une fille sur 100 pendant dix ans, avec une
petite pointe à une sur 70 en 1948. Pourquoi
Mireille a-t-elle voulu quitter sa Provence
natale pour entrer dans le cycle de la mode
qui la vouait à disparaître ? Suivons-la dans
son périple. Elle se promène un peu en Languedoc, mais son véritable objectif est la
capitale. Et elle essaime dans les terres

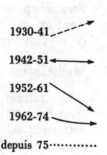

1930-41 ⤴
1942-51 ←——→
1952-61 ↘
1962-74 ——→
depuis 75 ....

qu'elle traverse : vallée du Rhône, région du Centre. Elle n'ira guère au-delà de Paris, étant rare dans le Nord-Ouest. Et elle n'a pas rompu avec sa région d'origine où elle reste trois fois plus fréquente qu'ailleurs dans les années quarante.

Monique

L'ambition de Monique découle de son étymologie : être unique. Non pas unique au monde, loin s'en faut, mais seule en tête. Et c'est bien ce qu'elle réalise, occupant la première place des prénoms féminins de 1936 à 1943. Pendant six années, son choix est hyperconformiste (plus d'une fille sur 20), l'apogée se situant vers 1940. Monique a culminé plus tôt en milieu bourgeois (autour de 1935) tandis qu'elle se maintient au premier rang chez les agriculteurs jusqu'en 1953. Elle s'est diffusée partout mais a connu une réussite plus précoce et presque insolente en région parisienne, y prénommant jusqu'à une fille sur 12 dans les années 1936-40. Ses autres terres de prédilection sont situées dans la moitié nord : Franche-Comté, Bourgogne, Champagne-Ardenne, Lorraine, Centre et Haute-Normandie.

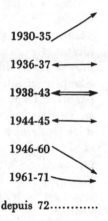

1930-35
1936-37
1938-43
1944-45
1946-60
1961-71
depuis 72............

Morgane

Ce sont les Bretons qui ressuscitent, vers 1970, ce vieux prénom celtique qu'ils donnent, dès 1980, à une de leurs filles sur 60. Morgane est alors bien discrète hors de sa terre d'origine, mais, depuis, elle a gagné du terrain un peu partout et dans tous les milieux sociaux. Elle prénomme déjà plus d'une fille sur 120, portée à la fois par sa

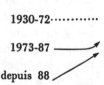

1930-72············
1973-87
depuis 88

touche archaïque et son allure anglo-américaine.

Muriel

Disparu depuis des siècles, ce prénom d'origine gaélique et dépourvu de sainte patronne, apparaît dans les années quarante. Ses premiers pas sont timides et Muriel (écrit parfois **Murielle**) ne prénomme guère plus d'une fille sur 75 lorsqu'elle culmine. Ce prénom de niveau moyen a été un peu plus fréquent dans les couches sociales moyennes, un peu moins parmi les cadres et les agriculteurs. Tout en se distribuant sur l'ensemble du territoire, Muriel a préféré le soleil (Languedoc et Provence). Malgré ses lointaines origines, elle s'est moins bien acclimatée en Bretagne et en Normandie. Sa forme phonétique anglaise, **Méryl**, tente d'apparaître en France.

1930-46 ....
1947-58 ————
1959-62
1963-67 ◄————►
1968-73
1974-85
depuis 86 ....

Mylène voir Marie-Hélène

Myriam

Cette forme hébraïque de Marie, dont l'orthographe plus traditionnelle est **Miriam**, émerge, très discrètement, pendant l'occupation allemande, et reste discrète sur l'ensemble de sa carrière : elle n'est choisie que pour une fille sur 120 pendant ses meilleures années. Ce prénom s'est assez également réparti dans les catégories socioprofessionnelles (avec une petite prime pour les commerçants), sauf chez les cadres où il a moins fait recette. On peut noter son succès plus marqué en Alsace et en Lorraine, mais aussi dans le Sud-Ouest.

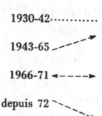

1930-42 ....
1943-65 - - - -►
1966-71 ◄- - - -►
depuis 72

La lenteur de son reflux tient à ce que Myriam ou Mériem étant aussi une forme arabe de Marie est souvent choisie par les parents d'origine maghrébine.

Nadège

Ce prénom slave, qui fait son apparition en France dans les années cinquante, végète pendant une quinzaine d'années avant de prendre son essor. Essor modeste puisque Nadège ne prénomme pas plus d'une fille sur 150 lors de ses meilleures années (1978-79). Ce prénom de type populaire a été choisi trois fois plus souvent par les ouvriers que chez les cadres.

1930-53............

1954-69 - - - - - -

1970-75 - - - ↗

1976-83 ◄- - - - ►

depuis 84 ↘

Nadia

Nadia, autre forme de Nadège, en amplifie les caractéristiques. Elle est encore plus stable, oscillant faiblement autour du niveau d'une fille sur 180 durant 17 ans. Mais cette permanence n'est pas celle d'un prénom bourgeois, bien au contraire. Nadia a une clientèle plus populaire que celle de Nadège, étant surtout appréciée en milieu ouvrier. Comme Sonia, autre prénom slave, Nadia est fréquemment choisie par les parents d'origine maghrébine. Il est vrai que c'est aussi un prénom arabe.

1930-42............

1943-57 - - - - - -

1958-65 - - - ↗

1966-82 ————

depuis 83 ↘

Nadine

On peut rattacher Nadine à Nadège, mais
avec autant de vraisemblance à Bernadette
qu'elle paraît relayer. Son essor est d'ailleurs antérieur à celui de Nadège et de
Nadia et sa carrière moins stable. Au terme
d'une lente progression, Nadine culmine en
prénommant plus d'une fille sur 60. Mais
son recul est assez rapide. Nadine a été un
prénom de type plutôt populaire, assez peu
répandu chez les cadres, mais bien accueilli,
comme Bernadette au terme de sa carrière,
par les agriculteurs qui ont tardé à adopter
Nadège et ont franchement boudé Nadia.

1930-35 ....
1936-48 ———
1949-58 ╱
1959-63 ◄———►
1964-68 ╲
1969-81 ╲———►
depuis 82 ....

Natacha

Née dans le sillage de Nathalie dont elle
est un diminutif slave, Natacha ne s'est pas
imposée. Elle piétine depuis 1972, oscillant
autour d'un niveau un peu inférieur à une
fille sur 300, et commence à fléchir.

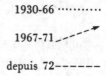

1930-66 ....
1967-71 --►
depuis 72 ------

Nathalie

Jamais on n'avait vu un prénom monter
aussi vite et aussi haut à la fois. Trois
années suffisent à ce prénom presque nouveau pour passer de 1 % à 6 %. La percée
de Nathalie Wood dans *West Side Story*
(1961), la chanson au succès immense de
Gilbert Bécaud (1964) expliquent-elles cet
incroyable engouement? Rien n'est moins
sûr, d'autant qu'en 1964 Nathalie est déjà
dans la zone de l'hyperconformisme. Toujours est-il que Nathalie, au premier rang
de 1965 à 1972, atteint un niveau record,
sans précédent pour les prénoms féminins

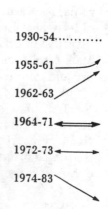

1930-54 ....
1955-61 ———
1962-63 ╱
1964-71 ◄———►
1972-73 ◄———►
1974-83 ╲

depuis Marie au tout début du siècle : plus
d'une fille sur 13 de 1966 à 1968. Elle est
naturellement, à un moment ou à un autre,
en tête dans tous les milieux, y compris chez
les cadres, en 1964-65 (entre Catherine et
Isabelle) et chez les agriculteurs en 1968-69
(entre Sylvie et Isabelle). Sa prééminence est
plus nette et plus durable dans les autres
catégories sociales, notamment chez les professions intermédiaires où elle est choisie
pour une fille sur 12 en 1965-66, le niveau
record étant atteint parmi les employés avec
une fille sur 11 de 1966 à 1969. Reverra-
t-on à l'avenir pareil triomphe ?

depuis 84 ⟶

Nelly

Nelly a emprunté à Hélène, dont elle est
le diminutif anglais, sa régularité et sa persévérance. Elle atteint tout juste, de 1942 à
1958, le score autorisant à la traiter comme
classique (une fille sur 300) et se maintient
longtemps à un niveau un peu inférieur.

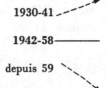

1930-41

1942-58

depuis 59

Nicole

Partie après Monique, dans les années
vingt, Nicole court après sa rivale sans
jamais la rattraper, malgré son essor spectaculaire des années trente. Elle n'est, au
mieux, que second prénom en 1940-41, relé-
guée ensuite au troisième rang par le
triomphe de Danielle. Nicole est pourtant
choisie pour une fille sur 25 durant sa
période conformiste. Son succès est précoce
et éclatant en Ile-de-France (elle y est hyperconformiste de 1935 à 1945) ainsi qu'en
Champagne et Picardie. Dans cette dernière
région, comme en Basse-Normandie, Nicole
parvient à prendre la tête au début des

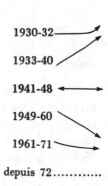

1930-32

1933-40

1941-48

1949-60

1961-71

depuis 72............

années quarante, ayant ainsi l'occasion rare de faire la nique à Monique. C'est aussi le cas en Midi-Pyrénées où Nicole s'épanouit tardivement.

Noëlle

Féminisation moderne de Noël, Noëlle a été encore moins répandue que son homologue masculin ou que Marie-Noëlle : au mieux une fille sur 400 de 1946 à 1953.

1930-71------

depuis 72............

Noémie

D'origine hébraïque, dépourvu, semble-t-il, de sainte patronne, ce prénom était connu mais bien rare au XIXe siècle. Progressant de manière soutenue depuis sa percée récente (déjà une fille sur 200), Noémie avance du même pas dans tous les milieux.

1930-78...........

depuis 79

Odette

Inconnue ou presque jusqu'alors, Odette surgit dans les dernières années du XIXe siècle et culmine dans les années 1923-1929, où elle est choisie pour une fille sur 40. Son déclin, entamé en 1930, est singulièrement rapide, encore qu'Odette se maintienne bien jusqu'en 1940 dans certaines régions : Midi-Pyrénées, Auvergne, Limousin et Basse-Normandie.

1930-40

1941-57

depuis 58............

Odile

Odile n'a pas eu la même réussite qu'Odette qu'elle remplace, quoiqu'elle soit plus ancienne. Son parcours est autrement tranquille, mais il est aussi très original. Odile est longue à se décider à quitter l'Alsace qu'elle patronne – et où elle est fréquente jusque dans les années trente – pour se lancer dans une carrière nationale. Sur l'ensemble du territoire, elle ne prénomme qu'une fille sur 150 pendant quinze ans. Elle s'épanouit alors, non plus en Alsace où elle se raréfie, mais dans les terres catholiques de l'Ouest, Pays de Loire et surtout Bretagne (une fille sur 80). Ce prénom d'allure classique a été apprécié en milieu bourgeois, mais il a joui d'une faveur toute particulière chez les agriculteurs qui l'ont choisi cinq fois plus souvent que les ouvriers.

1930-45
1946-60
1961-73
depuis 74

Olivia

Après un départ assez prometteur, Olivia végète, n'étant pas attribuée à une fille sur 300.

1930-67
depuis 68

Ophélie

Une nouveauté que ce prénom shakespearien porté par une crue soudaine, mais qui n'est pas encore spectaculaire. Un peu en retrait sur Noémie, Ophélie progresse aussi dans tous les milieux mais surtout chez les ouvriers.

1930-78
depuis 79

Pascale

Prénom moderne, Pascale culmine en même temps que Pascal sans atteindre les mêmes sommets : elle est choisie pour une fille sur 45 durant sa brève période conformiste. Comme Pascal, Pascale se développe simultanément dans tous les milieux, mais, à la différence de Pascal, c'est un prénom plutôt de type bourgeois : elle obtient ses meilleurs scores chez les cadres une fille sur 30 en 1960-62), et ses plus médiocres parmi les ouvriers et les agriculteurs. Son succès est supérieur à la moyenne dans des régions très variées : Franche-Comté, Rhône-Alpes, Nord-Pas-de-Calais et Corse. Ce prénom éphémère se perpétue dans les **Pascaline** qui naissent depuis peu.

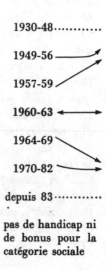

1930-48............

1949-56 ——

1957-59

1960-63 ←——→

1964-69

1970-82

depuis 83............

pas de handicap ni de bonus pour la catégorie sociale

Patricia

Aussi nouvelle en France que l'était Patrick, Patricia grandit dans son sillage. Elle l'emporte sur sa contemporaine Pascale, puisqu'elle prénomme une fille sur 35 à son sommet, atteignant le sixième rang. Son profil social la distingue de Pascale : elle a été médiocrement accueillie chez les cadres (ainsi que chez les agriculteurs), réussissant mieux parmi les ouvriers, les employés et les professions intermédiaires.

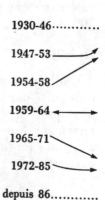

1930-46............

1947-53 ——

1954-58

1959-64 ←——→

1965-71

1972-85

depuis 86............

Paulette

C'est dans les années vingt que Paulette, née avec le siècle et succédant à Pauline, est à son apogée : elle prénomme alors plus d'une fille sur 40. Sa réussite est plus grande encore dans le Bassin parisien, ainsi qu'en Poitou-Charentes où elle fait un malheur, tandis qu'elle est chétive et tardive en Bretagne et en Alsace. Paulette recule vite, sauf dans le Sud-Ouest où elle se maintient jusqu'au début des années quarante.

La fortune de **Paulette** a engendré une petite poussée de **Paule**, rarissime au XIXᵉ siècle, choisie pour une fille sur 200 de 1915 à 1924, qui disparaît au terme des années quarante.

1930-42
1943-57
depuis 58............

Pauline

Pauline est un prénom courant au XIXᵉ siècle, sans être bien fréquent : au mieux une fille sur 100 dans les années 1850. Encore choisie pour une fille sur 200 à l'aube du XXᵉ siècle, elle se retire dans les années vingt. Depuis son retour, Pauline gagne rapidement du terrain. En 1985, elle prénommait déjà une fille sur 50 chez les cadres. La voici qui s'installe dans le peloton de tête et s'affirme comme prétendante aux tout premiers rangs.

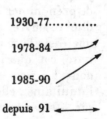

1930-77............
1978-84
1985-90
depuis 91

Peggy

Ce diminutif de Margaret (Marguerite en anglais) a sa propre sainte patronne. Il a connu en France une petite vogue subite et éphémère (une fille sur 200 pendant six ans), surtout chez les employés et les ouvriers. Peggy a été plus répandue dans le

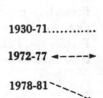

1930-71............
1972-77
1978-81

Nord-Ouest. Aujourd'hui c'est **Mégane**, diminutif gallois de Margaret un peu francisé, qui fait une percée.

depuis 82 ············

Perrine

Cette ancienne féminisation de Pierre, moins ancienne cependant et surtout de moindre importance que les **Pétronille**, **Peyronne** ou **Peyronnelle** du moyen âge, est d'usage assez rare au XIXe siècle. Elle tente de retrouver une nouvelle jeunesse.

1930-80 ············

depuis 81 ⟶

Pierrette

C'est Pierrette et non l'ancienne **Perrette** qui s'est imposée comme féminin de Pierre dans la première moitié du XXe siècle. Pierrette tranche sur ses contemporaines en *ette* par la tranquillité de son parcours. Elle monte doucement depuis le début du siècle jusqu'aux années trente où elle se contente de prénommer une fille sur 125. Cette placidité recouvre, comme c'est souvent le cas, une distribution régionale contrastée. Pierrette est quasiment un prénom régional dont les fiefs sont le Poitou-Charentes et l'Aquitaine : elle y est choisie pour une fille sur 40 pendant sa période conformiste.

1930-40 ◀----▶

1941-63 ◥

depuis 64 ············

Priscilla

Priscilla à laquelle nous ajoutons **Priscillia** (il y a aussi de plus rares Prescillia et Prescilla) est un prénom connu dans les pays anglo-saxons qui fait son chemin en France (sauf chez les cadres). Du coup, **Priscille** commence à frémir.

1970-78 ············

depuis 79 ⟶

Rachel

Ce prénom biblique n'a connu qu'une vogue éphémère, atteignant à peine le niveau d'une fille sur 200 dans ses meilleures années. Mais Rachel a obtenu un vrai succès dans le Nord-Est (Lorraine, Alsace, Franche-Comté), y prénommant plus d'une fille sur 80 de 1970 à 1974.

Daphné Du Maurier nous pardonnera peut-être de faire cousiner Rachel avec **Rébecca**. Cette dernière éprouve, depuis la fin des années soixante-dix, quelque peine à démarrer vraiment.

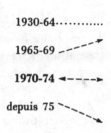

1930-64 ....
1965-69
1970-74
depuis 75

Raymonde

Raymonde a fait son apparition dans les dernières années du XIXe siècle, entraînée par Raymond, et son âge d'or se situe dans les années 1915-1925 quand elle est choisie pour une fille sur 55, sa réussite étant un peu plus marquée dans le Bassin parisien. Prénommant encore une fille sur 70 en 1930, Raymonde se démode vite.

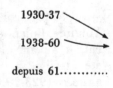

1930-37
1938-60
depuis 61 ....

Régine

Régine vient de Régina, forme savante de **Reine**. Elle se comporte comme le féminin ou la compagne de Régis. Sa carrière est tout juste un peu plus sensible à la mode. Régine grandit doucement dans les années vingt,

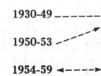

1930-49
1950-53
1954-59

n'est attribuée qu'à une fille sur 400 pendant vingt ans, avant qu'une petite vogue l'amène au niveau moins modeste d'une fille sur 160. Comme Régis encore, Régine a été particulièrement appréciée chez les agriculteurs (six fois plus que chez les cadres).

1960-71

depuis 72............

Renée

C'est au terme du XIXe siècle que Renée rompt avec ses attaches angevines pour entamer, à la remorque de René, mais un cran en dessous, une carrière nationale. Elle est à son apogée dans les années 1915-1925, prénommant alors plus d'une fille sur 45 et l'emportant sur Andrée, sa quasi-contemporaine. Comme René, elle s'implante bien dans le Nord-Est (sauf toutefois en Alsace) tout en gardant des attaches en Anjou et en Poitou ; comme lui encore, elle ne se diffuse que tardivement dans le Sud-Est.

1930-42

1943-61

depuis 62............

Rolande

A peu près contemporaine de Roland et de Yolande, Rolande est comme eux un prénom calme, à peine plus sensible à la mode, qui a été attribué à une fille sur 250 dans les années 1923-1935.

1930-35

1936-50

depuis 51............

Roseline et Roselyne

Tout petit succès que celui de Roseline (ou Roselyne). Elle a prénommé moins d'une fille sur 200 lors de ses meilleures années.

Rosine, Rosemarie et Rosemonde ont été et restent pratiquement inexistantes et l'on ne voit toujours pas revenir Rose ni même Rosalie qui avaient fleuri au XIXe siècle.

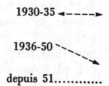

1930-31............

1932-49

1950-57

1958-69

depuis 70............

Sabine

Même à son sommet, Sabine est à peine donnée à une fille sur 110. C'est un prénom qui vient d'Allemagne, et non de Rome, et se diffuse à partir du Nord-Est (du Nord-Pas-de-Calais à l'Alsace) où sa réussite est plus précoce et moins modeste. En revanche, Sabine a du mal à atteindre l'Ouest, de la Normandie aux Charentes. Un prénom très contrasté dans sa diffusion régionale, mais très homogène quant à sa diffusion sociale.

1930-53............
1954-66 --->
1967-72 <----->
1973-90 --->
depuis 91 ....

Sabrina

D'origine obscure, ce prénom arrive en France dans les années soixante, via l'Amérique. Après une percée rapide, il est donné pendant quatre ans à plus d'une fille sur 55. Ce sont les ouvriers qui l'adoptent le plus volontiers, alors que les cadres l'ignorent et qu'il est rare parmi les professions intermédiaires et les agriculteurs. Sabrina est actuellement un des tout premiers prénoms pour les filles d'origine algérienne, mais il est aussi fréquemment choisi par les parents de nationalité portugaise.

1930-67............
1968-75 --->
1976-77 --->
1978-81 <----->
depuis 82 --->

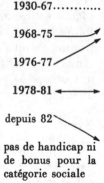

pas de handicap ni de bonus pour la catégorie sociale

Sandra

Ce diminutif d'Alexandra, d'usage courant dans les pays anglo-saxons, mais quasiment inconnu en France avant les années

1930-63···········

soixante, a eu moins de succès que la forme Sandrine. Sandra prénomme tout de même une fille sur 70 pendant cinq ans. C'est un des prénoms féminins le plus fréquemment adoptés par les parents d'origine maghrébine et portugaise.

Sandy, plus rarement Sandie, fait actuellement une percée dans les milieux populaires (plus d'une fille sur 300).

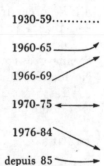

1964-69

1970-71

1972-76

1977-84

depuis 85

Sandrine

La carrière de ce prénom tout neuf précède celles d'Alexandra et d'Alexandre dont il dérive. L'envol de Sandrine est particulièrement rapide et l'amène près du niveau d'une fille sur 20 en 1973, année où elle parvient à se glisser momentanément au premier rang des prénoms féminins, entre le règne de Nathalie et celui de Stéphanie. Elle est choisie pour plus d'une fille sur 25 sur l'ensemble de sa période conformiste. Les cadres ont été les plus réticents face à ce nouveau prénom dont le profil social est plutôt populaire, moins accusé toutefois que celui de Sandra. Si on les additionne, Sandra et Sandrine forment un prénom hyperconformiste pendant six ans et qui occupe la première place en 1972-73 et 1976-78.

1930-59

1960-65

1966-69

1970-75

1976-84

depuis 85

Sarah

Ce prénom biblique, connu, de longue date, dans les pays anglo-saxons, y est particulièrement à la mode depuis une quinzaine d'années. Mais il ne faut pas oublier la **Sara** qu'honorent les gitans aux Saintes-Maries-de-la-Mer. Sarah, qui ne s'écrit plus guère Sara, a mis du temps à s'élancer en France. Quoique distancée par sa rivale Laura, elle

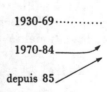

1930-69

1970-84

depuis 85

continue de grandir (près d'une fille sur 70), appréciée un peu partout, notamment chez les artisans et commerçants, et devrait bientôt figurer aux places d'honneur.

Séverine

Un prénom sans passé et plus qu'éphémère : fugace. En quelques années, le voici qui arrive et puis qui s'en va, atteignant cependant au passage le score très honorable d'une fille sur 45 à son sommet. Ce rapide tour de piste est apprécié par beaucoup, les ouvriers notamment, mais aussi les employés, les agriculteurs, les commerçants. Seuls les cadres le jugent sévèrement et, du coup, boudent Séverine. Les Provençaux semblent ne s'être aperçus de son existence que lorsqu'elle était sur le point de partir.

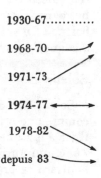

1930-67............

1968-70

1971-73

1974-77

1978-82

depuis 83

Simone

Simone, à laquelle nous ajoutons la plus rare **Simonne**, naît peu avant ce siècle et triomphe dans les années 1920-1926 lorsqu'elle est donnée à près d'une fille sur 20. Son apogée coïncide avec le déclin des grands prénoms traditionnels, Marie et Jeanne, qui laissent la place aux jeunes. Simone en profite pour atteindre le premier rang en 1925-26 avant que Jeannine lui succède plus durablement. Simone s'est bien diffusée en toutes régions, sauf en Alsace, mais on peut noter sa réussite plus précoce et plus nette en Haute-Normandie et Ile-de-France.

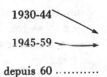

1930-44

1945-59

depuis 60 ....

Solange

Typique des années vingt et trente, Solange ne prénomme même pas une fille

1930-34

sur 100 quand elle culmine, vers 1930. Elle
ne dépasse ce score qu'en Ile-de-France,
Pays de Loire, Poitou et surtout dans la
région du Centre où elle est deux fois plus
répandue qu'ailleurs. Il est vrai que sainte
Solange est la patronne de Bourges et du
Berry. Solange ne s'aventure guère loin de
cet épicentre, comme en Provence ou en
Bretagne. Est-ce en raison de la montée de
Solène ? On voit depuis peu naître à nouveau
quelques Solange.

1935-63
depuis 64............

Solène

Solène (ou **Solenne**) peut être considérée
comme une forme savante de Solange. Mais
il y a aussi une sainte Solenne, ou **Soline** ou
Zélie, qui aurait été martyrisée à Chartres.
Pourtant ce prénom nous vient de Bretagne
où il apparaît à la fin des années soixante,
attribué dès 1980 à une fille sur 60. Sur
l'ensemble du territoire, son émergence est
plus récente et moins visible.

Dans sa foulée, **Ségolène** prend de l'assu-
rance tandis que naît la rare et norvégienne
Solveig.

1930-77 ....
depuis 78

Sonia

Sonia est presque une inconnue en France
avant les années quarante et n'émerge qu'au
milieu des années cinquante. C'est un prénom de type populaire, peu répandu en
milieu bourgeois, et dont la carrière est
modeste puisqu'il n'atteint pas à son sommet le seuil de 1 %. Sonia ne décline que
très lentement. Cette forme slave de Sophie
a été adoptée par les parents d'origine portugaise et maghrébine qui en ont fait un de
leurs tout premiers prénoms féminins. •

1930-54............
1955-72
1973-78
depuis 79

Sophie

Un prénom sage, bien sûr, qui se méfie des sommets proches du précipice. Assez courant dans la première moitié du XIXe siècle, donné même à plus d'une fille sur 100 vers 1820, ses malheurs commencent avec la comtesse de Ségur. Pour y mettre un terme, Sophie préfère s'éclipser au début du XXe. Quand elle revient, dans les années cinquante, ses progrès, sans être fracassants, sont réguliers. Sophie se contente d'être choisie pour une fille sur 40 durant sa période conformiste, sans sommet bien marqué, ce qui la situe tout de même vers le septième rang des prénoms. Sa réussite est plus éclatante en milieu bourgeois. Le choix de Sophie s'impose chez les cadres pour une fille sur 30 pendant douze ans (1966-77) avec une pointe en 1968-69 qui la place en seconde position (une fille sur 22). Son déclin est si lent qu'elle donne l'impression de vouloir rester et qu'elle prend une allure très classique, gardant la faveur des cadres. Notons la naissance de **Sophia** ou **Sofia** ces dernières années.

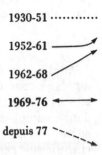

1930-51 ············
1952-61 ⟶
1962-68 ⟋
1969-76 ⟷
depuis 77 ⤍

Stéphanie

Stéphanie est beaucoup plus turbulente que Sophie. Comme Stéphane, son homologue masculin qui la précède, c'est un prénom tout neuf quand il surgit, les Stephana du moyen âge étant bien oubliées. Stéphanie arrive comme un ouragan et se retrouve très vite en tête du hit-parade (de 1974 à 1977). Mais son apogée est particulièrement bref : deux années (1974-75) pendant lesquelles elle prénomme une fille sur 17. Son meilleur score est alors obtenu chez les employés

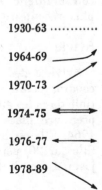

1930-63 ············
1964-69 ⟋
1970-73 ⟋
1974-75 ⟺
1976-77 ⟷
1978-89 ⟍

(une fille sur 13). L'ouragan s'essouffle vite. Et la princesse (née en 1965) eut beau chanter tout l'été, cela n'empêcha pas son prénom de tomber.

depuis 90

Suzanne

Adolescente à la fin du XIXe siècle, Suzanne est dans tout l'éclat de sa beauté dans les années 1910-1925. Elle séduit alors près d'un couple de parents sur 35, davantage encore vers 1920 quand elle atteint le cinquième rang des prénoms féminins. Suzanne existait depuis le moyen âge, mais jamais n'avait connu un tel succès. Elle s'étiole dans les années trente et prend son temps pour entrer au purgatoire où elle ne s'évanouit pas complètement, flanquée de quelques **Suzy**, **Suzie** ou **Suzon**.

1930-42

1943-61

depuis 62 ....

Sylviane

Sylviane (plus rarement **Sylvianne**) est soit une contraction de Sylvie-Anne, soit un prénom autonome dérivé de Silvana. Sa carrière modeste (au mieux une fille sur 200) a préludé à l'épanouissement de Sylvie. **Sylvette** a été encore plus discrète dans les années quarante et **Sylvaine** a toujours été confidentielle. Les **Sylvia** sont, en général, plus récentes.

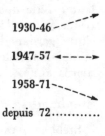

1930-46

1947-57

1958-71

depuis 72 ....

Sylvie

Sylvie a été le grand prénom du temps des copains et du yéyé. Une ascension irrésistible dans les années cinquante l'amène à la première place qu'elle occupe de 1960 à 1964. Elle est hyperconformiste (plus d'une fille sur 20) pendant sept ans, prénommant jusqu'à une fille sur 15 en 1964. Sylvie

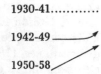

1930-41 ....

1942-49

1950-58

triomphe dans tous les groupes sociaux, un peu moins toutefois chez les cadres où elle ne peut détrôner Catherine et où son avance est moins nette que d'habitude. Relevons le score impressionnant d'une fille sur 13, de 1963 à 1965, chez les artisans et commerçants, groupe qui a fait le meilleur accueil à Sylvie. Et ce même niveau est atteint en 1965-67 parmi les agriculteurs qui placent ce prénom mode, une fois n'est pas coutume, au premier rang de 1960 à 1967. Mais alors que Sylvie est toujours au zénith, voici Nathalie qui la bouscule et va monter encore plus haut.

1959-60
1961-67
1968
1969-77
1978-88
depuis 89 ....

réduire de un an les handicaps et bonus pour la catégorie sociale

Thérèse

Thérèse prend son essor au XVIIᵉ siècle et devient un prénom courant, même si on le trouve rarement dans le peloton de tête. Après une petite vogue au début du XIXᵉ siècle, Thérèse est d'une grande constance de 1830 à 1915, donnée à une fille sur 140 environ. La renommée croissante de sainte Thérèse de l'Enfant-Jésus, morte en 1897, béatifiée en 1923, canonisée en 1925 – Lisieux devenant un haut lieu de pèlerinage –, entraîne un regain de faveur pour ce prénom. Il culmine de 1926 à 1935, choisi pour une fille sur 60 (dépassé cependant par Marie-Thérèse). Thérèse triomphe surtout dans la terre natale de la nouvelle sainte et dans les régions voisines du Nord-Ouest. En

1930-35
1936-44
1945-68
depuis 69 ....

Basse-Normandie elle est au premier rang au milieu des années trente, attribuée à près d'une fille sur 20. Le recul de ce prénom, si longtemps présent, a été singulièrement rapide, sauf dans ses zones de force.

Tiphaine

Comme Noël, Pascal, **Toussaint** ou même **Osanne** (dimanche des Rameaux), Tiphaine est un prénom qui évoque une fête religieuse : l'Épiphanie. Oubliée depuis des siècles, Tiphaine (plus rarement **Typhaine**) a été réveillée par la venue de sa version anglaise, peut-être aussi par la montée de Thibaut.

1930-80 ···········

depuis 81 ⟋

Tiphanie et Tiffany

De même origine que Tiphaine, Tiphanie s'écrit désormais surtout Tiffany, sans parler d'autres orthographes plus rares comme **Typhanie** ou **Tiffanie**. La crue de ce prénom s'alimente à plusieurs sources : la source médiévale (Tiphaine), la source anglo-saxonne, la montée de Fanny et la gloire déclinante de Stéphanie.

1930-79 ···········

depuis 80 ⟋

Valérie

Quasiment inexistante jusqu'alors, Valérie fait une formidable percée au début des années soixante, comparable à celle de Nathalie, sa presque contemporaine. Elle se

1930-58 ···········

1959-61 ⟋

retrouve hyperconformiste sept ans après son émergence et atteint le second rang en 1968-69, choisie pour près d'une fille sur 18. Ce prénom typiquement mode a été en faveur dans tous les milieux, mais il a soulevé moins d'enthousiasme chez les cadres et les agriculteurs que parmi les commerçants, les employés et plus encore les professions intermédiaires où il dépasse Nathalie en 1968-69 (une fille sur 13). L'engouement pour Valérie a été éphémère : son recul est presque aussi spectaculaire que sa croissance et la voici déjà aux portes du purgatoire.

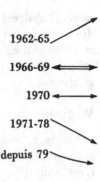

1962-65
1966-69
1970
1971-78
depuis 79

Vanessa

Ce prénom courant dans les pays anglo-saxons, forgé semble-t-il par Jonathan Swift, était totalement inconnu en France lorsqu'il surgit au début des années soixante-dix. Il a culminé au niveau honorable d'une fille sur 75 et sa chute s'annonce rapide. Ce sont les ouvriers, puis les employés, qui ont le plus volontiers adopté Vanessa peu goûtée en milieu bourgeois.

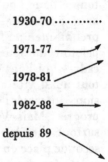

1930-70
1971-77
1978-81
1982-88
depuis 89

Véronique

Très rare au XIXe siècle, Véronique apparaît dans les années d'après-guerre. Elle se hisse à un niveau élevé (près d'une fille sur 25 de 1962 à 1965), sans dépasser toutefois le quatrième rang tant la concurrence est rude en ces années soixante. Véronique s'est diffusée dans tous les groupes sociaux, avec des décalages dans le temps assez sensibles, mais a eu une préférence pour les couches sociales moyennes et aisées (professions intermédiaires surtout, ainsi que commer-

1930-45
1946-56
1957-60
1961-67
1968-75
1976-86

çants et cadres). Elle a perpétué la tradition des prénoms en *nique*, illustrée par Monique et Dominique, et, comme ses devancières, a été particulièrement appréciée par les Bourguignons.

depuis 87............

Virginie

Virginia, prénom anglais, provient du surnom d'Élisabeth Ire, la « reine vierge ». C'est pour l'honorer qu'une province de la Nouvelle-Angleterre fut ainsi baptisée. Lancée en France, peut-être, par Bernardin de Saint-Pierre, Virginie connaît une certaine vogue dans la première partie du XIXe siècle, sans être bien fréquente. Ce prénom était tombé dans l'oubli lorsqu'il surgit dans les années soixante. Pendant sept ans, Virginie prénomme une fille sur 37 et figure dans le peloton de tête, au quatrième rang. Les cadres qui l'ont tôt adoptée s'en détournent tout aussi vite et ce sont plutôt les professions intermédiaires qui contribuent à son progrès. Mais Virginie finit par s'imposer surtout chez les ouvriers, où elle occupe la seconde place en 1980-81. Quelques **Virginia** sont nées dans les années récentes.

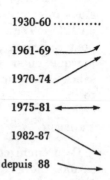

1930-60 ....
1961-69
1970-74
1975-81
1982-87
depuis 88

Viviane

Nouveauté des années trente, dans la série des prénoms en *iane*, Viviane a eu une carrière modeste et tranquille : à peine une fille sur 200 pendant seize ans. Cette stabilité oblige à la traiter comme un prénom classique dans cette période, alors qu'elle reflète plutôt son relatif échec. Viviane a, en réalité, été un prénom éphémère, apprécié surtout en milieu populaire (agriculteurs, ouvriers, employés).

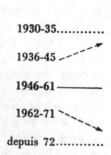

1930-35............
1936-45
1946-61
1962-71
depuis 72............

Yolande

Ce très ancien prénom hors d'usage depuis
bien longtemps réapparaît au xxᵉ siècle,
de manière discrète. Contemporaine de
Rolande, mais plus stable, Yolande oscille
faiblement, pendant plus de trente ans,
autour du niveau d'une fille sur 300 (1925-
56). Après cette longue persévérance, elle
disparaît assez vite, dès les années cinquante chez les cadres.

1930-56 ————

1957-68 ----

depuis 69............

Yvette

Née avant le siècle, Yvette succède à
Yvonne et atteint son apogée dans les années
1928-1936 : elle prénomme alors une fille
sur 38 et se classe au cinquième rang. Son
reflux est rapide, sauf dans certaines régions
où elle est plus solidement implantée : Bretagne, Pays de Loire, Basse-Normandie d'un
côté, Midi-Pyrénées et Limousin de l'autre.
Mais Yvette, malgré ces préférences, n'a pas
été un prénom régional. Elle s'est diffusée
un peu partout, même si l'on peut noter son
relatif échec en Ile-de-France.

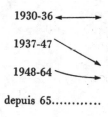

1930-36

1937-47

1948-64

depuis 65............

Yvonne

L'âge d'or d'Yvonne, prénom en hausse à
la fin du xixᵉ siècle, s'étale sur la période
1905-1925. Attribuée à plus d'une fille sur
35, elle figure avec constance à la quatrième

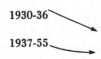

1930-36

1937-55

ou cinquième place. Au début des années trente, son recul est déjà bien amorcé (une fille sur 60), même si elle reste fréquente en Bretagne, où rien de ce qui touche à Yves n'est indifférent, jusqu'en 1940. Yvonne a sans doute ouvert la voie du succès à Simone.

depuis 56............

LE PALMARÈS DES PRÉNOMS

depuis un siècle

Les prénoms les plus donnés
à chaque période

Nous fournissons la liste des dix prénoms le plus fréquemment attribués, pour chaque sexe, par périodes depuis un siècle. De 1890 à 1930, nous avons retenu des périodes de dix ans. A partir de 1930, en raison de la rotation accélérée des prénoms, nous avons opté pour des périodes de cinq ans, en décomposant la dernière pour mieux faire voir les mouvements récents. Nous indiquons la fréquence relative des prénoms, c'est-à-dire le pourcentage de garçons ou de filles nés pendant la période considérée, que chacun d'eux représente.

Les variantes orthographiques (Jeannine, Jeanine et Janine, Michaël, Mickaël et Mikaël) ont été regroupées.

Comme dans le reste de l'ouvrage, on s'est efforcé d'isoler Jean et Marie de leurs composés. Au début du siècle, il y a à peu près autant de Marie tout court que de Marie-quelque chose (plus de 15 % des naissances féminines au total). Jean et l'ensemble de ses composés représentent 16 % des garçons nés de 1940 à 1954.

Prénoms masculins

1890-1899	%	1900-1909	%	1910-1919	%	1920-1929	%
Louis	5,6	Louis	4,7	Jean	5,7	Jean	7,8
Pierre	4,8	Pierre	4,6	André	5,2	André	6,0
Joseph	4,8	Jean	4,5	Pierre	4,7	Pierre	5,3
Jean	4,3	Marcel	4,3	Marcel	4,7	René	4,8
Henri	3,5	André	4,0	Louis	4,3	Roger	4,3
Marcel	3,1	Henri	3,9	René	4,1	Marcel	4,1
Georges	3,0	Joseph	3,8	Henri	3,8	Robert	3,7
François	2,9	René	3,5	Georges	3,4	Louis	3,1
Paul	2,8	Georges	3,3	Roger	3,1	Henri	3,0
Émile	2,7	Paul	2,7	Maurice	3,0	Georges	3,0

1930-1934	%	1935-1939	%	1940-1944	%	1945-1949	%
Jean	7,9	Jean	6,6	Michel	7,1	Michel	7,3
André	5,5	Michel	6,0	Jean-Claude	4,7	Alain	5,2
Pierre	5,1	Claude	5,1	Jean	4,4	Gérard	4,3
Michel	4,6	André	4,7	Bernard	3,9	Daniel	4,3
René	4,1	Pierre	4,5	Daniel	3,8	Bernard	4,1
Roger	3,8	Jacques	3,8	Gérard	3,8	Christian	4,0
Jacques	3,6	Bernard	3,3	Claude	3,8	Jean-Pierre	4,0
Claude	3,5	René	3,2	Jacques	3,8	Jean-Claude	3,6
Robert	3,4	Roger	2,9	Jean-Pierre	3,7	Jacques	3,5
Marcel	3,1	Robert	2,8	André	3,7	Claude	2,8

1950-1954		*1955-1959*		*1960-1964*		*1965-1969*	
	%		%		%		%
Michel	5,7	Patrick	5,2	Philippe	5,9	Christophe	4,9
Alain	5,2	Philippe	4,9	Pascal	4,6	Philippe	4,8
Bernard	4,0	Michel	4,4	Éric	4,4	Laurent	4,2
Gérard	4,0	Alain	4,3	Thierry	4,1	Thierry	4,1
Christian	3,9	Christian	3,7	Patrick	3,8	Éric	3,9
Patrick	3,8	Dominique	2,9	Alain	3,1	Pascal	3,7
Daniel	3,6	Bernard	2,9	Michel	3,0	Frédéric	3,3
Jean-Pierre	2,8	Didier	2,8	Didier	2,9	Stéphane	3,1
Philippe	2,7	Pascal	2,4	Bruno	2,6	Olivier	2,5
Jacques	2,5	Daniel	2,3	Dominique	2,4	Bruno	2,3

1970-1974		*1975-1979*		*1980-1964*		*1985-1987*	
	%		%		%		%
Stéphane	5,1	Sébastien	4,9	Nicolas	4,4	Julien	4,0
Christophe	4,7	David	3,4	Julien	3,8	Nicolas	2,9
David	4,4	Christophe	3,4	Sébastien	3,1	Jérémy	2,5
Laurent	3,9	Nicolas	3,3	Mickaël	2,9	Mickaël	2,5
Frédéric	3,4	Frédéric	3,2	Mathieu	2,4	Mathieu	2,5
Olivier	3,2	Stéphane	3,2	Guillaume	2,3	Guillaume	2,3
Sébastien	2,7	Jérôme	2,9	Cédric	2,3	Romain	2,3
Éric	2,5	Mickaël	2,6	David	2,1	Anthony	2,2
Philippe	2,4	Cédric	2,4	Jérôme	1,9	Sébastien	2,0
Jérôme	2,3	Olivier	2,2	Vincent	1,7	Jonathan	2,0

1988-1989	%
Julien	3,0
Kévin	2,8
Nicolas	2,6
Romain	2,6
Anthony	2,5
Jérémy	2,3
Thomas	2,2
Mathieu	2,2
Alexandre	2,2
Mickaël	2,0

Aujourd'hui, c'est le surprenant *Kévin* qui est en tête. Il a mis fin, dès 1989, au règne de *Julien*, alors qu'on attendait plutôt *Romain* qui n'a peut-être pas dit son dernier mot. *Anthony* est encore bien présent, comme *Nicolas* qui recule doucement, alors que *Jérémy* a renoncé et dégringole. *Thomas*, au contraire, depuis qu'il a dépassé *Mathieu*, a encore une marge de progression et *Alexandre* peut gagner quelques places. Voici *Maxime* dans le top 10, remplaçant *Mickaël* à bout de souffle. *Benjamin* paraît moins soucieux d'y entrer que *Florian*.

Prénoms féminins

1890-1899	%	1900-1909	%	1910-1919	%	1920-1929	%
Marie	12,5	Marie	7,5	Jeanne	5,4	Jeanne	3,8
Jeanne	6,1	Jeanne	5,5	Marie	5,3	Simone	3,7
Marguerite	4,0	Marguerite	3,6	Madeleine	3,3	Marie	3,1
Marie-Louise	3,8	Marie-Louise	3,5	Yvonne	3,0	Denise	2,8
Louise	3,0	Germaine	3,3	Simone	2,9	Madeleine	2,7
Germaine	2,7	Yvonne	2,6	Marguerite	2,9	Jeannine	2,6
Maria	1,8	Madeleine	2,6	Marie-Louise	2,7	Paulette	2,6
Berthe	1,8	Louise	2,6	Suzanne	2,6	Suzanne	2,6
Eugénie	1,7	Suzanne	2,4	Germaine	2,5	Jacqueline	2,6
Marthe	1,6	Marcelle	2,0	Marcelle	2,4	Odette	2,4

1930-1934		1935-1939		1940-1944		1945-1949	
	%		%		%		%
Jeannine	4,6	Monique	4,9	Monique	4,7	Danielle	4,3
Jacqueline	3,8	Jeannine	4,1	Nicole	3,8	Michèle	4,0
Monique	3,0	Jacqueline	3,7	Danielle	3,8	Monique	3,8
Simone	2,8	Nicole	2,9	Michèle	3,5	Françoise	3,8
Yvette	2,6	Yvette	2,3	Jacqueline	3,2	Nicole	3,8
Denise	2,5	Marie-Thérèse	2,2	Françoise	3,0	Annie	3,1
Jeanne	2,4	Colette	2,1	Jeannine	2,9	Christiane	2,7
Paulette	2,3	Christiane	2,1	Christiane	2,8	Chantal	2,5
Marie-Thérèse	2,2	Simone	2,0	Marie-Thérèse	1,9	Anne-Marie	1,9
Ginette	2,0	Denise	2,0	Josette	1,9	Martine	1,9

1950-1954		1955-1959		1960-1964		1965-1969	
	%		%		%		%
Martine	5,2	Martine	4,7	Sylvie	5,8	Nathalie	7,1
Françoise	3,7	Brigitte	3,8	Catherine	4,8	Isabelle	5,6
Chantal	3,3	Catherine	3,5	Christine	3,9	Sylvie	5,0
Monique	2,9	Sylvie	3,4	Isabelle	3,8	Valérie	5,0
Michèle	2,8	Françoise	3,2	Véronique	3,5	Catherine	3,4
Nicole	2,8	Christine	3,1	Patricia	2,8	Véronique	3,2
Annie	2,3	Chantal	2,8	Corinne	2,6	Corinne	3,2
Dominique	2,3	Dominique	2,4	Nathalie	2,6	Laurence	3,0
Danielle	2,2	Michèle	2,1	Martine	2,6	Christine	2,9
Christiane	1,9	Patricia	2,0	Brigitte	2,4	Florence	2,0

1970-1974		1975-1979		1980-1984		1985-1987	
	%		%		%		%
Nathalie	4,8	Stéphanie	4,3	Aurélie	3,4	Aurélie	3,0
Sandrine	4,1	Céline	3,5	Émilie	3,0	Émilie	2,5
Christelle	4,0	Sandrine	3,1	Céline	2,9	Élodie	2,4
Isabelle	3,6	Christelle	2,8	Virginie	2,3	Julie	2,4
Valérie	3,4	Virginie	2,7	Élodie	2,2	Audrey	2,1
Karine	3,3	Karine	2,7	Audrey	2,1	Mélanie	1,9
Stéphanie	3,3	Nathalie	2,4	Stéphanie	2,1	Jennifer	1,9
Sophie	2,5	Sophie	2,1	Julie	2,0	Stéphanie	1,9
Sylvie	2,4	Séverine	2,1	Laetitia	2,0	Céline	1,8
Laurence	2,1	Delphine	2,1	Sabrina	1,8	Laetitia	1,6

1988-1989	
	%
Élodie	3,1
Laura	2,4
Julie	2,3
Aurélie	2,0
Marion	1,9
Marine	1,7
Audrey	1,6
Pauline	1,6
Mélanie	1,5
Émilie	1,5

Depuis 1990, *Laura* talonne *Élodie* pour la première place que guigne aussi *Marion* flanquée de *Marine*. *Julie* recule doucement tandis que *Pauline* est sur le point de dépasser *Aurélie*. *Audrey* et *Mélanie* vont se retirer du top 10, qu'*Émilie* a quitté. *Camille* s'y trouve déjà et gagne du terrain, bientôt suivie de *Sarah, Charlotte, Marie* et peut-être *Anaïs*.

Chronologie des règnes
Les premiers prénoms depuis un siècle

Marie jusqu'en 1914		Louis jusqu'en 1903 (Pierre le devançant en 1896 et 1901)	
		Louis, Pierre, **Jean** et André se disputent la première place de 1904 à 1912	
Jeanne	1915-1924	Jean	1913-1937
Simone	1925-1926		
Jeannine (+ Janine et Jeanine)	1927-1935		
Monique	1936-1943		
Danielle(èle)	1944-1947	Michel	1938-1955
Françoise	1948-1950		
Martine	1951-1958	Patrick	1956-1958
Brigitte	1959	Philippe	1959-1963
Sylvie	1960-1964	Thierry	1964-1965
Nathalie	1965-1972	Philippe	1966
		Christophe	1967-1969
Sandrine	1973	Stéphane	1970-1975
Stéphanie	1974-1977		
		Sébastien	1976-1979
Céline	1978-1980		
Aurélie	1981-1986	Nicolas	1980-1982
		Julien	1983-1988
Julie	1987		
Élodie	depuis 1988	Kévin	depuis 1989

Les prénoms les plus portés aujourd'hui

Nous considérons ici non pas les prénoms les plus don-nés à une période particulière, mais les prénoms les plus *portés* aujourd'hui, ceux qui sont le plus répandus en France à l'heure actuelle *tous âges confondus*.

Les prénoms qui jouissent de la faveur du moment ne peuvent figurer en bonne place au palmarès parce qu'ils sont d'usage trop récent, n'étant portés, pour l'essentiel, que par des enfants. Ils ne font pas le poids face aux pré-noms phares des années 1920-1970 qui ont pu accomplir l'ensemble de leur carrière et rassemblent donc un plus grand nombre de Français actuellement en vie. Inverse-ment, un prénom comme Louis, le plus donné pour les garçons à l'aube du siècle, obtient un classement médiocre parce que beaucoup de Louis ont disparu. Si des prénoms comme Jean, Marie ou Jeanne se trouvent en bonne position, c'est en raison de leur succès passé consi-dérable et aussi parce qu'ils ne se sont pas évanouis du jour au lendemain.

Chez les hommes, Jean est d'ailleurs devancé pour la première place par le plus récent Michel. Au début de l'année 1992, on dénombre 705 000 Michel. Les dix pré-noms les plus courants se répartissent 18 % des hommes. Philippe est le benjamin du groupe : il est le seul prénom ayant culminé depuis 1960 à trouver sa place dans ce

Les 60 prénoms masculins les plus portés *

Michel	705 000	Sébastien	252 000
Jean	630 000	David	251 000
Pierre	581 000	Olivier	239 000
André	518 000	Louis	232 000
Philippe	464 000	Guy	226 000
Alain	443 000	Maurice	221 000
Bernard	399 000	Julien	219 000
Jacques	394 000	Dominique	215 000
Daniel	360 000	Didier	214 000
Gérard	339 000	Joseph	210 000
Christian	339 000	Paul	208 000
Claude	339 000	Marc	200 000
René	338 000	Yves	199 000
Patrick	333 000	Bruno	196 000
Christophe	321 000	Serge	188 000
Jean-Pierre	303 000	Jérôme	185 000
Robert	301 000	Raymond	184 000
Roger	300 000	Vincent	178 000
Laurent	290 000	Mickaël	175 000
François	290 000	Gilles	155 000
Éric	281 000	Franck	153 000
Marcel	278 000	Alexandre	147 000
Frédéric	277 000	Guillaume	146 000
Stéphane	275 000	Gilbert	144 000
Nicolas	274 000	Jean-Paul	140 000
Georges	268 000	Antoine	139 000
Henri	267 000	Francis	139 000
Jean-Claude	263 000	Jean-Luc	138 000
Pascal	259 000	Lucien	137 000
Thierry	257 000	Denis	130 000

* *Estimation en janvier 1992.*

Les 60 prénoms féminins les plus portés *

Marie	419 000	Annie	198 000
Monique	374 000	Céline	195 000
Françoise	367 000	Christelle	194 000
Isabelle	366 000	Patricia	188 000
Catherine	362 000	Brigitte	188 000
Nathalie	353 000	Marguerite	184 000
Sylvie	344 000	Paulette	180 000
Jacqueline	337 000	Yvette	180 000
Jeanne	336 000	Marcelle	180 000
Jeannine	309 000	Marie-Louise	175 000
Martine	290 000	Anne	175 000
Nicole	289 000	Renée	175 000
Michèle	286 000	Andrée	173 000
Simone	276 000	Geneviève	172 000
Christine	268 000	Odette	169 000
Madeleine	239 000	Colette	167 000
Valérie	234 000	Laurence	167 000
Christiane	233 000	Thérèse	156 000
Hélène	233 000	Dominique	154 000
Véronique	229 000	Josette	152 000
Danielle	221 000	Corinne	151 000
Denise	220 000	Élisabeth	150 000
Chantal	219 000	Virginie	149 000
Marie-Thérèse	216 000	Claudine	148 000
Sandrine	215 000	Aurélie	147 000
Sophie	214 000	Cécile	147 000
Suzanne	213 000	Karine	143 000
Yvonne	208 000	Germaine	140 000
Stéphanie	205 000	Évelyne	138 000
Anne-Marie	204 000	Bernadette	136 000

* *Estimation en janvier 1992.*

hit-parade. 41 prénoms suffisent à désigner la moitié des Français.

Marie demeure le prénom féminin le plus porté, devançant Monique et Françoise. Isabelle et Catherine sont très bien placées sans avoir figuré au premier rang des prénoms les plus donnés; c'est qu'elles n'ont jamais été complètement absentes. Dans ce palmarès, les prénoms traditionnels, relativement durables, l'emportent sur les prénoms brillants, mais plus éphémères, comme Nathalie ou Sylvie. Jacqueline prend sa revanche sur Jeannine et Sophie sur Stéphanie. Hélène, discrète mais constante, est mieux classée que Danielle et Brigitte qui furent, un temps, les prénoms les plus donnés.

Le décompte des prénoms les plus portés fait ressortir le contraste entre prénoms masculins et prénoms féminins. La ronde des prénoms a été plus précoce et souvent plus rapide pour les filles que pour les garçons, ce qui entraîne une dispersion accrue. Avec dix prénoms on arrive à moins d'une Française sur sept. Ce n'est qu'à partir du 51e rang que les prénoms féminins l'emportent sur les prénoms masculins de même classement.

Avec le temps, les prénoms les plus anciens vont fléchir. Le règne de Marie, malgré son renouveau récent, touche à sa fin. Isabelle lui succédera dans quelques années, mais elle pourrait être, à son tour, menacée par Nathalie, un peu plus jeune. Jean va perdre du terrain tandis que Michel se maintiendra longtemps en tête. Philippe, son successeur désigné par la démographie, ne pourra le détrôner avant l'an 2018. D'ici là, Pierre a une toute petite chance de s'imposer s'il prolonge assez sa progression actuelle pour compenser les décès des Pierre les plus âgés.

Différences sociales

Les prénoms le plus souvent choisis en 1989-1990 chez les « cadres et professions intellectuelles supérieures » et chez les « ouvriers » (ordre de fréquence décroissant).

Prénoms masculins		Prénoms féminins	
Cadres	*Ouvriers*	*Cadres*	*Ouvriers*
Thomas	Kévin	Camille	Élodie
Pierre	Julien	Marion	Aurélie
Nicolas	Anthony	Marie	Laura
Antoine	Jérémy	Pauline	Julie
Alexandre	Mickaël	Claire	Mélanie
Guillaume	Romain	Charlotte	Émilie
Maxime	Nicolas	Marine	Marion
Mathieu	Mathieu	Julie	Audrey
Clément	Alexandre	Laura	Pauline
Romain	Maxime	Mathilde	Amandine
Thibault	Jonathan	Sophie	Céline
Adrien	David	Caroline	Laetitia
Julien	Thomas	Chloé	Vanessa
Benjamin	Guillaume	Hélène	Anaïs
Vincent	Florian	Margaux	Stéphanie
Quentin	Benjamin	Alice	Marine
Paul	Sébastien	Clémence	Jennifer
François	Damien	Cécile	Cindy
Charles	Vincent	Sarah	Sarah
Victor	Aurélien	Lucie	Sophie

On constate de grandes différences dans le palmarès des prénoms les plus donnés chez les cadres et les ouvriers : dix prénoms seulement sont communs aux deux listes pour les garçons et sept pour les filles. Cela s'explique en partie par l'avance des cadres (Adrien, Chloé, Margaux) et le retard des ouvriers (Émilie, Céline, Sébastien par exemple). Mais cela reflète aussi la différenciation sociale des goûts qui ne cesse de s'accroître. Il y a des prénoms de type bourgeois (Antoine, Pierre, Charles, Claire, Mathilde, Hélène, etc.) et d'autres de type populaire comme Anthony, Kévin, Mickaël, Amandine, Vanessa, Jennifer, Cindy (voir pp. 57-64).

PRÉNOMS DE DEMAIN

Dans ce dernier chapitre, de nature prospective, nous quittons le territoire du vérifié pour aborder le rivage du probable et du possible.

Cependant, nous ne lisons pas l'avenir dans une boule de cristal; nous continuons à nous appuyer sur des faits constatés. Pour définir la cote des prénoms qui montent et parmi lesquels se trouvent ceux qui devraient figurer aux premières places au milieu des années 1990, nous nous fondons sur plusieurs critères : leur score actuel, leur distribution sociale et l'allure de leur progression.

Il est toujours périlleux de prolonger des courbes de croissance. Nous avons rencontré bien des prénoms qui, partis d'un bon pas, s'étaient vite essoufflés pour plafonner à un niveau médiocre, d'autres qui ont longtemps hésité avant de prendre leur essor, d'autres encore qui, après avoir fait mine de percer, sont retombés dans la zone du confidentiel.

Il nous a paru toutefois utile d'informer les futurs parents sur les tendances actuelles et prévisibles de la mode, de leur signaler les prénoms qui sont en progression et même ceux qui viennent tout juste d'émerger ou qui pourraient bien sortir prochainement du purgatoire.

Le fait d'avoir suivi la carrière de centaines de prénoms en dépouillant des dizaines de milliers de chiffres ne nous confère pas un pouvoir de divination. Mais il nous autorise peut-être à avancer quelques prévisions qui ne peuvent, en tout état de cause, être moins bien fondées que les pronostics pour les courses hippiques. Celles que nous avions faites dans les précédentes éditions de ce livre se sont d'ailleurs réalisées, à quelques nuances près.

Les tendances actuelles

Les sources de la mode

Le répertoire des prénoms actuellement en vogue ou en progression s'alimente à plusieurs sources dont les principales sont :

• la *source antique*, gréco-romaine mais surtout romaine qui apporte des noms latins comme Maxime, Florian, tous les prénoms en *ien*, Damien, Fabien, Adrien, etc., sans oublier Romain.

• la *source rétro* qui fait revenir les prénoms en vogue au XIX\ :sup:`e` siècle tels que Sophie, Julie, Pauline ou Victor.

• la *source médiévale* qui amène des prénoms anciens en usage au moyen âge, tels Aymeric, Guillaume, Thibaut, Tiphaine, Gautier ; on peut y annexer la *source celtique* ou bretonnante illustrée notamment par Brice, Erwan, Morgane, Gaëlle, Arthur ou Tristan.

• la *source anglo-américaine* qui introduit en France des prénoms inconnus jusqu'à présent (Audrey, Cindy, Jennifer, Vanessa) et, plus encore, des formes anglaises de prénoms français (Anthony, Christopher ou Mickaël).

• la *source biblique* qui propage des prénoms issus de l'Ancien Testament et d'usage confidentiel jusqu'alors : Benjamin, Déborah ou Sarah par exemple.

Ces courants de la mode ne sont pas indépendants les

uns des autres. Certains d'entre eux se recouvrent en partie et la conjonction de leurs flux peut emporter jusqu'au sommet les prénoms qui savent naviguer.

La source antique et la source rétro se recoupent pour la simple raison que le XIXᵉ siècle avait connu une vogue de prénoms empruntés à l'antiquité classique : Alexandre, Émilie, Julie et bientôt Jules sont des exemples de cette conjonction. Mais d'autres prénoms latins comme Aurélien, Damien, Fabien, Sébastien, Aurélie étaient rares ou même inconnus au siècle précédent.

La source anglo-américaine inclut en fait l'essentiel de la source biblique puisque les prénoms tirés de l'Ancien Testament (tels David, Jérémy, Jonathan ou Jessica) sont, de longue date, d'usage courant dans les pays anglo-saxons d'obédience protestante. Le mélange du modernisme anglo-américain et de l'ancienneté celtique est très porteur et engendre des prénoms gaéliques originaires du Pays de Galles (Morgan, Dylan), d'Écosse (Fiona) et surtout d'Irlande avec Kevin, Kelly et bientôt Killian, Sullivan, Brendan ou Donovan. L'anglo-américanisme a d'ailleurs une influence diffuse et se mêle au courant antique, romain (Quentin, Laura, Virgile, Térence) ou grec (Timothée). Plus rare est la combinaison Rome-Bible, illustrée par Léa qui profite aussi d'une touche de rétro.

Dans leur immense majorité, les prénoms aujourd'hui en ascension ou en voie d'émergence peuvent être rattachés à une ou plusieurs de ces sources de la mode actuelle. Mais cela ne signifie pas que tous les prénoms en usage dans les pays anglo-saxons, ou encore tous les prénoms bibliques, aient une chance de s'imposer en France. Le succès de Ruth, trop difficile à prononcer à l'anglaise et scabreux si on le francise, est bien improbable.

Les couleurs de demain

En matière de prénoms, les couleurs de la mode ne sont autre chose que leur sonorité définie en grande partie par leur terminaison (voir pp. 40-43). On peut prévoir, dans ce domaine, des changements importants dans les années qui viennent.

La prépondérance écrasante dans les années 80 des prénoms en *ie* pour les filles est en voie d'effondrement. Ils ne sont plus qu'une poignée à progresser (notamment Marie, Lucie, Noémie et Ophélie). La terminaison en *ine*, momentanément négligée, a repris du poil de la bête (Pauline, Marine, Justine, Clémentine entre autres) sans devenir prédominante. On peut aussi noter une petite poussée de la terminaison en *ène* (Charlène, Laurène, Solène, Tiphaine). Mais on est surtout frappé par l'éparpillement sonore qui s'annonce avec Marion, Charlotte, Sarah, Anaïs, Claire, Mathilde, Camille, Chloé, Laure, Clémence, etc. Il faut y voir sans doute une réaction normale à la domination excessive d'une sonorité particulière.

Il en va tout autrement pour les prénoms masculins. La vogue récente des prénoms en *ien*, illustrée jusqu'à présent par Fabien, Sébastien, Julien, Damien, Aurélien, n'est pas près de se tarir avec des prénoms qui montent ou qui émergent tels Adrien, Bastien, Émilien, Vivien, Cyprien, Flavien, Maximilien. Plus nouvelle, et d'ailleurs assez voisine, est la terminaison en *in* ou *ain* dont Romain, Benjamin et Sylvain sont les principaux représentants. Elle se répand, notamment par le sous-groupe en *tin* – Quentin, Valentin, Martin, Corentin et peut-être Augustin, Célestin, Justin – mais aussi par Robin, Colin, Josselin, Antonin, Germain, Ghislain. La terminaison en *an* ou *en* a également le vent en poupe avec Clément, Florent, Florian, Tristan, Gaétan, Alban, Nathan, Ronan et peut-être Armand ou Enguerrand. On peut y annexer, si on les prononce à la française, les Jonathan, Morgan, Dorian, Brian, Jordan, Julian, etc.; si on les prononce en *ane* ils forment avec Johan, Yoann et Erwan un groupe assez consistant.

Toutes ces terminaisons ont en commun le *n* final que l'on trouve aussi dans Simon, Jason et dans Kévin et ses petits frères Edwin ou Marvin, prononcés en *ine*. D'autres sont là pour rompre cette uniformité nasale : mentionnons la terminaison en *i* ou *y* avec Jérémy, Anthony, Rémi, Dimitri, Louis, Élie, Tanguy et tous les diminutifs anglo-saxons, Teddy, Jimmy, Andy, Charly, etc.; la nouvelle lignée des *a*, Nicolas, Thomas et leur successeur possible Lucas, ainsi qu'une poussée des *o* avec Hugo, Léo, Théo malgré le déclin d'Arnaud et Bruno.

Il n'empêche que l'on assiste à une quasi-inversion de la situation traditionnelle. C'est chez les garçons que l'on trouvera une concentration relativement marquée sur quelques terminaisons dominantes, alors que les prénoms des filles seront caractérisés par une grande diversité de la palette sonore. Ce contraste ne saurait être très durable. Car les prénoms féminins se prêtent mieux que les prénoms masculins aux effets de mode dans ce domaine.

Déjà l'on voit naître ou renaître les terminaisons féminines en *ane*, en *é* avec Chloé pour guide, en *ile* ou *ille* (Lucile) et en *ice* ou *is* dans le sillage d'Anaïs (voir p. 282).

Les prénoms qui montent

Nous signalons ici non seulement les candidats aux premières places dans les années qui viennent, mais aussi des prénoms dont la percée est récente et même certains qui sont à peine sur le point d'émerger. Quelques-uns d'entre eux devraient grandir assez pour s'imposer dans les premières années du siècle prochain.

Nous laissons de côté les vedettes d'aujourd'hui, mais elles ne disparaîtront pas du jour au lendemain. Les Julien, Romain, Élodie ou Laura seront encore présents au milieu des années 90, très probablement dans les 10 premiers.

Prénoms masculins

Parmi les prénoms qui sont aujourd'hui dans les tout premiers, c'est Thomas qui nous paraît être le plus ambitieux; il a encore une marge de croissance. Maxime, déjà bien placé, peut grandir et reste, avec Florian et Adrien, un de nos favoris pour les premières places dans les années 1992-1995. Ces trois romains, tout en gardant un œil sur Benjamin et Rémi(y), même s'ils paraissent plafonner, devront surtout surveiller les deux classiques Pierre et Antoine qui poursuivent leur ascension, lente mais inexorable. Clément, Florent et Thibault, partis de très loin, progressent encore et devraient, surtout Clément, bientôt figurer au palmarès.

Mais ils vont être dépassés par Quentin qui nous semble être le prétendant le plus solide à une position dominante, sans doute la première, vers 1995-1997. Plus qu'Alexis qui poursuit son cheminement, plus que le fougueux Christopher ou que Geoffrey, les rivaux de Quentin devraient être Simon, Paul, Jordan, Hugo, lié à Victor, et Valentin. Ils vont distancer les prénoms à l'allure plus lente que sont Baptiste, Gaétan, Brice, Morgan, Dimitri, Jean-Baptiste et Charles. De même, Édouard et Aymeric seront lâchés par des candidats plus vifs qui ont le vent en poupe : Lucas, Robin, Louis, les celtiques Arthur et Tristan, et peut-être Bastien, Axel, Martin et Étienne. N'oublions pas les prénoms médiévaux qui refont surface tels Gautier (ou Gauthier), Grégoire, Amaury et même Geoffroy.

Parmi les prénoms qui percent actuellement, ayant nettement franchi le seuil de un sur 1 000, mentionnons Camille (au masculin), Corentin, Josselin (ou Jocelyn), Léo et Théo, Timothée, Maxence et Maximilien, Flavien, Émilien et Vivien, Dorian, Brian (ou Bryan), Jason et le tout nouveau Joris.

D'autres sont très proches du seuil critique : Antonin, Ronan (plus que Renan), Nathan, Tanguy, Romuald, Stanislas, les revenants Élie et Félix et les très récents Davy, Dylan et Maël.

Terminons sur ceux dont les frémissements sont assez nets pour que leur décollage soit presque certain : Augustin, Justin, Florentin, Germain, Colin, Ghislain, Adam, Julian, Lilian, Sullivan, Évan, Victorien, Cyprien, Donatien, Nelson ; à côté de ces sonorités dominantes, on trouve aussi Gaspard, Vianney, Gildas, Rodrigue, Romaric, Médéric, les bibliques Joachim, Jonas, Noé, Nathanaël alias Barthélemy et les latins César, Martial, Térence et Virgile.

Prénoms féminins

Laura va-t-elle encore progresser et s'installer durablement à la première place ou bien son succès sera-t-il éphémère? Il est difficile de le dire. Quant à Marion, Marine et Pauline, elles vont gagner un peu de terrain et figureront au palmarès au moins jusqu'en 1995. Camille, déjà dans la cour des grandes, est une des prétendantes les plus ambitieuses pour les années qui viennent. Charlotte sera sans doute sa rivale la plus dangereuse à court terme avec Sarah, Anaïs et Marie qui pourrait créer la surprise si elle accentuait sans effort. L'impétueuse Justine a rejoint d'autres candidates aux honneurs que sont Lucie et Fanny, devançant les calmes Claire et Mathilde.

Morgane continue de grandir, rattrapée par un groupe de jeunes espoirs où Chloé, Manon, Margaux (ou Margot) et Clémence sont en tête, suivies de Charlène, Laurie, Léa, Lucile (ou Lucille), Mélissa et Noémie et, un peu plus loin, de Elsa, Émeline, Cynthia, Déborah, Marina, Mélodie et Ophélie. A peu près au même niveau on trouve des prénoms d'allure plus lente comme Alice, qui résiste bien à la concurrence d'Alisson, Alicia et Alexia, Laure, Maud, Aude, Élise, Marlène et Mylène.

D'autres candidates, un peu moins bien placées pour l'instant, laissent voir leurs ambitions en confirmant leur poussée récente : Célia, Charline, Clémentine, Éva et Maéva, Éloïse et Héloïse, Julia, Kelly, Floriane, Lauriane, Laurène, Gwendoline, Roxane, Sandy, Tiphaine et Tiffany ainsi que les deux revenantes Jeanne et Louise. Ont également fait leur percée, mais plus discrètement, Adélaïde, Anna, Aurélia, Cécilia, Clara, Cyrielle, Emma, Laurine, Leslie, Lisa, Perrine.

Certains prénoms, plus ou moins présents depuis longtemps, se décident enfin à s'élancer : Agathe, Alix, Diane, Flora, Marianne, Bérengère (ou Bérangère), Valentine et, avec quelque hésitation, Lise, Ève, Éléonore, Gladys ou

Gwladys, peut-être Gabrielle et Raphaëlle réveillées par la venue d'Axelle. Mais beaucoup d'autres se complaisent dans une semi-existence : Ariane, Capucine, Clotilde, Edwige, Flore, Nancy, Nolwen, Rébecca, Soizic, Violaine en sont des exemples.

Mieux vaut sans doute, pour repérer les succès d'après-demain, se tourner vers des prénoms qui viennent à peine, ou sont sur le point, d'émerger. Isolons d'abord un groupe en *ane*, très prometteur, mené par Roxane, Floriane et Lauriane déjà citées : on y trouve Doriane, Oriane (ou Auriane), Océane, Mégane et les plus rares Albane, Alexiane, Lauranne, Lysiane, Orlane, Servane et Valériane. La nouvelle vague en *a* est abondante et d'origines variées, anglo-saxonne, slave, latine, arabe ou bretonne : Anastasia, Anissa, Clélia, Élisa, Énora, Fiona, Graziella, Gwenola, Leila, Léna, Lolita, Mélina, Mélinda, Mona, Nina, Ornella, Samantha, Selma, Tatiana, Victoria.

Que l'on se rassure, il y a d'autres sonorités qui se feront entendre avec les anciennes Eugénie, Sidonie, Noélie, Constance, Esther, Judith, Angeline, Apolline, Dorine, Ombeline, Mélisande, Victoire, Ségolène, le groupe naissant en *ille*, entraîné par Camille et Lucile, que forment Bertille, Domitille, Priscille, Myrtille, Sibylle et les plus neuves Ambre, Anaëlle, Cassandre, Coline, Coraline, Faustine, Flavie, Florie, Florine, Harmonie, Inès, Jade, Jenny, Maëlle, Méryl, Pascaline, Perle, Philippine, Wendy.

On voit apparaître, ou revenir, deux terminaisons délaissées ou peu connues pour les prénoms féminins : en *is* ou *ice*, dans le sillage d'Anaïs et Alice, avec Bérénice, Candice, Clarisse, Iris, Maylis (ou Maïlys), Thaïs et peut-être Athénaïs et Doris ; en *é* (grâce à Chloé) avec Alisée, Daphné, Salomé et Zoé qui était lasse d'être la dernière citée.

Ces prénoms ne sont pas tous promis à un grand avenir. Certains resteront assez confidentiels. Mais c'est parmi eux que se trouvent les succès du début du siècle prochain. Roxane et Maéva ont pris leur envol comme nous l'annoncions dans la précédente édition. Ce sera bientôt le tour de Mégane la galloise, de Fiona l'irlandaise, de Flavie la romaine et d'Alizée fille du vent.

Les prénoms qui devraient revenir

La tendance cyclique de la mode fait que nombre de prénoms de demain sont aussi des prénoms d'hier. Ils renaissent au terme d'une période de purgatoire plus ou moins longue selon l'allure de leur carrière passée. Il est donc instructif, pour déchiffrer l'avenir, de se tourner vers les prénoms en usage au XIXᵉ siècle et au tout début du XXᵉ, dont beaucoup sont d'ailleurs déjà revenus.

Prénoms masculins

Commençons par les cas les plus délicats, c'est-à-dire les prénoms à succès du XIXᵉ siècle qui ont eu une carrière de prénom mode et subi, pour cette raison, un purgatoire particulièrement sévère. Nous pensons notamment à Jules et Eugène (au plus haut dans les années 1860) qui devraient logiquement revenir à courte échéance, non sans de longues hésitations dues à leur passé chargé. Le cas de Jules est complexe en raison du triomphe actuel de Julien : va-t-il lui ouvrir la voie ou a-t-il déjà absorbé sa renaissance potentielle ? Nous croyons que Jules reprendra du service mais qu'il ne fera probablement pas d'exploits.

Les Alexandre, Édouard et Victor qui sont déjà parmi nous ont été à la mode au XIXᵉ mais leur réussite était plus modeste. On peut tabler sur le retour proche de prénoms du même genre : Alphonse, Ernest et Augustin qui entraînera les deux autres *gus*, Auguste et Gustave.

Des prénoms très fréquents au XIXe siècle mais stables et traditionnels tels que Pierre, Charles et Louis ont déjà retrouvé une nouvelle jeunesse ; la renaissance de Joseph est donc probable.

On peut aussi se tourner, et peut-être avec moins de réticence, vers des prénoms dont la fréquence a été moyenne ou médiocre au XIXe siècle. Nombre d'entre eux devraient bientôt revenir au goût du jour. Nos préférés sont Armand, Casimir, Célestin, Élie, Félicien, Félix, Ferdinand, Hippolyte, Honoré, Léonard, Mathurin, mais on peut songer aussi à Achille, Ambroise, Anatole, Barthélemy, Constant, Edmond, Firmin, Isidore, Octave, Philibert, Théodore et Théophile. Adolphe serait déjà de retour s'il n'y avait pas eu Hitler qui fait peser sur lui un véritable tabou.

On prendra plus de risque en s'aventurant dans la période du tournant du siècle : 1890-1910. Les prénoms le plus typiquement mode de l'époque, tels Léon ou Gaston, ne paraissent pas mûrs pour une sortie du purgatoire. Émile ne revient pour l'instant que sous le masque d'Émilien. Mais Paul, dont le succès a été notable, est déjà là, grâce à la régularité de son parcours passé ; Henri pourrait bientôt le rejoindre. Et l'on peut chercher du côté des prénoms dont la carrière a été modeste (à l'exemple d'Adrien). C'est le cas de Marius, Alfred, Gabriel qui n'ont pas dépassé le niveau de 1 %, ou mieux de Raoul qui n'a pas été donné à plus d'un garçon sur 300 vers 1910. Lucien, qui a eu bien plus de succès, pourrait revenir plus tôt qu'à son tour à la faveur de sa terminaison.

Le XIXe siècle n'est pas le seul vivier d'où peuvent émerger des prénoms anciens qui retrouveraient une nouvelle jeunesse. A côté de Léonard, déjà cité mais en déclin

durant le XIXe, on peut songer à ses confrères en *ar* que
sont Gaspard, Oscar, Adémar, César, Edgar ou encore à
des prénoms absents au XIXe comme Anselme, Basile,
Blaise, Clovis, Clotaire ou Hilaire.

Prénoms féminins

Beaucoup de prénoms féminins en usage et à la mode
au XIXe siècle sont déjà revenus (Julie, Pauline entre
autres). L'on doit s'attendre au retour, un peu laborieux
dans ses débuts, des deux prénoms le plus typiquement
mode des années 1860-1890, Joséphine et Eugénie, peut-
être aussi à celui d'Augustine leur contemporaine. Quant
aux grands prénoms traditionnels qui ont reculé de
manière spectaculaire au début du XXe siècle, Louise,
Jeanne et Marguerite, leur renaissance est en cours ou
imminente. La chose est plus difficile pour Madeleine, en
raison du regain de vigueur qu'elle connut dans les
années 1900-1920.

Une bonne part des prénoms féminins qui progressent
aujourd'hui, ou qui viennent de percer, proviennent du
stock de prénoms qui ont eu un parcours assez tranquille
et une fréquence moyenne ou modeste au XIXe siècle (par
exemple Adèle, Adélaïde, Emma, Justine, Perrine et beaucoup d'autres). Mais il reste à redécouvrir les charmes de
Alexandrine, Alphonsine, Blanche, Célestine, Constance,
Désirée, Ernestine, Félicie, Félicité, Hortense, Léonie,
Léontine, Octavie, Victoire, Victorine, et ceux de prénoms
plus rares au XIXe tels que Anastasie, Angéline, Apolline,
Céleste, Césarine, Eulalie, Euphrasie, Euphrosine, Flo-
rentine, Honorine, Marcelline, Séraphine, Sidonie et
Valentine.

Devront attendre un peu avant de revenir au goût du
jour les prénoms à la mode les plus typiques du tournant
du siècle comme Germaine et Berthe, encore que celle-ci
se perpétue dans Bertille en train de naître; Marthe, à la

carrière moins pointue, aurait plus de chance à moyenne échéance. La prochaine résurrection de prénoms au succès moindre tels que Adrienne, Albertine, Gabrielle apparaît moins improbable.

Nous n'évoquons pas les prénoms qui ont culminé dans les années vingt ou trente, comme Denise, Paulette ou Jeannine, car leur fortune est trop récente pour qu'elles reviennent en grâce d'ici peu. Un cas cependant mérite d'être signalé : celui de Solange qui pourrait être réveillée par Solène. Il est vrai que ce prénom, à son sommet en 1930, était donné à moins d'une fille sur cent.

Un prénom pour demain

Nous avons conçu et réalisé ce livre, animés par la conviction que le choix d'un prénom est devenu une chose trop sérieuse pour être laissé à des parents mal informés.

Grâce à la masse d'informations réunies dans cet ouvrage, les futurs parents disposent pour la première fois des éléments nécessaires pour jouer avec la mode. Et nous n'entendons pas prescrire ni même guider leurs choix qui peuvent obéir à des préoccupations ou des stratégies différentes.

Cependant il n'est pas inutile de dégager brièvement quelques conclusions pratiques de l'histoire passée et récente des prénoms. Nous le ferons sous la forme de suggestions adaptées aux motivations variables des futurs parents.

Comment jouer avec la mode

D'une manière générale, il n'est pas recommandé de choisir un prénom actuellement en déclin, surtout s'il a culminé à un niveau élevé. Le pari qui consisterait à escompter un retour en grâce de ce prénom à courte ou moyenne échéance est perdu d'avance. En revanche, ce prénom risque d'être jugé disgracieux ou même ridicule dans vingt ou trente ans. Et il donnera un petit coup de vieux à son porteur.

Les parents qui sont soucieux d'éviter un prénom trop répandu ou trop commun excluront ceux qui sont aujourd'hui à leur sommet, ou dont le déclin est récent. En voici la liste, dans laquelle nous avons omis ceux dont le recul est attesté depuis plusieurs années, mais qui sont encore fréquents parce qu'ils avaient atteint un niveau très élevé (tels Sébastien ou Céline). Cette liste présente les prénoms en ordre décroissant de fréquence jusqu'à ceux qui sont au niveau de 1 % :

Prénoms masculins : Kévin, Julien, Romain, Anthony, Nicolas, Jérémy, Thomas, Alexandre, Mathieu, Maxime, Mickaël, Benjamin, Guillaume, Vincent, Yoann (et Johan), Jonathan, Damien, Rémi(y), Aurélien.

Prénoms féminins : Élodie, Laura, Julie, Marion, Marine, Aurélie, Pauline, Audrey, Mélanie, Émilie, Sophie, Amandine, Laetitia, Caroline, Jessica, Vanessa.

Les mêmes parents épris d'originalité se détourneront des prénoms que nous donnons comme favoris pour les premières places dans les années qui viennent (voir pp. 279-283).

D'autres, au contraire, redoutant l'excentricité et souhaitant donner à leur enfant un prénom porté par le flux ascendant de la mode, mais qui ne soit pas encore très répandu, pourront s'inspirer de cette liste de prénoms qui montent ou même retenir ceux qui culminent depuis peu à un niveau modeste.

Les futurs parents qui veulent anticiper la mode plutôt que l'accompagner s'orienteront vers les prénoms en voie d'émergence ou qui frémissent et se risqueront à puiser dans la liste des prénoms qui pourraient bientôt revenir.

Les plus audacieux s'aventureront jusqu'aux prénoms en vogue dans les années 1920 ou 1930, pariant sur une renaissance de ces prénoms désuets vers 2010. Pour limiter les risques, mieux vaut alors se tourner vers des prénoms dont la réussite n'a pas été trop spectaculaire.

Quant aux futurs parents qui souhaitent avant tout que le prénom de leur enfant échappe aux humeurs de la mode, ils se tourneront vers les prénoms classiques, ou plutôt à tendance classique car les vrais classiques n'existent pas. Mais qu'ils prennent garde! D'abord, certains des prénoms que nous avons traités comme classiques dans la période récente (comme Benoît ou Vincent) sont à la limite du choix conformiste. D'autres, peu courants dans l'ensemble de la population, sont conformistes actuellement en milieu bourgeois. Certains des plus classiques sont à la baisse (Anne ou François), d'autres à la hausse (Antoine et Claire). Même Hélène, peut-être le plus stable depuis des lustres, pourrait se réveiller, comme semble le faire Étienne après Rémi. Il reste que la grande majorité de ces prénoms de type classique ne devraient pas connaître de poussée vertigineuse. On a vu, il est vrai, des prénoms traditionnels comme Catherine, Michel ou Philippe être saisis par la mode et s'envoler jusqu'aux sommets. Mais, en général, ils se sont démodés moins vite que les autres; et leur essor avait été précédé d'une période de désaffection, voire de purgatoire.

Enfin, ceux des futurs parents qui se moquent de la mode et entendent lui tourner le dos feront le contraire de ce que nous préconisons; et ils pourront le faire, désormais, en toute connaissance de cause.

Un plus : plusieurs prénoms

Le prénom que vous donnez à votre enfant, il le portera toute sa vie. Il est actuellement plus difficile encore de changer de prénom que de changer de nom. Votre enfant ne pourra tirer argument plus tard du caractère désuet, excentrique ou même ridicule de son prénom pour obtenir une modification de son état civil.

Mais il faut savoir aussi que la procédure qui a pour

objet d'ajouter à un prénom unique d'autres prénoms est également complexe et coûteuse, nécessitant l'assistance d'un avocat.

Nombre de parents n'attribuent à leur enfant qu'un seul prénom. Cette pratique paraît peu recommandable d'abord parce qu'elle comporte des risques d'homonymie ou d'indistinction : en raison de la concentration des prénoms, beaucoup de personnes ont le même nom et le même premier prénom. De plus, l'usage de prénoms multiples présente l'avantage de diversifier les choix, et donc de diminuer les risques. Quand il sera devenu adulte, votre enfant, s'il n'est pas satisfait de son premier prénom, pourra plus facilement imposer comme prénom usuel son second ou son troisième qu'un autre, étranger à son état civil. Si donc vous choisissez trois prénoms pour votre enfant, pourquoi ne pas les emprunter à des registres différents ? Par exemple, un prénom en train de percer pour le premier, accompagné d'un prénom actuellement désuet ou au purgatoire et d'un autre à tendance classique. Ces prénoms supplémentaires peuvent être ceux du parrain ou de la marraine ou d'un autre membre de la parenté. Voilà qui permet de concilier l'ancienne tradition avec la stratégie avisée que requiert aujourd'hui le choix des prénoms pour ses enfants.

Donner plusieurs prénoms permet aussi de faire enregistrer, en seconde position, un prénom exotique ou rare que l'état civil aurait difficilement accepté au premier rang. Dans un faire-part récemment publié dans *Le Monde*, des parents laissent à leur fille, Élodie Starlight, la joie d'annoncer la naissance de son frère Romain Scott. On voit d'ailleurs, de plus en plus souvent, les parents énoncer, dans les faire-part de naissance, l'ensemble de prénoms choisis. Cette pratique, inconnue naguère, est le signe de l'importance nouvelle et légitime accordée aux prénoms multiples.

Les nouveaux composés

Faut-il aller plus loin, en apposant un tiret entre les deux premiers prénoms ? Les prénoms composés ont connu un immense succès dans les années 1935-1960 (voir p. 45). Près d'un garçon sur six et d'une fille sur neuf nés au plus haut de la vague (vers 1945-50) ont été dotés d'un prénom double. Le reflux a été rapide dans les années 60. Depuis 1970, les prénoms composés ne sont guère donnés à plus d'un nouveau-né sur trente. Mais une nouvelle vague est en train de grossir.

Chez les filles, Anne a détrôné Marie comme principal pivot des combinaisons. Anne-Sophie est aujourd'hui le prénom double le plus prisé. Anne-Laure est en seconde position, suivie d'assez loin par Anne-Charlotte, Anne-Lise, Anne-Claire, et la plus récente Anne-Gaëlle. Parmi les composés de Marie, Marie-Laure, discrète mais assez constante, se voit aujourd'hui concurrencée par la récente Marie-Charlotte qui distance Marie-Ange ou Marie-Anne. Certaines nouveautés comme Laure-Anne, Laure-Line ou Carole-Anne ont parfois été choisies faute de mieux au lieu des Lauranne, Laureline ou Carolane souhaitées. Laure se marie aussi avec Hélène. La revenante Louise commence à se prêter au jeu des compositions et Aude pourrait s'y essayer.

Chez les garçons, Jean-Baptiste, faux composé puisqu'il est doté d'un saint patron unique, est la valeur montante la plus sûre. Jean-Philippe est toujours au second rang, devançant Jean-Charles, Jean-Christophe et Jean-François. Aux côtés de Jean-Marc, Jean-Marie, Jean-Michel et autres survivants des années cinquante qui n'ont pas complètement disparu, on voit apparaître Jean-Sébastien, Jean-Rémy et Jean-Maxime.

Mais Jean n'a plus le quasi-monopole du jumelage. Pierre est de plus en plus sollicité, notamment par Pierre-Antoine et Pierre-Alexandre qui vont dépasser Pierre-

Yves, et les plus rares Pierre-Henri(y), Pierre-Édouard, Pierre-Marie et Pierre-Emmanuel. Marc se distingue surtout avec Marc-Antoine, un romain très ambitieux. François-Xavier (à patron unique) est traditionnel mais progresse ces derniers temps, tout comme le non moins chic Charles-Henri(y), qui distance Charles-Édouard et Charles-Antoine. Paul se lance sur le marché matrimonial, choisi par Antoine, Adrien, Alexandre ou d'autres prénoms dans le vent. Quant à Louis, peu recherché jusqu'à présent comme pivot, il aurait l'avantage, à l'instar de Jean, de pouvoir s'associer à un prénom commençant par une consonne : Louis-Romain par exemple.

On aura noté que le répertoire, malgré son renouvellement, reste assez limité. Les possibilités de composition ne sont pas infinies, d'abord parce qu'il convient d'éviter les cacophonies du genre Aurélie-Lise, ou Carine-Camille. Les mariages heureux ne sont pas si nombreux. Le premier prénom, généralement traditionnel, doit être bref (Anne, Jean, Marc, etc.) et se prêter au jumelage comme Marie. Le second ne peut guère excéder trois syllabes. Marie-Élisabeth fait moins recette que Marie-Lise. Et rares sont les prénoms à trois syllabes qui s'associent volontiers à Marie. Il y eut jadis Marie-Madelcine et Marie-Antoinette, mais Marie-Dominique n'a pas réussi à s'imposer dans les années cinquante et soixante, malgré une petite vogue en milieu bourgeois.

On observe cependant, depuis le début du siècle, une tendance très marquée à l'allongement des prénoms. 80 % des prénoms féminins attribués dans les années trente comportaient deux syllabes (sans compter les muettes) contre 12 % à trois syllabes. Aujourd'hui leur fréquence est du même ordre : 47 %. Pour les garçons, on est passé, sur la même période, de 2,5 % de prénoms à trois syllabes (composés inclus) à 31 %. Et l'on voit même surgir des prénoms masculins de quatre syllabes, Maximilien, Nathanaël, Barthélemy, Judicaël, tout à fait

hors d'usage depuis des lustres. Pour les prénoms féminins, en moyenne plus longs, la chose est moins rare :
songeons à Élisabeth, Éléonore, Alexandra et Adélaïde.

Si cette tendance se poursuit, les composés ont de beaux
jours devant eux. Mais ce qui pourrait contrecarrer leur
ascension, c'est l'usage qui se répand, notamment chez
les femmes mariées ayant une activité professionnelle, du
double nom de famille. Si cette pratique, officialisée par
la loi, se généralise, elle peut rendre encombrant un prénom composé. Une Marie-Adélaïde Dubois-Giraudias
aura besoin de prendre son souffle avant de se nommer.

Les parents qui hésitent à franchir le pas du trait
d'union ont toujours la ressource de faire enregistrer les
prénoms de leur enfant dans un ordre tel qu'ils puissent
se composer. Ils déclareront, par exemple, Marc Olivier
Martin, plutôt que de mettre Martin derrière Marc, ou
Paul Étienne Grégoire s'ils trouvent Paul un peu court ou
s'ils craignent qu'il ne redevienne trop courant. Cette for-
mule plus souple permet de faire un placement diversifié
qui augmentera plus tard leur marge de choix et celle de
leur enfant.

Diminutifs et variantes orthographiques

Les uns se délectent à l'idée d'appeler Tim leur Timothée
ou Tom leur Thomas. D'autres, au contraire, redoutent que
leur Augustin ne puisse donner prise à Gus ou Tintin. Les
diminutifs sont une question sur laquelle les parents se
partagent. Ce sont eux, d'ailleurs, qui donneront le ton
sur ce point.

Il est des prénoms qui sont particulièrement prolifiques en diminutifs ou dérivés. Le cas le plus frappant est
celui d'Élisabeth qui a produit Isabelle, Élise, Élisa, Lise,
Lisa, Liliane, Elsa, Lisbeth, Lisette, Babette, Betty, et
peut-être Éliane. Notons que tous ces diminutifs sont
devenus des prénoms à part entière, la plupart depuis très

longtemps. Les diminutifs peuvent ainsi prendre leur autonomie et être enregistrés à l'état civil, par exemple Cathy, Katia, Nelly, Peggy, tous les prénoms avec suffixe en *ette* ainsi que certaines formes contractées, Ginette (Geneviève), Maryse (Marie-Louise), Marlène et Mylène (Marie-Hélène). L'on voit aujourd'hui se répandre à toute allure des diminutifs anglo-américains, notamment Teddy, Rudy, Jimmy.

Enregistrer un diminutif à l'état civil peut avoir l'inconvénient de restreindre les options ultérieures. Dans les années 40, mieux valait déclarer sa fille comme Anne plutôt que comme Annette; sans empêcher l'usage d'Annette, cela permettait un retour à Anne, moins daté. Bien des Jeannine souhaiteraient aujourd'hui avoir reçu le plus classique Jeanne. De même un Frédéric pourra toujours se faire appeler Fred s'il y tient, l'inverse étant moins vrai. Une petite Mandy, diminutif qui perce actuellement, préférera peut-être Amandine quand elle aura grandi.

Les prénoms peuvent aussi se transformer par leur orthographe, encore que, selon nous, c'est le son d'un prénom qui lui donne son identité propre. Les évolutions graphiques obéissent parfois à une certaine logique. Mickaël l'emporte sur Michaël pour éviter un doute sur la prononciation; Matthieu est distancé par le plus simple Mathieu depuis que ce prénom est à la mode; Hadrien ne fait plus le poids face à Adrien; Jérémie a été complètement supplanté, ces dernières années, par Jérémy parce que la terminaison en *ie* est spécifique aux filles. Pour la même raison on a vu apparaître Magali*e*, Muriel*le*, et même Maud*e*, à l'exemple d'Aude.

Ces variantes peuvent être une source d'embarras, notamment pour les porteurs de prénoms qui ont beaucoup d'orthographes possibles : Christelle, Yoann, Laurène. Cela est particulièrement vrai quand il s'agit de variantes très rares qui témoignent d'une recherche d'originalité assez mal placée. On ne voit guère l'avantage qu'il y a à s'appeler Gérôme ou Lorent. Et pourtant, certains parents font des pieds et des mains pour faire enregistrer Maryne, qui se répand, au lieu de Marine, Mélanye pour Mélanie ou Aymeline pour Émeline. Combien de fois un pauvre Arnauld devra-t-il épeler son prénom, à moins qu'il ne renonce à ce *l* supplémentaire auquel ses parents tenaient tant!

Faut-il faire des séries ?

Depuis que les prénoms ne se transmettent plus d'une génération à l'autre, un nouveau souci apparaît : apparenter les prénoms des enfants. Nombreux sont les parents qui éprouvent une certaine satisfaction à mettre sur leur progéniture une estampille commune. Ils font une série de prénoms ayant la même initiale, la même première syllabe (Aude, Audrey, Aurore...) ou la même terminaison.

Cette dernière option n'est pas sans inconvénients pratiques. Si vos trois filles se prénomment Émilie, Aurélie et Julie et que vous appeliez l'une d'elles à haute voix (avec accent inévitable sur *lie*), vous pouvez les voir accourir toutes les trois; avec le temps, vous n'en verrez plus aucune, surtout si quelque corvée est dans l'air. L'initiale identique ou même la première syllabe commune – Juliette et Justine – provoquent moins de confusion sonore, mais comportent aussi un risque d'indistinction dans certaines circonstances, pour le courrier par exemple.

Le goût pour les assonances, s'il est poussé trop loin, peut nuire à une individualisation convenable de chaque enfant. Rémy fait avec Jérémy une rime trop riche. Caroline et Coraline forment un couple trop intime, même, et peut-être surtout, pour des jumelles. Alizée et Élisa, Chloé et Cléo, Léa et Léo sont encore trop voisins. Théotime fait à Timothée un écho subtil, mais qui peut faire trébucher.

Au XIXe siècle, les parents du grand géographe Élisée Reclus manifestaient déjà, pour leurs quatorze enfants, un penchant pour les séries : Élie, Élise, Élisée, suivis de Zéline et Onésime; parmi les sœurs plus jeunes, Louise succédait à Loïs et Yohanna à Anna.

On peut jouer sur des affinités sonores plus lointaines. Avec leur *r* final, Arthur, Victor et Gaspard forment une jolie déclinaison, à compléter éventuellement par Kléber et Casimir. Il n'y a pas que les sonorités qui puissent apparenter les prénoms des frères et sœurs. Adrien et Maxime ont presque tout en commun, hormis leur son. Le risque, ici, est de se laisser aller à la facilité du couple célèbre, du genre Tristan et Yseult. Victor et Hugo tirent vers le calembour, tout comme Jules associé à Romain ou à César. Ce dernier fera un peu ambitieux avec Alexandre. Mieux vaut, dans ces assemblages, garder un peu de distance et de discrétion. Gustave, Honoré et Émile, prénoms qui devraient revenir, rendent hommage à trois grands écrivains du siècle dernier. On peut encore donner sa préférence à des séries déjà éprouvées, comme Anne, Émilie et Charlotte, prénoms des trois sœurs Brontë.

L'enregistrement des prénoms « originaux »

De plus en plus nombreux sont les parents qui cherchent pour leur enfant un prénom vraiment original, neuf ou n'ayant pratiquement pas servi. Cette diversité croissante des choix n'empêche pas les mouvements de mode, car ils peuvent être des milliers à avoir la même idée au même moment. Mais elle se traduit statistiquement par un tassement des prénoms vedettes qui n'atteignent plus les scores majestueux de naguère.

Voici que nos parents se sont enfin mis d'accord, non sans peine parfois, sur l'oiseau rare. Quelle n'est pas leur déconvenue lorsque, au moment de la déclaration de naissance, ils se heurtent à un refus de la part du service de l'état civil de la mairie. Ces parents ne se doutaient pas que le choix d'un prénom pour son enfant est libre, mais contenu dans certaines limites. Ce qui complique les choses, c'est que ces limites sont fluctuantes d'une année sur l'autre et d'une municipalité à l'autre.

La législation en matière de prénoms est contenue dans les articles 276 à 281 de l'Instruction générale relative à l'état civil (titre III, chap. 1). S'inspirant de la loi du 11 germinal an XI (1er avril 1803), ce texte, révisé en 1966 et plus encore en 1987 dans le sens d'un libéralisme accru, reste finalement assez flou.

Jusqu'en 1987, il posait des limites assez strictes au répertoire des prénoms possibles : seuls pouvaient être reçus sur les registres « les prénoms en usage dans les différents calendriers et ceux des personnages connus dans l'histoire ancienne ». Les calendriers en question, était-il précisé, sont ceux « de langue française ». Quant à l'histoire ancienne, elle est limitée « à la Bible et à l'antiquité gréco-romaine », et cette disposition est toujours en vigueur. Le goût pour la culture gréco-romaine, propre à l'époque révolutionnaire, continue de régler nos choix. Voilà qui ouvre d'ailleurs un champ immense et très peu exploité. On ne saurait, en principe, vous refuser Aristote, Héraclite, Socrate, Solon, Clisthène, Thalès, Xénophon pas plus que Cassius, Cicéron, Tibère, Agrippine, ni même Néron ou Caligula si vous le souhaitiez vraiment. En revanche, par personnages, il faut entendre « personnages historiques », ce qui conduit à « exclure en principe » le répertoire mythologique.

Cependant, l'article qui suit indique que « peuvent être admis », « les prénoms de la mythologie (tels : Achille, Diane, Hercule etc.) ». Notons que Achille et Diane sont de mauvais exemples, puisque ce sont aussi des prénoms chrétiens. La même tolérance peut être accordée aux prénoms régionaux, aux prénoms étrangers, aux pré-

noms composés et, « avec une certaine prudence », à
« certains diminutifs », « certaines contractions de prénoms doubles », « certaines variations d'orthographe ».
Tant de « certains » font beaucoup d'incertitudes.

La grande nouveauté du texte de 1987 est qu'il ouvre
largement la porte aux prénoms étrangers. D'abord il fait
référence aux prénoms des calendriers français et étrangers ; cette concession a moins de poids qu'il n'y paraît
puisque les calendriers répertoriant les saints ne sont pas
en usage dans les pays anglo-saxons, principaux fournis-
seurs d'exotisme. Mais le nouveau texte précise aussi que
peuvent être choisis « les prénoms consacrés par l'usage et
relevant d'une tradition étrangère ou française, nationale
ou locale », ainsi que ceux qui s'inscrivent dans « une tradition familiale ».

Pourtant, les difficultés d'enregistrement d'un prénom
étranger sont encore fréquentes. C'est que les parents
doivent « fournir les références utiles à l'appui de leur
choix », justifier que le prénom et son « orthographe
exacte » sont bien en usage en France ou à l'étranger. Ce
n'est pas chose facile et cette justification ne sera pas forcément suffisante, car la conclusion générale, qui paraît
libérale, introduit en fait une restriction : « les officiers
de l'état civil ne doivent se refuser à inscrire parmi les
vocables choisis par les parents que ceux qu'un usage suffisamment répandu n'aurait pas manifestement consacrés
comme prénoms selon une tradition étrangère ou française, nationale ou locale ». Il ne suffit donc pas de prouver qu'un prénom a déjà été enregistré ; il faut aussi qu'il
soit « consacré » par l'usage. Voilà qui laisse une grande
marge d'appréciation personnelle à l'officier de l'état
civil. Comment pourrait-il connaître l'usage ancien ou
récent de tel ou tel prénom en France ou à l'étranger et
savoir si cet usage est « suffisamment répandu » ?

Certains parents voulant déclarer un prénom rare
s'entendent dire, au bureau de l'état civil, que ce prénom

n'est pas dans « la liste » ou dans « le livre ». En fait, il n'existe pas de répertoire officiel des prénoms donnés en France. Et il ne saurait y en avoir puisque des nouveaux venus ne cessent d'apparaître et, après quelques tribulations, de s'imposer. Le livre qui pourrait servir de référence est celui que vous avez entre les mains, puisqu'il est le *seul* à être fondé sur le dépouillement de prénoms réellement attribués. Mais il ne peut prétendre répertorier la totalité des prénoms qui ont pu être donnés en France depuis des siècles.

La notion d'un « usage suffisamment répandu » peut aussi paraître contradictoire avec la première délimitation du répertoire : les calendriers et l'histoire ancienne. La grande majorité des noms de personnages connus de l'antiquité n'ont jamais été utilisés comme prénoms. Du calendrier des Postes, repris dans les agendas et qui ne recense guère plus de 300 prénoms, on aura vite fait le tour. Force est de se référer aux calendriers liturgiques de l'Église catholique, c'est-à-dire aux innombrables noms de saints. Certains figurent au calendrier romain général, d'autres au calendrier des saints de France, d'autres encore au calendrier propre à chaque diocèse, à quoi s'ajoutent les saints locaux. On peut ainsi fêter une bonne dizaine de saints chaque jour. Parmi eux un grand nombre sont complètement délaissés. Ils sont légion, ces prénoms que l'on ne saurait vous refuser, puisque dotés d'un saint patron, mais qui, par leur sens ou par leur sonorité peu engageante, peuvent prêter à de trop faciles plaisanteries et sont en totale disgrâce : Cucufat, Cunégonde, Cuthbert, Malachie, Goneri, Pothin, Pulchérie, et autres Cloud, Fiacre, Arcade, Bède, Ouen, Prétextat, Fridolin, etc. Même les moins risibles Amour, Fidèle, Parfait et Modeste (à la fois) seront assez lourds à porter (encore que Aimé et Aimée aient eu des adeptes au début du siècle).

Et qu'en est-il de l'éphémère calendrier républicain de

l'époque révolutionnaire qui honorait plantes, légumes, fruits et outils agricoles ? Il a déjà servi de référence, par exemple pour faire accepter certains noms de fruits, tel Cerise qui y figure. Mais cette référence ne peut suffire. Elle aidera peut-être à faire enregistrer Coriandre ou Garance ; mais ne vous faites pas trop d'illusions au cas où vous auriez l'idée étrange d'appeler votre fils Artichaut ou Épinard.

Les officiers de l'état civil ont donc une tâche bien difficile. D'une manière générale, ils font preuve de tolérance dans l'application de la loi. Nous avons rencontré, dans nos dépouillements, assez de prénoms bizarres et de graphies abracadabrantes pour en témoigner. Certes les protestations provoquées par des refus perçus comme arbitraires et même les litiges ne cessent de croître. Mais c'est parce que ceux qui recherchent l'originalité à tout prix sont de plus en plus nombreux. Il faut bien qu'une limite soit posée face à l'imagination débordante de certains parents et aussi, sans doute, que soit un peu contenue l'américanisation galopante des prénoms.

Ce qui peut constituer une cause légitime d'irritation, c'est que ces limites sont fluctuantes. La loi n'est pas appliquée partout de la même manière. Tel prénom, déjà accepté depuis deux ans dans une ville, sera refusé dans une autre ; et cela ne concerne pas seulement les prénoms régionaux. S'il est vraiment porté par un courant ascendant, le prénom finira par s'imposer partout.

Aujourd'hui, le tout nouveau Alizée, malgré quelques déboires à ses débuts, est porté par un vent régulier et grandit très vite. De même, Océane s'étend sans provoquer de remous. Cassandre fut l'objet de célèbres litiges. Ce prénom, en usage dans les pays anglo-saxons sous la forme Cassandra, pouvait pourtant se réclamer de Ronsard aussi bien que de la prophétesse de malheur. Il est désormais accepté, tout comme Cerise et Prune qui ont naguère défrayé la chronique. Mélodie a eu quelque peine à s'imposer, mais elle se répand à toute allure, tandis que la plus légitime, puisque mythologique, Harmonie se fait sa place et que la plus douteuse Symphonie risque encore de faire du bruit. On a vu récemment apparaître CharlÉlie (masculin) grâce à un chanteur et Swann, à cause du film tiré de l'œuvre de Proust. L'actrice Nastassia Kinsky a inspiré des parents qui durent se rabattre sur Nastasia, dont la prononciation est différente. Bruce, pourtant vieux nom normand passé en Écosse, a posé bien des problèmes qui s'aplanissent. Aubéri(ie)(y), connu grâce à une journaliste de télévision, a encore du mal à se faire admettre, tout comme Titouan, diminutif méridional d'Antoine qu'un navigateur a fait découvrir. Les prénoms mythologiques devraient fleurir depuis 1987; pourtant les Ulysse, Pénélope, Calypso et autres Eurydice, Isis ou Danaé ne naissent qu'en petit nombre. Des difficultés subsistent pour les noms d'inspiration mythologico-astronomique du genre Cassiopée et Orion; Astrée aurait sans doute plus de chance grâce au roman du XVIIe siècle.

Les prénoms anglo-américains, souvent entendus dans les séries télévisées, constituent la principale source de litiges. Nous ne parlons pas ici de ceux – ils sont légion – qui sont désormais d'usage courant, alors qu'ils auraient été impitoyablement refoulés naguère. Nous ne parlons pas non plus de ceux qui ont la chance de figurer dans la Bible ou d'être dotés d'un saint patron, même obscur, comme Nelson ou Edwin. Le triomphe actuel de Kévin et Audrey vient de ce qu'ils trouvent place au calendrier des Postes. Mais il y a toujours de nouveaux candidats à la naturalisation. Leur période probatoire est plus ou moins longue et on les admet d'abord plus volontiers si l'un des parents n'est pas de nationalité française.

Actuellement, Eliott (avec un ou deux *l* et un ou deux *t*) est sur sa lancée, après avoir passé de mauvais moments. Gary et Candice (féminin) sont en plein essor, alors que Lindsay (féminin) et Wesley (masculin) conti-

nuent d'être contestés tout en gagnant du terrain.
L'étrange Gaylord a suscité de fortes oppositions, légi-
times à notre sens, dans beaucoup de services de l'état
civil; on le voit pourtant se répandre, en dépit du sens
un peu particulier de « gay ». Beverly et Kimberley (féminin) sont acceptés ici et refusés ailleurs; le diminutif
Kim paraît provoquer moins de réticence. Stacy(ie) est
un exemple actuel de prénom de feuilleton qui a beaucoup de mal à être enregistré. Même les Sullivan, Dylan,
Donovan, etc., malgré leur notable percée, peuvent
encore être contestés dans certaines mairies.

Ces résistances sont assez compréhensibles. Les prénoms anglo-américains peuvent poser une foule de problèmes dont les parents n'ont pas toujours conscience.
Séduits par leur sonorité, ils ne réalisent pas que, prononcés à la française, ces prénoms risquent d'être disgracieux. Il est heureux que Sue-Ellen n'ait pratiquement
pas franchi le seuil des mairies. Les prénoms masculins
terminés par *an*, si on les prononce en *ane*, conduisent à
un doute sur le sexe : comment distinguer Lilian de
Liliane ou Morgan de Morgane ? Comment savoir que
Jordane est presque exclusivement masculin, tout comme
Sofiane, prénom arabe qui n'a rien à voir avec Sophie ?
Même équivoque pour les prénoms en *y* : Jessy est surtout
masculin, alors que Sandy est féminin (aujourd'hui en
France). Mieux vaudrait franciser les diminutifs féminins
en *ie* : Sandie, Mandie, etc. De même, Mallory (ou
Malory), qui voit le jour, serait plus clairement féminin
avec *ie*; on pourrait d'ailleurs revenir à l'orthographe
française traditionnelle du nom, Malaurie. Les prénoms
peuvent changer de sexe en passant les frontières. Leslie
fut masculin en Grande-Bretagne au début du siècle;
Joan (comme Jean) est féminin dans les pays anglo-
saxons, alors que Laurence y est masculin. L'on voit
même des parents, sous influence télévisée, vouloir appeler leur fille Alexis, qui s'est féminise outre-Atlantique,
ou même Maxine, fâcheusement proche de Maxime.

S'il est pris au pied de la lettre, le texte de 1987 a des effets indésirables de ce point de vue. Prouver l'orthographe d'un prénom d'après son usage à l'étranger peut freiner sa francisation : voilà pourquoi on trouve tant de Kathleen, de Laureen, de Maureen, ces dernières étant plus nombreuses que les Maurine. On a même vu un service de l'état civil imposer Meg-Ann pour Mégane, adaptation française de Megan !

Que faire pour éviter une possible déconvenue lors de la déclaration de naissance ? Le mieux est de prendre contact, avant la naissance de l'enfant, avec le service de l'état civil du lieu de naissance. Si le prénom rare, nouveau ou exotique que vous avez retenu ne semble pas plaire à l'employé de l'état civil, vous aurez le temps d'argumenter, d'expliquer les raisons de votre choix, et de vous renseigner sur la marche à suivre en cas de refus. Vous avez, en effet, la possibilité d'adresser au procureur de la République une demande d'examen du prénom en question. Vous aurez souvent gain de cause : on a vu récemment Florimond, prénom tout à fait traditionnel, refusé par un service de l'état civil parce qu'il n'était pas « sur la liste ». Si le cas est plus douteux, vous avez intérêt à nourrir votre dossier de références et, si possible, de preuves de l'existence du prénom : photocopies de fiches d'état civil ou de livrets de famille. En cas de nouveau refus, reste la possibilité de saisir le tribunal de grande instance du lieu de naissance qui se prononcera en dernier ressort sur la recevabilité du prénom litigieux. L'inconvénient de cette voie judiciaire est qu'elle est parfois longue et toujours coûteuse, exigeant l'assistance d'un avocat. Dans l'attente du jugement, l'enfant est dépourvu de prénom (si un seul était prévu) et cette identité incomplète peut entraîner la suspension des allocations familiales.

Faut-il vraiment en arriver là ? Certes non ! Il existe d'abord une solution assez simple : demander que le prénom si désiré soit inscrit en second rang, derrière un autre plus connu. Sauf s'il est vraiment extravagant, il sera généralement accepté à cette condition. Rien ne vous empêchera de l'utiliser et de le faire utiliser comme prénom usuel. Et votre enfant ne sera peut-être pas mécontent, plus tard, d'avoir le choix.

Les difficultés d'enregistrement peuvent aussi amener les parents à réfléchir. Ont-ils vraiment raison de vouloir satisfaire leur goût pour l'exotique ou la nouveauté ? N'y a-t-il pas d'autres prénoms rares qui seraient facilement acceptés ? Nous en avons déjà cité beaucoup, tout au long de ce livre, qui sont propres à satisfaire les amateurs de rareté. Voici, pour terminer, un bouquet final de prénoms qui ont très peu servi, choisis parmi ceux que nous n'avons pas eu l'occasion de mentionner.

Prénoms féminins : Aricie, Aure, Béline, Colombine, Donatienne, Eudoxie, Hermance, Hermione, Iphigénie, Ninon, Olympe, Pélagie, Philomène, Prudence, Vinciane.

Prénoms masculins : Abélard, Andéol, Barnabé, Clémentin, Colas, Constantin, Éloi, Eustache, Évariste, Horace, Irénée, Lambert, Landry, Léandre, Marien, Mayeul, Nestor, Samson, Saturnin, Séverin, Zacharie.

Vous en trouverez beaucoup d'autres dans la liste de 1 400 prénoms que nous avons établie et qui peut vous servir de référence, puisque tous, même les plus rares, ont déjà été donnés en France.

1 400 PRÉNOMS
D'ABEL À ZOÉ

Cette liste alphabétique fait d'abord office d'*index* pour les prénoms étudiés ou cités dans le livre. Beaucoup d'entre eux sont mentionnés à plusieurs reprises. Nous nous sommes limités à trois indications de pages, choisissant les passages les plus importants sur la carrière de chaque prénom.

Nous y avons ajouté des prénoms supplémentaires afin que les futurs parents disposent d'un très large répertoire pour effectuer leur première sélection.

C'est donc ici que doit commencer la consultation de ce livre à la fois pour les futurs parents à la recherche d'un prénom et pour ceux qui veulent connaître la carrière de tel ou tel prénom.

Cette liste de près de 1 400 prénoms est déjà bien fournie et inclut beaucoup de prénoms d'usage très rare. Les amateurs d'originalité pourront y trouver leur bonheur. Mais ce n'est pas une liste complète. A la vérité, la notion de liste complète de prénoms n'a pas de sens : on peut multiplier les variantes orthographiques, les dérivés, les diminutifs, les formes étrangères, les prénoms composés. Nous avons voulu que cette liste reste maniable. Nous avons été un peu plus sélectifs pour les prénoms étrangers, notamment arabes, en privilégiant le répertoire des prénoms d'usage ancien en France. Cependant, on trouvera dans cette liste beaucoup de prénoms anglo-saxons qui sont en train d'apparaître en France. Il y a une part de subjectivité dans toute sélection; mais cette part est ici très réduite puisque nous nous sommes fondés sur l'usage.

Grâce à nos dépouillements portant sur plus de trois millions d'individus dont plus de 500 000 nés tout récemment, nous pouvons garantir que les prénoms cités dans cette liste ont été *effectivement enregistrés en France* de manière significative. Nous avons d'ailleurs exclu ceux qui sont les plus litigieux aujourd'hui. Notre liste peut donc, à bon droit, prétendre servir de *référence*.

Nous n'avons repris que les plus fréquents des prénoms composés : il y a d'autres combinaisons possibles (voir p. 292-294). Nous avons mentionné les principales variantes orthographiques, celles qui s'imposent dans l'usage, sans retenir celles qui nous paraissent fautives, même si elles ont été admises : Sibylle peut se simplifier en Sibille, mais Sybille n'a aucune justification. De même nous n'avons pas cité Cloé pour Chloé.

Nous indiquons *les dates des fêtes* et renvoyons, pour les prénoms dérivés ou proches, au prénom qui est doté d'un saint patron. Quand le rapprochement nous paraît incertain, il est assorti d'un point d'interrogation. Pour les prénoms composés, sauf cas particulier, on se reportera à la date de la fête de l'un des prénoms qui le composent. Dans quelques cas, il ne nous a pas été possible de repérer un saint patron et il ne nous a pas paru souhaitable de procéder à des analogies trop douteuses. Nous laissons aux parents, ou au porteur du prénom, le choix d'une date : par exemple on peut fêter Hector avec Victor, et Kléber avec un prénom à même terminaison (Robert, Norbert, etc.) ou bien – pourquoi pas ? – avec Marceau.

A

	pages	fête
ABEL		*5 août*
ABÉLARD	305	*Abel*
ABIGAËLLE		
ABIGAIL		
ABRAHAM		*20 déc.*
ACHILLE	27, 73, 285	*12 mai*
ADAM	280	*31 juill.*
ADÉLAÏDE	167, 281, 294	*16 déc.*
ADÈLE	51, 167, 281	*24 déc.*
ADÉLIE		*Adèle*
ADELINDE		*28 août*
ADELINE	167	*20 oct.*
ADELPHE		*11 sept.*
ADÉMAR	21, 73, 286	
ADOLPHE	285	*30 juin*
ADRIAN	101	*Adrien*
ADRIANA		*Adrien*
ADRIANE		*Adrien*
ADRIEN	101, 105, 279	*8 sept.*
ADRIENNE	42, 287	*Adrien*
AGATHE	42, 281	*5 févr.*
AGLAÉ		*14 mai*
AGNÈS	22, 58, 168	*21 janv.*
AHMED		*21 août*
AIMÉ	300	*13 sept.*
AIMÉE	300	*20 févr.*
ALAIN	38, 101, 261	*9 sept.*
ALAN	102	*Alain*
ALARIC		*29 sept.*

ALBAN	63, 102, 277,	*22 juin*
ALBANE	282	*Alban*
ALBÉRIC		*21 juill.*
ALBERT	42, 75, 102	*15 nov.*
ALBERTE		*Albert*
ALBERTINE	287	*Albert*
ALBIN	102	*1ᵉʳ mars*
ALCIBIADE		*2 juin*
ALCIDE		*Alcibiade?*
ALDRIC		*7 janv.*
ALEX	103	*Alexandre*
ALEXANDRA	63, 86, 168	*Sandrine*
ALEXANDRE	102, 262, 289	*22 avr.*
ALEXANDRINE	168, 286	*Sandrine*
ALEXIA	168, 281	*Alix*
ALEXIANE	282	*Alix*
ALEXIS	103, 280	*17 févr.*
ALFRED	285	*15 août*
ALICE	169, 281	*Adélaïde*
ALICIA	169, 281	*Adélaïde*
ALIÉNOR	63	*Éléonore*
ALIDA		*26 avr.*
ALINE	169	*Adeline*
ALISON	80, 169, 281	*Adélaïde*
ALIX	64, 169, 281	*9 janv.*
ALIZÉE	282, 301	
ALLAN	102	*Alain*
ALLISON	169	*Adélaïde*
ALOÏS		*21 juin*
ALPHONSE	22, 285	*1ᵉʳ août*
ALPHONSINE	286	*Alphonse*
ALVIN		
ALVINA		
AMAND		*6 févr.*
AMANDA	170	*Amandine*
AMANDINE	170, 264, 289	*9 juill.*
AMAURY	63, 74, 280	
AMBRE	282	*Ambroise?*
AMBROISE	285	*7 déc.*
AMBROISINE		*Ambroise*
AMÉDÉE		*30 mars*
AMÉLIE	170,	*5 janv.*
AMELINE		*Amélie*
ANAËL		*Anne*
ANAËLLE	170, 282	*Anne*

ANAÏS	170, 281	*Anne*
ANASTASE		*3 févr.*
ANASTASIA	282	*Anastasie*
ANASTASIE	286	*10 mars*
ANATOLE	285	*3 févr.*
ANDÉOL	305	*1er mai*
ANDRÉ	25, 103, 260	*30 nov.*
ANDRÉA	171	*Andrée*
ANDRÉAS		*André*
ANDRÉE	46, 170	*9 juill.*
ANDY	103, 278	*André*
ANÉMONE		*Anne ou Fleur*
ANGE		*5 mai*
ANGÈLE	171	*27 janv.*
ANGÉLA	171	*Angèle*
ANGÉLINA	171	*Angèle*
ANGELINE	171, 282, 286	*Angèle*
ANGÉLIQUE	83, 171	*Angèle*
ANICET		*17 avr.*
ANISSA	282	*Anne*
ANITA		*Anne*
ANNA	42, 171, 281	*Anne*
ANNABELLE	171	*Anne*
ANNE	25, 58, 172	*26 juill.*
ANNE-CÉCILE	172	
ANNE-CHARLOTTE	172, 292	
ANNE-CLAIRE	172, 292	
ANNE-FLORE		
ANNE-GAËLLE	292	
ANNE-LAURE	173, 292	
ANNE-LISE	172, 292	
ANNE-MARIE	45, 173, 268	
ANNE-SOPHIE	173, 292	
ANNETTE	172, 295	*Anne*
ANNICK	66, 69, 173	*Anne*
ANNIE	41, 174, 268	*Anne*
ANOUK (CK)	79	*Anne*
ANSELME	286	*21 avr.*
ANTHONY	61, 103, 262	*Antoine*
ANTOINE	58, 104, 279	*13 juin*
ANTOINETTE	41, 174	*27 oct.*
ANTONIN	104, 277, 280	*5 mai*
ANTONIO	159	*Antoine*
ANTONY	61, 104	*Antoine*
APOLLINE	282, 286	*9 févr.*

ARCHIBALD		*29 mars*
ARIANE	63, 222, 282	*18 sept.*
ARICIE	305	
ARIEL	63, 175	*Eurielle*
ARIELLE	63, 175	*Eurielle*
ARISTIDE		*31 août*
ARLETTE	41, 175	*Charlotte?*
ARMAND	104, 277, 285	*9 juill.*
ARMANDE		*Armand*
ARMEL		*16 août*
ARMELLE	63, 66, 175	*Armel*
ARNAUD	59, 64, 105	*10 févr.*
ARNOLD		*15 août*
ARSÈNE		*19 juill.*
ARTHUR	22, 105, 280	*15 nov.*
ARTUS	64	*Arthur*
ASHLEY	86	
ASTRÉE	302	
ASTRID	64, 282	*27 nov.*
ATHANASE		*2 mai*
ATHÉNAÏS	282	
AUBÉRI(IE) (Y)	302	*Albéric*
AUBERT	22	*10 sept.*
AUBIN	63	*Albin*
AUDE	175	*18 nov.*
AUDREY	84, 175, 264	*23 juin*
AUDRIC		*Aldric*
AUGUSTA		*Augustine*
AUGUSTE	28, 285	*29 févr.*
AUGUSTIN	277, 280, 285	*28 août*
AUGUSTINE	28, 296	*Augustin*
AURE		*4 oct.*
AURÈLE		*27 juill.*
AURÉLIA	176, 281	*Aurélie*
AURÉLIE	·176, 264,	*15 oct.*
AURÉLIEN	105, 276	*16 juin*
AURIANE (ANNE)	63, 282	*Aure*
AURORE	74, 176	*Aure?*
AXEL	103, 280	*21 mars*
AXELLE	63, 175, 282	*Axel*
AYMAR		*29 mai*
AYMERIC	21, 106, 280	*Emeric*

B

BABETTE	294	*Elisabeth*
BALTHAZAR		*6 janv.*
BAPTISTE	106, 280	*Jean-Baptiste*
BAPTISTIN		*Jean-Baptiste*
BAPTISTINE		*Jean-Baptiste*
BARBARA	177	*Barbe*
BARBE	177	*4 déc.*
BARBERINE	177	*Barbe*
BARNABÉ	305	*11 juin*
BARTHÉLÉMY	280, 285, 293	*24 août*
BASILE	286	*2 janv.*
BASTIEN	106, 280	*Sébastien*
BATHILDE		*30 janv.*
BAUDOIN	22, 63	*17 oct.*
BÉATRICE	60, 177	*13 févr.*
BÉATRIX	22, 64	*29 juill.*
BÉLINE	305	*8 sept.*
BÉNÉDICTE	58, 63, 178	*16 mars*
BENJAMIN	106, 275, 289	*31 mars*
BENJAMINE		*Benjamin*
BENOÎT	58, 107, 290	*11 juill.*
BÉRANGER	22	*Bérenger*
BÉRANGÈRE	63, 281	*Bérenger*
BÉRENGER	22	*26 mai*
BÉRENGÊRE	63, 281	*Bérenger*
BÉRÉNICE	282	*Véronique ou 4 oct.*
BERNADETTE	41, 72, 178	*18 févr.*
BERNARD	21, 107, 260	*20 août*
BERNARDIN		*20 mai*
BERTHE	28, 228, 286	*4 juill.*
BERTILLE	63, 282	*6 nov.*
BERTRAM		*Bertrand*
BERTRAND	58, 64, 108	*6 sept.*
BETTY	194, 294	*Élisabeth*
BEVERLY	303	
BIENVENU		*22 mars*
BIENVENUE		*30 oct.*
BLAISE	286	*3 févr.*
BLANCHE	179	*3 oct.*
BLANDINE	179	*2 juin*
BONIFACE	71	*5 juin*
BORIS	84, 115	*2 mai*
BRENDAN	276	*16 mai*

BRIAC	108	*18 déc.*
BRIAN	108, 277, 280	*Briac?*
BRICE	108, 280	*13 nov.*
BRIEUC	108	*1ᵉʳ mai*
BRIGITTE	78, 179, 263	*23 juill.*
BRUCE	108, 302	*Brieuc?*
BRUNEHILDE		*Bruno*
BRUNELLE		*Bruno*
BRUNO	86, 108, 261	*6 oct.*
BRUTUS	27	
BRYAN	108, 280	*Briac?*

C

CAÏUS		*1ᵉʳ juill.*
CALLISTE (IXTE)		*14 oct.*
CAMILLE (f)	27, 180, 281	*14 juil.*
CAMILLE (m)	27, 180, 280	*14 juill.*
CANDICE	282, 302	*Candide?*
CANDIDE		*3 oct.*
CANDY	80	*Candide*
CAPUCINE	63, 74, 282	*Fleur*
CARINE	63, 213, 264	*7 nov.*
CARL		*Charles*
CARLA		*Charlotte*
CARMEN		*Carmel, 16 juill.?*
CAROLANE	292	*Charlotte*
CAROLE	180	*Charlotte*
CAROLE-ANNE	292	
CAROLINE	59, 181	*Charlotte*
CASIMIR	285, 297	*4 mars*
CASSANDRA	301	
CASSANDRE	282, 301	
CATHERINE	25, 181, 263	*24 mars, 29 avr., 25 nov.*
CATHY (IE)	84, 182, 295	*Catherine*
CÉCILE	58, 182, 268	*22 nov.*
CÉCILIA	183, 281	*Cécile*
CÉDRIC	81, 109, 261	*Cedde, 7 janv.?*
CÉLESTE	286	*14 oct.*
CÉLESTIN	277, 285	*19 mai*
CÉLESTINE	286	*Célestin*
CÉLIA	183, 281	*Cécile*

CÉLINE	183, 264	*21 oct.*
CERISE	301	*Fleur?*
CÉSAR	27, 286, 297	*15 avr.*
CÉSARINE	286	*César*
CHANEL (ELLE)		
CHANTAL	78, 183, 263	*12 déc.*
CHARLÉLIE	302	*Charles*
CHARLÈNE	80, 184, 281	*Charlotte*
CHARLES	25, 77, 109	*2 mars ou 4 nov.*
CHARLES-ANTOINE	293	
CHARLES-ÉDOUARD	293	
CHARLES-HENRI (Y)	293	
CHARLETTE	175	*Charlotte*
CHARLIE	110	*Charles*
CHARLINE	184, 281	*Charlotte*
CHARLOTTE	184, 281	*17 juill.*
CHARLY	110, 278	*Charles*
CHLOÉ	74, 185, 281	*Fleur?*
CHRISTELLE (EL, ÈLE)	61, 185, 264	*Christine*
CHRISTIAN	43, 110, 260	*12 nov.*
CHRISTIANE	41, 68, 185	*Christine ou Nina*
CHRISTINE	86, 186, 263	*24 juill.*
CHRISTOPHE	43, 110, 261	*21 août*
CHRISTOPHER	86, 111, 280	*Christophe*
CINDY	74, 186	
CLAIRE	58, 187	*11 août*
CLARA	86, 187, 281	*Claire*
CLARENCE		*26 avril*
CLARISSE	187, 282	*12 août*
CLAUDE (f)	187	*Claude*
CLAUDE (m)	67, 111, 260	*15 févr., 6 juin*
CLAUDETTE	188	*Claude*
CLAUDIA	188	*20 mars, 18 mai*
CLAUDIE	188	*Claudia*
CLAUDINE	26, 188, 268	*30 sept.*
CLAUDIUS		*Claude*
CLÉA		*Clélia?*
CLÉLIA	74, 282	*13 juill.*
CLÉMENCE	188, 281	*21 mars*
CLÉMENT	112, 279	*23 nov.*
CLÉMENTIN	305	*Clément*
CLÉMENTINE	189, 277, 281	*Clément ou Clémence*
CLÉO	296	*Cléopâtre*
CLÉOPÂTRE		*19 oct.*
CLIO		

CLOTAIRE	286	*7 avr.*
CLOTILDE	63, 282	*4 juin*
CLOTHILDE	63, 282	*Clotilde*
CLOVIS	286	*Louis*
COLAS	305	*Nicolas*
COLETTE	41, 72, 189	*6 mars*
COLIN	145, 280	*Nicolas*
COLINE	189, 282	*Nicolas*
COLOMBE		*31 déc.*
COLOMBINE	305	*Colombe*
CÔME	113	*26 sept.*
CONRAD	22	*26 nov.*
CONSTANCE	282, 286	*8 avr.*
CONSTANT		*23 sept.*
CONSTANTIN	305	*21 mai*
CORA	74	*Corentin?*
CORALIE	74, 189	*Corentin?*
CORALINE	189, 282	*Corentin?*
CORENTIN	74, 277, 280	*12 déc.*
CORENTINE		*Corentin*
CORINNE	63, 189, 263	*Corentin?*
CORNÉLIE	27	*16 sept.*
CRÉPIN		*25 oct.*
CRISTELLE (EL, ÈLE)	61, 185, 264	*Christine*
CYNTHIA	84, 190, 281	*Diane*
CYPRIEN	74, 280	*16 sept.*
CYRIELLE	42, 190, 281	*Cyrille*
CYRIL (ILLE)	63, 84, 112	*18 mars*

D

DAHLIA	74	*Fleur*
DAISY		*Marguerite*
DAMIEN	60, 112, 289	*26 sept.*
DANAÉ	302	
DANIEL	22, 113, 260	*11 déc.*
DANIELLE (ÊLE)	80, 190, 263	*Daniel*
DANY	113	*Daniel*
DAPHNÉ (E)	63, 74, 282	*Fleur ou Nymphe (10 nov.)*
DAUPHINE	63, 191	*Delphine*
DAVID	22, 113, 261	*29 déc.*
DAVY	114, 280	*20 sept.*
DÉBORAH	191, 281	*21 sept.*

DELPHIN		*24 déc.*
DELPHINE	62, 72, 191	*26 nov.*
DENIS	59, 114	*9 oct.*
DENISE	192, 262, 263	*15 mai*
DÉSIRÉ	114	*8 mai*
DÉSIRÉE	286	*Désiré*
DIANA		*Diane*
DIANE	63, 281	*9 juin*
DIDIER	72, 114, 261	*23 mai*
DIEUDONNÉ	22	*10 août*
DIMITRI	84, 115, 280	*26 oct.*
DOLORÈS		*15 sept.*
DOMINIQUE (f)	61, 192, 263	*8 août*
DOMINIQUE (m)	68, 115, 262	*8 août*
DOMITIEN		*9 août ou 10 mars*
DOMITILLE	282	*7 mai*
DONALD		*15 juill.*
DONATIEN	280	*24 mai*
DONATIENNE	305	*Donatien*
DONOVAN	276, 303	
DORA		*Théodore*
DORIAN	277, 280	*Théodore*
DORIANE	193, 282	*Théodore*
DORINE	193, 282	*Théodore ou Dorothée*
DORIS	282	*Théodore ou Dorothée*
DOROTHÉE	193	*6 févr.*
DOUGLAS		
DYLAN	276, 280, 303	

E

EDDY (IE)	116	*Édouard*
ÉDERN		*26 août*
EDGAR	286	*8 juill.*
ÉDITH	84, 193	*16 sept.*
EDMA		*Edmond*
EDMÉE		*Edmond*
EDMOND	285	*20 nov.*
EDMONDE		*Edmond*
ÉDOUARD	64, 115, 280	*5 janv.*
EDWIGE	193, 282	*16 oct.*
EDWIN	116, 278, 302	*12 oct.*
ÉGLANTINE	27	*Fleur*
ÉLÉNA	205	*Hélène*

ÉLÉONORE	63, 281	*25 juin*
ÉLIANE	41, 68, 193	*Élie ou Élisabeth*
ÉLIAS (Z)		*Élie*
ÉLIE	22, 280, 285	*20 juill.*
ÉLIETTE	194, 282, 294	*Élie*
ELIOT (TT)	302	
ÉLINA		
ÉLISA	194, 282, 294	*Élisabeth*
ÉLISABETH	25, 194, 294	*17 nov.*
ÉLISE	194, 297	*Élisabeth*
ÉLISÉE	297	*14 juin*
ELLA		*1er févr.*
ELLIOT (TT)	302	
ÉLODIE	195, 264	*22 oct.*
ÉLOI	305	*1er déc.*
ÉLOUAN		*28 août*
ÉLOISE	195, 281	Louise ?
ELSA	195, 281, 294	*Élisabeth*
ELVINA		
ELVIRE		*16 juill.*
ÉMELINE	195, 281	*27 oct.*
ÉMERIC	21, 106	*4 nov.*
ÉMILE	28, 116, 260	*22 mai*
ÉMILIE	27, 195, 264	*19 sept.*
ÉMILIEN	116, 277, 285	*12 nov.*
ÉMILIENNE	42, 195	*5 janv.*
EMMA	86, 197, 281	*19 avr.*
EMMANUEL	116	*25 déc.*
EMMANUELLE	58, 68, 196	*Emmanuel*
EMMELINE		*Émeline*
EMMIE (Y)		*Emma*
ENGUERRAND	63, 277	*25 oct.*
ÉNORA	282	*14 oct.*
ÉRIC	78, 116, 261	*18 mai*
ÉRIKA		*Éric*
ERMELINDE		*29 oct.*
ERNEST		*7 nov.*
ERNESTINE	286	*Ernest*
ERWAN	66, 117, 277	*Yves*
ERWIN		*Yves*
ESTÉBAN		*Étienne*
ESTELLE	68, 72, 197	*11 mai*
ESTHER	197, 282	*1er juill.*
ÉTIENNE	44, 117, 280	*26 déc.*
ÉTIENNETTE		*Étienne*

EUDES	22, 63	*19 nov.*
EUDOXIE	305	*1ᵉʳ mars*
EUGÈNE	28, 118, 284	*13 juill.*
EUGÉNIE	28, 76, 286	*7 févr.*
EULALIE	286	*10 déc.*
EUPHRASIE	286	*20 mars*
EUPHROSINE	286	*1ᵉʳ janv.*
EURIELLE	74	*1ᵉʳ oct.*
EURYDICE	302	
EUSÈBE		*2 août*
EUSTACHE	305	*20 sept.*
ÉVA	197, 281	*Ève*
ÉVAN	280	*Jean ou Ewen*
ÉVARISTE	305	*26 oct.*
ÈVE	197, 281	*6 sept.*
ÉVELYNE	41, 197, 268	*Ève*
ÉVRARD		*14 août*
EWEN		*3 mai*
ÉZÉCHIEL		*10 avril*

F

FABIAN		*Fabien*
FABIEN	63, 118	*20 janv.*
FABIENNE	47, 198	*Fabien*
FABIOLA		*27 déc.*
FABRICE	44, 119	*22 août*
FANÉLIE		
FANNY	83, 198, 281	*Stéphanie*
FANTINE		
FAUSTIN		*28 sept.*
FAUSTINE	282	*Faustin*
FÉLICIE	286	*Félicité*
FÉLICIEN	79, 285	*9 juin*
FÉLICITÉ	27, 286	*7 mars*
FÉLIX	280, 285	*12 févr.*
FERDINAND	119, 285	*30 mai*
FERNAND	119	*27 juin*
FERNANDE		*Fernand*
FERRÉOL		*16 juin*
FIDÊLE	300	*11 oct.*
FIONA	276, 283	
FIRMIN	285	*24 avr.*
FLAVIE	27, 283	*7 mai*

FLAVIEN	277, 280	*18 févr.*
FLEUR	27, 81, 199	*5 oct.*
FLEURINE		*Fleur*
FLORA	199, 281	*24 nov.*
FLORE	199, 282	*Fleur ou Flora*
FLORENCE	59, 198, 263	*1er déc.*
FLORENT	119, 277, 279	*4 juill.*
FLORENTIN	280	*24 oct.*
FLORENTINE	286	*Florentin*
FLORESTAN		*Florentin*
FLORIAN	120, 277, 279	*4 mai*
FLORIANE (ANNE)	199, 281	*Florian*
FLORIE	199, 282	*Fleur ou Flora*
FLORIMOND	304	*Florian*
FLORINE	199, 282	*1er mai*
FLORIS		*Florian*
FORTUNAT		*23 avril*
FORTUNÉE		*Fortunat*
FOULQUES	22, 63	*10 juin*
FRANCE	199	*Françoise*
FRANCELINE		*Françoise*
FRANCETTE	199	*Françoise*
FRANCINE	199	*Françoise*
FRANCIS	43, 120	*François*
FRANCK	63, 120	*François*
FRANCOIS	25, 58, 120	*24 janv., 4 oct., 3 déc.*
FRANCOIS-XAVIER	63, 162, 293	*3 déc.*
FRANCOISE	59, 200, 265	*9 mars, 12 déc.*
FRANK	63, 120	*François*
FRED	295	*Frédéric*
FREDDY	79, 121	*Frédéric*
FRÉDÉRIC	121, 261, 267	*18 juil.*
FRÉDÉRIQUE	61, 200	*Frédéric*
FULBERT		*10 avr.*

G

GABIN		*19 févr.*
GABRIEL	71, 121, 285	*29 sept.*
GABRIELLE	201, 282, 287	*Gabriel*
GAËL	44, 74, 122	*Judicaël?*
GAËLLE	201, 275	*Judicaël?*
GAÉTAN	44, 122, 280	*7 août*
GAÉTANE		*Gaétan*

GALL		16 oct.
GARANCE	301	Fleur
GARY	302	Gérard
GASPARD	280, 286, 297	28 déc.
GASTON	122, 285	6 févr.
GATIEN		18 déc.
GAUBERT		2 mai
GAUTHIER	22, 280	9 avr.
GAUTIER	22, 280	Gauthier
GAYLORD	303	
GAUVAIN		
GENEVIÈVE	25, 72, 201	3 janv.
GEOFFREY	85, 122, 280	Geoffroy
GEOFFROY	64, 122, 280	8 nov.
GEORGES	75, 123, 260	23 avr.
GEORGETTE	41, 202	15 févr.
GEORGINA		15 févr.
GÉRALD	85, 123	5 déc.
GÉRALDINE	84, 202	29 mai
GÉRARD	38, 123, 261	3 oct.
GÉRAUD	64, 123	13 oct.
GERMAIN	202, 277, 280	28 mai
GERMAINE	202, 286, 291	15 juin
GÉROME	134, 296	Jérôme
GERSENDE		
GERTRUDE		16 nov.
GERVAIS		19 juin
GERVAISE		Gervais
GHISLAIN	63, 276, 280	10 oct.
GHISLAINE	42, 203	Ghislain
GILBERT	26, 67, 124	4 févr., 7 juin
GILBERTE	47, 203	11 août
GILDAS	280	29 janv.
GILLES	68, 124	1er sept.
GINETTE	41, 203,263	Geneviève
GISÈLE	43, 204	7 mai
GISLAINE	42, 203	Ghislain
GLADYS	281	29 mars
GLENN		11 sept.
GODEFROY	21, 63	Geoffroy
GONTRAN		28 mars
GONZAGUE	63, 73, 162	21 juin
GOULVEN (WEN)		1er juillet
GRÂCE	74	21 août
GRATIEN		22 déc.

GRAZIELLA	282	*Grâce*
GRÉGOIRE	124, 280	*3 sept.*
GRÉGORY	61, 124	*Grégoire*
GUÉRIN		*6 janv.*
GUILHEM	21, 64, 126	*Guillaume*
GUILLAUME	25, 125, 261	*10 janv.*
GUILLEMETTE	41, 63	*Guillaume*
GUSTAVE	285, 297	*7 oct.*
GUÉNAËLLE	204	*Gwenaël*
GUÉNOLÉ		*Gwenolé*
GURVAN		*3 mai*
GUY	68, 125	*12 juin*
GUYLAIN	63	*Ghislain*
GUYLAINE	42, 203	*Ghislain*
GWENAËL		*3 nov.*
GWENAËLLE	66, 204	*Gwenaël*
GWENDAL		*18 janv.*
GWENDOLINE	204	*14 oct.*
GWENN	204	*18 oct.*
GWENOLA	282	*Gwenolé*
GWENOLÉ		*3 mars*
GWLADYS	282	*Gladys*

H

HABIB		*27 mars*
HADRIEN	101	*Adrien*
HANNA	171	*Anne*
HARMONIE	231, 282, 302	
HAROLD		*1ᵉʳ nov.*
HARRY		*Henri*
HECTOR	73, 310	
HEIDI		*Adélaïde*
HÉLÉNA	205	*Hélène*
HÉLÈNE	58, 204, 290	*18 août*
HÉLIETTE	196	*Élise*
HÉLOISE	195, 281	*Louise ?*
HENRI	71, 126, 290	*13 juill.*
HENRIETTE	41, 205	*Henri*
HENRY	63, 126	*Henri*
HERBERT	22	*20 mars*
HERCULE	298	
HERMANCE	305	*Hermès*
HERMANN		*25 sept.*

HERMÈS		28 août
HERMINE		9 juill.
HERMIONE	305	Hermine?
HERVÉ	66, 69, 126	17 juin
HILAIRE	286	13 janv.
HILDA		17 nov.
HILDEBERT	22	27 mai
HILDEGARDE		17 sept.
HIPPOLYTE	27, 285	13 août
HONORÉ	22, 285, 297	16 mai
HONORINE	286	27 févr.
HORACE	305	
HORTENSE	74, 286	11 janv. ou Fleur
HUBERT	127	3 nov.
HUGO	127, 280, 297	Hugues
HUGOLIN		10 oct.
HUGUES	64, 79, 127	1er avr.
HUGUETTE	41, 205	1er avr.
HUMBERT		25 mars
HYACINTHE	27	17 août

I

IDA		13 avr.
IGNACE	162	31 juill.
IGOR		5 juin
ILAN (NN)		9 mars ou 26 nov.
INÈS	282	10 sept.
INGRID	84, 206	2 sept.
INNOCENT	71	4 mars
IPHIGÉNIE	305	9 juill.
IRÈNE	42, 206	5 avr.
IRÉNÉE	305	28 juin
IRIS	282	4 sept.
IRMA		Hermine ou 4 sept.
IRVIN (WIN)		
ISAAC		20 déc.
ISABELLE	25, 206, 263	22 févr.
ISADORA		
ISAÏE		6 juill.
ISAURA		Isabelle ou Aure
ISAURE	63	Isabelle ou Aure
ISEULT	160	
ISIS	302	

ISOLDE	160	
ISIDORE	285	*4 avr.*
ISMAËL		*13 mai*
ISRAËL		*20 déc.*
IVAN	164	*Jean*

J

JACINTHE		*30 janv.*
JACK	127	*Jean ou Jacques*
JACKY	61, 79, 127	*Jean ou Jacques*
JACOB		*20 déc.*
JACQUELINE	207, 263	*8 févr.*
JACQUES	25, 128, 260	*3 mai, 25 juill, 28 nov.*
JADE	282	
JAMES	134	*Jacques*
JANINE	90, 208, 263	*Jeanne*
JASMIN	27	*Fleur*
JASMINE		*Fleur*
JASON	278, 280	*12 juill.*
JEAN	24, 128, 260	*24 juin, 27 déc.*
JEAN-BAPTISTE	25, 129, 280	*27 déc.*
JEAN-CHARLES	110, 292	
JEAN-CHRISTOPHE	111, 292	
JEAN-CLAUDE	45, 129, 260	
JEAN-FRANÇOIS	130, 292	*16 juin*
JEAN-JACQUES	27, 45, 130	
JEAN-LOUIS	45, 130	
JEAN-LOUP		
JEAN-LUC	45, 131, 267	
JEAN-MARC	45, 131, 292	
JEAN-MARIE	45, 131, 292	*4 août*
JEAN-MAXIME	292	
JEAN-MICHEL	45, 132, 292	
JEAN-NOËL	146	
JEAN-PAUL	45, 79, 132	
JEAN-PHILIPPE	132, 292	
JEAN-PIERRE	45, 133, 260	
JEAN-RÉMY	292	
JEAN-SÉBASTIEN	292	
JEAN-YVES	133	
JEANINE	90, 208, 263	*Jeanne*
JEANNE	24, 208, 286	*30 mai, 12 déc.*
JEANNIE		*Jeanne*
JEANNINE	90, 208, 263	*Jeanne*

JEANNETTE	209	*Jeanne*
JEHAN	24, 64	*Jean*
JENNA	209	*Geneviève ou Jeanne*
JENNIFER	43, 209, 264	*Geneviève ou Jeanne*
JENNY	209, 282	*Geneviève ou Jeanne*
JÉRÉMIE (Y)	43, 134, 262	*1ᵉʳ mai*
JÉRÔME	134, 261	*30 sept.*
JESSÉ		*4 nov.*
JESSICA	43, 209, 289	*Jessé*
JESSIE	210	*Jessé*
JESSY	210	*Jessé*
JIMMY	80, 134, 278	*Jacques*
JOACHIM	280	*26 juill.*
JOAN	85, 163, 303	*Jean*
JOANNA	211	*Jeanne*
JOANNE	211	*Jeanne*
JOCELYN	280	*Josse*
JOCELYNE	41, 72, 210	*Josse*
JODIE (Y)		*Judith*
JOËL	60, 69, 135	*13 juill.*
JOËLLE	69, 210	*Joël*
JOÉVIN		*2 mars*
JOFFRE	122	*Geoffroy*
JOFFREY	122	*Geoffroy*
JOHAN (ANN)	85, 163	*Jean*
JOHANNA	85, 211	*Jeanne*
JOHANNE	211	*Jeanne*
JOHN		*Jean*
JOHNNY	80, 135	*Jean*
JONAS	135, 280	*21 sept.*
JONATHAN	43, 135, 261	*1ᵉʳ mars*
JORDAN	136, 280, 277	*15 févr.*
JORDANE	136	*Jordan*
JORDI (Y)		*Jordan*
JORIS	123, 280	*Georges ou 26 juill.*
JORY		*Georges*
JOSÉ	136	*Joseph*
JOSEPH	25, 136, 285	*19 mars*
JOSÈPHE		*Joseph*
JOSÉPHINE	37, 211, 286	*Joseph ou 9 févr.*
JOSETTE	41, 68, 211	*Joseph*
JOSHUA		*Josué*
JOSIANE	41, 68, 212	*Joseph*
JOSSE	72	*13 déc.*
JOSSELIN	63, 280	*Josse*

LAMBERT	305	*17 sept.*
LANCELOT	73	
LANDRY	305	*10 juin*
LARISSA		*26 mars*
LAURA	215, 264, 281	*Laurent*
LAURANE (ANNE)	216, 292	*Laurent*
LAURE	215, 281	*Laurent*
LAURE-ANNE	292	
LAUREEN	216	*Laurent*
LAURE-LINE	292	*Laurent*
LAURELINE	216, 292	*Laurent*
LAUREN	216	*Laurent*
LAURENCE	59, 215, 263	*Laurent*
LAURENT	46, 139, 261	*10 août*
LAURÈNE (ENNE)	216, 281	*Laurent*
LAURE-HÉLÈNE	292	*Laurent*
LAURETTE	216	*Laurent*
LAURIANE (ANNE)	216, 281	*Laurent*
LAURIE	216, 281	*Laurent*
LAURIER	27	
LAURINE	216, 281	*Laurent*
LAZARE		*23 févr.*
LÉA	216, 276, 281	*22 mars*
LÉANDRE	305	*27 févr.*
LEILA	282	
LÉNA	282	*Hélène*
LÉNAIC (IG)		*Hélène*
LÉO	139, 280, 296	*Léopold*
LÉOCADIE		*9 déc.*
LÉON	76, 139, 285	*10 nov.*
LÉONARD	26, 140, 285	*6 nov.*
LÉONCE		*18 juin*
LÉONIE	286	*Léon*
LÉONTINE	286	*Léon*
LÉOPOLD		*15 nov.*
LÉOPOLDINE		*Léopold*
LESLIE	216, 281, 303	
LILIAN	280, 303	*Liliane*
LILIANE	68, 217	*Élisabeth ou 27 juill.*
LILY (I)		*Élisabeth?*
LINDA	80, 217	*Adelinde?*
LINDSAY	303	
LINE		*Adeline?*
LIONEL	43, 138	*Léon*
LISA	86, 194, 281	*Élisabeth*

LISBETH	294	*Élisabeth*
LISE	194, 281, 294	*Élisabeth*
LISETTE	294	*Élisabeth*
LISON		*Élisabeth*
LOAN (NN)		*Elouan*
LOGAN		
LOÏC	42, 139	*Louis*
LOÏS	297	*Louis ou Louise*
LOLA		*Dolorès*
LOLITA	282	*Dolorès*
LORELEI	216	*Dolorès*
LORÈNE	216, 281	*Laurent*
LORIANE	216, 281	*Laurent*
LORIS		*Laurent*
LORRAINE	216	*30 mai (Jeanne)*
LOTHAIRE		*7 avr.*
LOU		*Louise*
LOUIS	25, 139, 260	*25 août*
LOUIS-MARIE		
LOUIS-ROMAIN	293	
LOUISE	25, 217, 281	*15 mars*
LOUISETTE	217	*Louise*
LOUP	22	*29 juill.*
LUC	71, 140	*18 oct.*
LUCAS	140, 280	*Luc ou 27 août*
LUCE		*Lucie*
LUCETTE	41, 218	*Lucie*
LUCIE	218, 281	*13 déc.*
LUCIEN	140, 285	*8 janv.*
LUCIENNE	42, 218	*Lucie ou Lucien*
LUCILE (ILLE)	218, 281	*16 févr.*
LUCRÈCE		*15 mars*
LUCY		*Lucie*
LUDIVINE	81, 218	*14 avr.*
LUDMILLA		*16 sept.*
LUDOVIC	42, 61, 140	*Louis*
LUDWIG	141	*Louis*
LYDIA	219	*Lydie*
LYDIE	59, 61, 219	*3 août*
LYSIANE	282	*Élisabeth ?*

M

MADDY		*Madeleine*
MADELINE		*Madeleine*

MADELEINE	25, 219, 286	*22 juill.*
MAËL	280	*13 mai*
MAËLLE	282	*Maèl*
MAÉVA	197, 281, 283	*Bienvenue*
MAGALI (IE)	66, 82, 220	*Marguerite*
MAGGY		*Marguerite*
MAGLOIRE		*24 oct.*
MAHAUT	63, 230	*Mathilde*
MAÏLYS	63, 282	*Marie*
MAÏTÉ		*Marie ou Thérèse*
MALAURIE	303	*Laurent ou Magloire*
MALLORY (IE)	303	*Laurent ou Magloire*
MALO		*15 nov.*
MALORY (IE)	303	*Laurent ou Magloire*
MALVINA		*Fleur*
MANDY (IE)	170, 295, 303	*Amandine*
MANFRED		*28 janv.*
MANON	220 281	*Marie ou Marianne*
MANUEL		*25 déc.*
MARC	58, 68, 141	*25 avr.*
MARC-ANTOINE	293	
MARCEAU	27, 142	*Marcel*
MARCEL	38, 141, 260	*16 janv.*
MARCELLE	42, 221, 262	*31 janv.*
MARCELLIN (ELIN)		*6 avr.*
MARCELLINE	221, 286	*17 juill.*
MARGAUX	221, 281	*Marguerite*
MARGOT	221, 281	*Marguerite*
MARGUERITE	25, 221, 286	*16 nov.*
MARIA	42, 223, 262	*Marie*
MARIANNE	222, 281	*9 juill.*
MARIE	222, 268, 281	*15 août*
MARIE-ANGE	292	
MARIE-ANNE	222, 292	
MARIE-ANTOINETTE	45, 174, 293	
MARIE-CHANTAL	184	
MARIE-CHARLOTTE	292	
MARIE-CLAIRE	45, 223	
MARIE-CLAUDE	45, 223	
MARIE-CHRISTINE	45, 224	
MARIE-DOMINIQUE	293	
MARIE-ÉLISABETH	293	
MARIE-FRANCE	45, 224	
MARIE-FRANÇOISE	45, 224	
MARIE-HÉLÈNE	224, 293	

MARIE-JEANNE	45	
MARIE-JOSÉ (E)	225	
MARIE-JOSEPH (E)	225	
MARIE-LAURE	225, 292	
MARIE-LIESSE	63	
MARIE-LISE	293	
MARIE-LOUISE	45, 225, 262	
MARIE-MADELEINE	45, 70, 293	
MARIE-NOËLLE	226	
MARIE-PAULE	226	
MARIE-PIERRE	226	
MARIE-THÉRÈSE	45, 227, 268	
MARIELLE	223	*Marie*
MARIEN	305	*6 mai*
MARIETTE	223	*Marie*
MARILYNE	227	*Marie*
MARIN		*3 mars*
MARINA	227, 281	*20 juill.*
MARINE	227, 264, 281	*Marina*
MARINETTE	227	*Marina*
MARION	68, 224, 281	*Marie*
MARIUS	68, 285	*19 janv.*
MARJOLAINE	228	*Marguerite ou Fleur*
MARJORIE	84, 228	*Marguerite*
MARLÈNE	42, 224, 281	*Marie ou Hélène*
MARTHE	28, 228, 286	*29 juill.*
MARTIAL	26, 27, 280	*30 juin*
MARTIN	22, 143, 280	*11 nov.*
MARTINE	75, 229, 263	*30 janv.*
MARTINIEN		*2 juill.*
MARVIN	278	
MARYLÈNE		*Marie ou Hélène*
MARYLINE	227	*Marie*
MARYNE	296	*Marina*
MARYSE	60, 68, 229	*Marie*
MARYVONNE	229	*Marie ou Yves*
MATHIAS	142	*Matthias*
MATHIEU	44, 142, 261	*Matthieu*
MATHILDE	230, 281	*14 mars*
MATHURIN	290	*9 nov.*
MATTHIAS	142	*14 mai*
MATTHIEU	44, 142, 261	*21 sept.*
MAUD (E)	230, 281, 295	*Mathilde*
MAUREEN	304	*Marie*
MAURICE	142, 260	*22 sept.*

MAURICETTE	68, 230	*Maurice*
MAURINE	304	*Marie*
MAX		*Maxime*
MAXENCE	143, 280	*Maxime*
MAXIME	143, 262, 279	*14 avr.*
MAXIMILIEN	27, 143, 280	*14 août*
MAXIMIN		*29 mai*
MAYEUL	305	*11 mai*
MAŸLIS	63, 282	*Marie*
MÉDARD		*8 juin*
MÉDÉRIC	280	*29 août*
MÉGANE (AN) (ANNE)	242, 282, 304	*Marguerite*
MEHDI	16, 85	
MÉLAINE		*6 janv.*
MÉLANIE	230, 264	*26 janv.*
MELCHIOR		*6 janv.*
MÉLINA	231, 282	
MÉLINDA	231, 282	
MÉLINE	231	
MÉLISANDE	231, 282	
MÉLISSA	86, 231, 281	*Méliton, 10 mars*
MÉLODIE (Y)	231, 281, 301	*1ᵉʳ oct.*
MÉLUSINE		
MELVIN		
MÉRÉDITH		
MÉRIADEC		*7 juill.*
MÉRYL	234	*Eurielle?*
MERRY (I)		*Médéric*
MICHAËL	61, 143, 261	*Michel*
MICHEL	25, 144, 267	*29 sept.*
MICHÈLE (ELLE)	42, 231, 263	*Michel ou Micheline*
MICHELINE	232	*19 juin*
MICKAËL	61, 143, 261	*Michel*
MIKAËL	61, 143, 261	*Michel*
MIKE	143	*Michel*
MILDRED		*13 juill.*
MILÈNE		*Marie ou Hélène*
MIREILLE	66, 74, 232	*Marie?*
MIRIAM	234	*Marie*
MOHAMED	16, 85	*Ahmed*
MOÏSE		*4 sept.*
MONA	282	*Monique?*
MONIQUE	82, 233, 263	*27 août*
MORGAN	145, 276, 280	
MORGANE	66, 233, 281	

MORVAN		
MURIEL (ELLE)	63, 74, 234	*Eurielle ?*
MYLÈNE	224, 281, 295	*Marie ou Hélène*
MYRIAM	68, 234	*Marie*
MYRTILLE	74, 282	*Fleur*

N

NADÈGE	59, 61, 235	*18 sept.*
NADIA	61, 85, 235	*Nadège*
NADINE	60, 236	*Bernadette ou Nadège*
NANCY	282	*Anne*
NAPOLÉON	68, 76	
NARCISSE	27	*29 oct.*
NASTASIA	302	*Anastasie*
NATACHA	84, 236	*26 août*
NATHALIE	82, 236, 263	*27 juill.*
NATHAN	278, 280	*7 mars*
NATHANAËL	280, 293	*Barthélémy*
NATHANAËLLE		*Barthélémy*
NELLY	84, 237, 295	*Hélène ou 26 oct.*
NELSON	280, 302	*3 févr.*
NESTOR	305	*26 févr.*
NICODÈME		*3 août*
NICOLAS	25, 145, 261	*6 déc.*
NICOLE	44, 237, 263	*Nicolas*
NIELS		*Nicolas*
NILS		*Nicolas*
NINA		*14 janv.*
NINON	305	*15 déc.*
NOÉ	280	*10 nov.*
NOËL	22, 146	*25 déc.*
NOÉLIE	282	*25 déc.*
NOËLLE	77, 238	*25 déc.*
NOËLLIE		*25 déc.*
NOÉMIE	238, 277, 281	
NOLWEN (ENN)·	282	*6 juil.*
NORA		*Éléonore*
NORBERT	127	*6 juin*
NORMAN		

O

OCÉANE	282, 301	
OCTAVE	285	*20 nov.*

OCTAVIE	286	*Octave*
OCTAVIEN		*6 août*
ODETTE	41, 238, 262	*20 avr.*
ODILE	60, 66, 239	*14 déc.*
ODILON	.	*4 janv.*
ODON		*18 nov.*
OLAF		*29 juill.*
OLGA		*11 juill.*
OLIVIA	239	*5 mars*
OLIVIER	59, 146, 261	*12 juill.*
OLYMPE	305	*17 déc.*
OMBELINE	63, 282	*21 août*
OMER		*9 sept.*
ONDINE		
ONÉSIME	297	*16 févr.*
OPHÉLIE	74, 239, 281	
ORANE (ANNE)		*Aure*
ORIANE (ANNE)	63, 282	*Aure*
ORLANE	282	*Rolande*
ORNELLA	282	
OSANNE	22, 252	*18 juin*
OSCAR	286	*3 févr.*
OSWALD		*5 août*

P

PACÔME		*9 mai*
PAMÉLA	80	*Pamphile?*
PAMPHILE		*1er juin*
PAOLA		*Paule*
PAQUERETTE		*Fleur*
PASCAL	47, 147, 261	*17 mai*
PASCALE	47, 61, 240	*Pascal*
PASCALINE	240, 282	*Pascal*
PATRICE	44, 147	*Patrick*
PATRICIA	86, 240, 263	*Patrick*
PATRICK	85, 148, 261	*17 mars*
PAUL	71, 148, 280	*29 juin*
PAUL-ADRIEN	293	
PAUL-ANTOINE	293	
PAUL-ALEXANDRE	293	
PAULA	46	*Paule*
PAULE	46, 241	*26 janv.*
PAULETTE	41, 241, 263	*Paule*
PAULIN		*11 janv.*

PAULINE	57, 241, 281	*Paule*
PEGGY	84, 241, 295	*Marguerite*
PÉLAGIE	305	*8 oct.*
PÉNÉLOPE	51, 302	
PERLE	282	*Marguerite?*
PERNELLE		*Pierre ou Pétronille*
PERPÉTUE		*7 mars*
PERRENOTTE	24	*Pierre ou Pétronille*
PERRETTE	24, 46, 242	*Pierre ou Pétronille*
PERRINE	46, 242, 281	*Pierre ou Pétronille*
PERVENCHE		*Fleur*
PETER		*Pierre*
PÉTRONILLE	46, 242	*31 mai*
PEYRONNE	24, 46, 242	*Pierre ou Pétronille*
PEYRONNELLE	24, 242	*Pierre ou Pétronille*
PHILÉMON		*22 nov.*
PHILIBERT	63, 285	*20 août*
PHILIPPE	76, 149, 261	*3 mai*
PHILIPPINE	282	*Philippe*
PHILOMÈNE	305	*10 août*
PIE	71	*21 août*
PIERRE	150, 260, 279	*29 juin*
PIERRE-ALEXANDRE	150, 292	
PIERRE-ALAIN	150	
PIERRE-ANDRÉ	150	
PIERRE-ANTOINE	150, 292	
PIERRE-ÉDOUARD	292	
PIERRE-EMMANUEL	150, 293	
PIERRE-HENRI	150, 292	
PIERRE-LOUIS	150	
PIERRE-MARIE	150, 293	
PIERRE-OLIVIER	150	
PIERRE-YVES	150, 292	
PIERRETTE	41, 68, 242	*Pierre*
PIERRICK	151	*Pierre*
PIERROTTE	24	*Pierre*
PLACIDE	27	*5 oct.*
POL		*12 mars*
POLYCARPE		*23 févr.*
PRESCILLIA	242	*Priscille*
PRIMAËL		*15 mai*
PRISCA		*18 janv.*
PRISCILLA	242	*Priscille*
PRISCILLE	63, 242, 282	*8 juillet*
PRISCILLIA	242	*Priscille*

S

SARA	86, 246, 281	*22 oct.*
SARAH	86, 246, 281	*9 oct.*
SATURNIN	305	*29 nov.*
SCHOLASTIQUE		*10 févr.*
SÉBASTIEN	81, 155, 261	*20 janv.*
SÉGOLÈNE	63, 248, 282	*24 juill.*
SELMA	282	*Anselme?*
SÉRAPHIN		*12 oct.*
SÉRAPHINE	286	*9 sept.*
SERGE	84, 156	*7 oct.*
SERVAN		*1er juill.*
SERVANE	63, 282	*Servan*
SÉVAN		
SÉVERIN	305	*27 nov.*
SÉVERINE	36, 61, 247	*Séverin*
SHEILA		*22 nov.*
SHIRLEY		
SIBYLLE (ILLE)	63, 282, 310	*3 oct.*
SIDNEY		*Denis*
SIDOINE		*14 nov.*
SIDONIE	282, 286	*Sidoine*
SIEGFRIED		*22 août*
SIGISMOND		*1er mai*
SIGOLÈNE		*Ségolène*
SILVAIN	26, 157	*Sylvain*
SILVÈRE		*20 juin*
SIMÉON	22	*18 févr.*
SIMON	47, 156, 280	*28 oct.*
SIMONE (ONNE)	90, 247, 262	*Simon*
SIXTE	71	*3 avr.*
SIXTINE	63	*Sixte*
SOFIA	249	*Sophie*
SOFIANE	303	
SOIZIC	66, 282	*Françoise*
SOLANGE	72, 247, 287	*10 mai*
SOLÈNE (ENNE)	64, 248, 282	*17 oct.*
SOLINE	248	*Solène*
SOLVEIG	248	
SONIA	61, 86, 248	*Sophie*
SOPHIA	249	*Sophie*
SOPHIE	36, 249, 264	*25 mai*
SOSTHÈNE	63	*28 nov.*
STACIE (Y)	303	
STANISLAS	63, 280	*11 avr.*
STEEVE	157	*Étienne*

STEEVEN	157	*Étienne*
STÉFAN	157	*Étienne*
STEFFIE		*Étienne*
STELLA		*Estelle*
STÉPHAN	157	*Étienne*
STÉPHANE	29, 157, 261	*Étienne*
STÉPHANIE	249, 264	*Étienne ou 2 janv.*
STEPHIE		*Étienne*
STÈVE	84, 157	*Étienne*
STÉVEN	157	*Étienne*
SULLIVAN	276, 280, 303	
SUZANNA		*Suzanne*
SUZANNE	28, 250, 262	*11 août*
SUZIE	250	*Suzanne*
SUZON	250	*Suzanne*
SUZY	250	*Suzanne*
SYLVAIN	62, 157	*4 mai*
SYLVAINE	250	*Sylvain*
SYLVESTRE		*31 déc.*
SYLVETTE	250	*Sylvie*
SYLVIA	250	*Sylvie*
SYLVIANE	250	*Sylvie*
SYLVIE	61, 250, 263	*5 nov.*

T

TAMARA		*1ᵉʳ mai*
TANCRÈDE	63, 73	
TANGI		*Tanguy*
TANGUY	63, 280	*19 nov.*
TANIA		*Tatiana*
TATIANA	282	*12 janv.*
TEDDY	80, 116, 278	*Édouard ou Théodore*
TÉRENCE	276, 280	*21 juin*
TERRY		*Térence*
THADDÉE		*28 oct.*
THAÏS	282	*8 oct.*
THÉO	278, 280	*Théodore ou Théophile*
THÉOBALD		*6 nov.*
THÉODORA		*Théodore ou 28 avr.*
THÉODORE	116, 193, 285	*9 nov.*
THÉODULE		*3 mai*
THÉOPHANE		*2 févr.*
THÉOPHILE	285	*20 déc.*

THÉOTIME	296	*20 avr.*
THÉRÈSE	71, 72, 251	*1er ou 15 oct.*
THIBAUT (LT, D)	63, 158, 279	*8 juill.*
THIÉBAUD		*Thibaut*
THIERRY	75, 158, 261	*1er juill.*
THOMAS	44, 159, 262	*3 juill. ou 28 janv.*
TIFFANY (IE)	252, 281	*6 janv.*
TIMOTHÉE	159, 276, 280	*26 janv.*
TIPHAINE	64, 252, 281	*6 janv.*
TIPHANIE	252, 281	*6 janv.*
TITOUAN	302	*Antoine*
TITUS	27	*26 janv.*
TOM	159	*Thomas*
TONY	86, 159	*Antoine*
TOUSSAINT	252	*1er nov.*
TRACY		*Thérèse?*
TRISTAN	73, 160, 280	
TUGDUAL	63	*30 nov.*
TYPHANIE	252	*6 janv.*
TYPHAINE	252	*6 janv.*

U

UGO	22, 127	*Hugues*
ULRIC (CH)		*10 juill.*
ULYSSE	27, 51, 73	
URBAIN	71	*19 déc.*
URIELLE		*Eurielle*
URSULA		*Ursule*
URSULE		*21 oct.*

V

VALENTIN	160, 277, 280	*14 févr.*
VALENTINE	160, 281, 286	*25 juill.*
VALÈRE		*14 juin*
VALÉRIAN		*Valérien*
VALÉRIANE		*Valérie ou Fleur*
VALÉRIE	252, 263, 268	*28 avr.*
VALÉRIEN		*14 avr.*
VALÉRY		*1er avr.*

VANESSA	74, 253, 289	
VANILLE		
VANINA		*Jeanne*
VENCESLAS		*Wenceslas*
VÉRA		*18 sept.*
VÉRANE		*11 nov.*
VÉRONIQUE	27, 253, 263	*4 févr.*
VIANNEY	73, 280	*4 août*
VICKY		*Victoire*
VICTOIRE	27, 282, 286	*15 nov.*
VICTOR	76, 160, 280	*21 juill.*
VICTORIA	282	*Victoire*
VICTORIEN	280	*Victor*
VICTORIN		*Victor ou 2 nov.*
VICTORINE	286	*Victoire*
VINCENT	58, 161, 289	*22 janv. ou 27 sept.*
VINCIANE	305	*11 sept.*
VIOLAINE	63, 74, 282	*Fleur*
VIOLETTE	74	*Fleur*
VIRGILE	74, 276, 280	*10 oct.*
VIRGINIA	254	*Marie*
VIRGINIE	61, 254, 264	*Marie*
VITAL		*28 avr.*
VIVIANE	41, 254	*2 déc.*
VIVIEN	277, 280	*10 mars*
VLADIMIR		*15 juill.*

W

WALDEMAR		
WALTER		*Gauthier*
WANDA		
WANDRILLE		*22 juill.*
WENDY	282	
WERNER		*19 avr.*
WENCESLAS		*28 sept.*
WESLEY	301	
WILFRIED (ID)	84, 161	*12 oct.*
WILLIAM	85, 161	*Guillaume*
WILLY	162	*Guillaume*
WLADIMIR		*Vladimir*
WOLFGANG		*31 oct.*
WULFRAN		*20 mars*

X

| XAVIER | 58, 162 | 3 déc. |
| XAVIÈRE | 46 | Xavier |

Y

YAËL (ËLLE)		
YANN	66, 162	Jean
YANNICK	66, 163	Jean
YANNIS	163	Jean
YASMINE		Fleur
YOANN (AN)	163, 289	Jean
YOHANN (AN)	163, 289	Jean
YOHANNA	297	Jeanne
YOLANDE	44, 255	11 juin
YSEULT	160, 297	
YVAN	164	Jean
YVELINE		Yves
YVES	60, 66, 164	19 mai
YVETTE	41, 255, 263	13 janv.
YVON	164	Yves
YVONNE	255, 262, 268	Yves ou Yvette

Z

ZACHARIE	305	5 nov.
ZÉLIE	248	Solène
ZÉLINE	297	Solène
ZÉPHIRIN		26 août
ZÉPHYR		Zéphirin
ZITA		27 avril
ZOÉ	282	2 mai

Table des matières

Cet ouvrage a été réalisé par la
SOCIÉTÉ NOUVELLE FIRMIN-DIDOT
Mesnil-sur-l'Estrée
pour le compte des Éditions Balland
en janvier 1991

Imprimé en France
Dépôt légal : janvier 1991
N° d'impression : 16655
ISBN : 2-7158-0845-3
432010